上海合作组织：
新型国家关系的典范

国外智库论中国与世界（之一）

中国社会科学院国家全球战略智库

王灵桂 / 主编

SHANGHAI COOPERATION ORGANIZATION:
A NEW MODEL OF INTERSTATE RELATIONS

Special Report on China and the World by International Strategic
Think Tanks (No.1)

社会科学文献出版社
SOCIAL SCIENCES ACADEMIC PRESS (CHINA)

编委会

前　言

国外智库论上海合作组织

王灵桂*

　　2018 年 2 月 23 日，中国外交部宣布："作为上合组织轮任主席国，中方将于今年 6 月在青岛举办上合组织峰会。目前，中方正就峰会筹备事宜与成员国保持密切沟通，加紧进行协商。中方将与有关各方共同努力，推动峰会取得圆满成功，为上合组织持续发展注入新的动力。"① 此消息迅即成为世界各大新闻媒体关注的热门话题，引发了许多评论和议论。

　　其实，这是一个迟到的好消息，或者说是一则半年多之前就发生的新闻。2017 年 6 月 9 日，在哈萨克斯坦首都阿斯塔纳举行的上海合作组织成员国元首理事会第十七次会议上，中国国家主席习近平发表了题为"团结协作　开放包容　建设安全稳定、发展繁荣的共同家园"的重要讲话。在这个重要讲话中，习主席指出，"中方愿同各方一道，强化命运共同体意识，建设安全稳定、发展繁荣的共同家园"。会上，习主席强调，"中方将接任上海合作组织轮值主席国并于 2018 年 6 月举办峰会。中方将认真履职尽责，同各方一道，努力给各国人民带来越来越多

---

　　* 王灵桂，中国社会科学院国家全球战略智库常务副理事长兼秘书长、商务部经贸政策咨询委员会"一带一路"经贸合作专家组专家、研究员、博士生导师。
　　① 《外交部：中方将于今年 6 月在青举办上合组织峰会》，人民网，http://world.people.com.cn/n1/2018/0214/c1002-29824615.html，2018 年 2 月 14 日。

的获得感，携手创造本组织更加光明的未来"①。同时，上海合作组织成员国元首理事会第十七次会议一致决定："上海合作组织成员国元首理事会下次会议2018年在中国举行；下任主席国由中国担任。"这个决定和习主席代表中国政府的表态，在会议结束时公布的《上海合作组织成员国元首理事会会议新闻公报》中再次得到了确认。

回顾上合组织过去的成长历程，展望未来更加光明的前景，可能十分有助于我们更加清晰地认识到其发展阶段的重要性。2016年是上合组织成立15周年。按照我国古代对人的岁数的别称，15岁叫"舞象"，也称"志学"②，标志着人生即将进入新阶段。2017年，上合组织已经16岁了，新的时期和发展阶段已经开始了。在中国古代文化中，16岁被描绘成非常美好的年龄，被称为"二八之年"，也被称为"破瓜""及瓜""碧玉"之年。晋人孙绰在其诗《情人碧玉歌》中说，"碧玉破瓜时，郎为情颠倒"。宋代苏轼在《李钤辖坐上分题戴花》中也说，"二八佳人细马驮，十千美酒渭城歌"。唐朝诗人李群玉在《醉后赠冯姬》中盛赞"桂形浅拂梁家黛，瓜字初分碧玉年"。从"舞象""志学"之年到"破瓜""及瓜"之年，是上合组织逐步走向成熟，并不断塑造新型国际关系的重要标志。就此，习主席在阿斯塔纳会议上高度评价这个发展历程时指出，"今年是《上海合作组织宪章》签署15周年，也是《上海合作组织成员国长期睦邻友好合作条约》签署10周年。以这两份纲领性文件为思想基石和行动指南，成员国坚定遵循'上海精神'，在构建命运共同体道路上迈出日益坚实步伐，树立了合作共赢的新型国际关系典范"③。

---

① 《习近平出席上海合作组织成员国元首理事会第十七次会议并发表重要讲话　强调携手建设安全稳定、发展繁荣的共同家园　宣布中国将举办上海合作组织2018年峰会》，新华网，http://www.xinhuanet.com/world/2017-06/10/c_1121118828.htm，2017年6月10日。

② 语出《论语·为政》，"吾十有五而志于学"。因此，就以"志学"作为15岁的代称。

③ 《团结协作　开放包容　建设安全稳定、发展繁荣的共同家园——在上海合作组织成员国元首理事会第十七次会议上的讲话》，人民网，http://politics.people.com.cn/n1/2017/0610/c1024-29330678.html，2017年6月10日。

习主席对上合组织过去发展的评价和对未来前景的倡议，真实反映了这个组织走过的不平凡发展历程，正确指出了今后的光明前景。起源于"上海五国"机制的上合组织，本身就是中国、俄罗斯、哈萨克斯坦、吉尔吉斯斯坦、塔吉克斯坦五国为加强睦邻互信与友好合作关系，应对冷战后国际和地区形势发生巨大变化而做出的战略选择。1996年4月26日、1997年4月24日，五国元首先后在上海和莫斯科举行会晤，分别签署了《关于在边境地区加强军事领域信任的协定》和《关于在边境地区相互裁减军事力量的协定》。这是亚太地区的多国双边政治军事文件，受到国际社会广泛关注和高度评价。此后，五国元首年度会晤形式被固定下来，轮流在各国举行。1998年至2000年，先后在阿拉木图、比什凯克、杜尚别召开五国峰会。杜尚别会晤时，乌兹别克斯坦总统卡里莫夫应邀以客人身份与会。会晤内容也由加强边境地区信任逐步扩大到探讨在政治、安全、外交、经贸、人文等各个领域开展全面互利合作。由于首次会晤在上海举行，该机制被冠以"上海五国"称谓。进入21世纪，面对全球化趋势，世界各国都在加快区域合作步伐，以更有效地把握和平与发展的历史机遇，抵御各种风险与挑战。与此同时，冷战结束后，这一地区的恐怖主义、分裂主义和极端主义活动日益猖獗，严重威胁各国安全与稳定。中、俄、哈、吉、塔、乌六国都面临发展自身经济、实现民族振兴的艰巨任务，也有进一步加强区域合作的共同愿望和迫切需要。2001年6月14日，"上海五国"成员国元首和乌总统在上海举行会晤，签署联合声明，吸收乌加入"上海五国"机制。15日，六国元首共同发表《上海合作组织成立宣言》，宣布在"上海五国"机制基础上成立上海合作组织，上海合作组织正式宣告诞生。

2001年6月15日，上海合作组织首次元首会晤在上海举行，六国元首签署了《上海合作组织成立宣言》和《打击恐怖主义、分裂主义和极端主义上海公约》。之后，历次峰会都不断增加合作内容、拓宽合作领域：圣彼得堡第二次峰会上，六国元首签署了《上海合作组织成员国元首宣言》、《上海合作组织宪章》和《关于地区反恐怖机构的协定》；莫斯科第三次峰会上，六国元首签署了《上海合作组织成员国元首宣言》，批准《上海合作组织成员国常驻上海合作组织秘书处代表条例》、《上海合作组织地区反恐怖机构执行委员会细则》、上海合作组织各机构条例、上海合作组织徽标和上海合作组织秘书长人选；塔什干第四次峰会上，六国元首签署了《塔什干宣言》《上海合作组织特权和豁免公约》《上海合作组织成员国关于合作打击非法贩运麻醉药品、精神药物及其前体的协议》，批准《上海合作组织观察员条例》，设立上海合作组织日，给予蒙古国上海合作组织观察员地位，六国外长签署了《上海合作组织成员国外交部协作议定书》；阿斯塔纳第五次峰会上，六国元首签署《上海合作组织成员国元首宣言》，批准《上海合作组织成员国合作打击恐怖主义、分裂主义和极端主义构想》《上海合作组织成员国常驻上海合作组织地区反恐怖机构代表条例》，给予巴基斯坦、伊朗、印度观察员地位；上海第六次峰会适逢上海合作组织成立5周年、"上海五国"机制建立10周年，经成员国协商，中方邀请蒙古国、巴基斯坦、伊朗总统和印度总理作为观察员代表，阿富汗总统及东盟、独联体领导人作为主席国客人出席，并批准了下任秘书长、地区反恐怖机构执委会主任人选；比什凯克第七次峰会上，成员国元首签署了《上海合作组织成员国长期睦邻友好合作条约》；杜尚别第八次峰会通过了《上海合作组织成员国元首杜尚别宣言》《上海合作组织对话伙伴条例》等重要文件；叶卡捷琳堡第九次峰会上，成员国元首签署了《叶卡捷琳堡宣言》《反恐怖主义公约》等重要文件，并同意给予斯里兰卡、白俄罗斯对话伙伴地位；塔什干第十次峰会发表了《上海合作组织成员国元首理事会第十次会议宣言》，批准了《上海合作组织接收新成员条例》和《上海合作组织程序规则》；阿斯塔纳第十一次峰会上，成员国元首签署了《上海合作组织十周年阿斯塔纳宣言》，对上合组织未来10年的发展方向做出战略规划；北京第十二次峰会上，成员国元首签署了《上海合作组织成员国元首关于构建持久和平、共同繁荣地区的宣言》等10个文件，会议同意接收阿富汗为上合组织观察员国、土耳其为上合组织对话伙伴国；比什凯克第十三次峰会上，成员国元首签署了《上海合作组织成员国元首比什凯克宣言》，批准了《〈上海合作组织成员国长期睦邻友好合作条约〉实施纲要（2013－2017）》；杜尚别第十四次峰会上，成员国元首签署并发表了《杜尚别宣言》，并正式开启扩员大门，各方还签署了《上海合作组织成员国政府间国际道路运输便利化协定》；乌法第十五次峰会上，批准了《上海合作组织至2025年发展战略》，中国国家主席习近平出席会议，并发表重要讲话；塔什干第十六次峰会通过了《上海合作组织成立十五周年塔什干宣言》等多份重要文件；2017年6月8日至9日，习近平主席出席在哈萨克斯坦阿斯塔纳举行的上海合作组织成员国元首理事会第十七次会议，这是2017年中国面向欧亚地区的一次重大外交行动，对推动上合组织持续健康稳定发展，助力成员国应对威胁挑战、实现发展振兴具有重要意义。阿斯塔纳第十七次峰会决定2018年峰会在中国召开，中国成为新的主席国。这将是一次承上启下、继往开来的重要会议，中国作为主席国将同各伙伴国奠定发展新起点，开启新征程。自此，上合组织奠定的坚实合作基础和取得的丰厚成果，将在6月的中国美丽海滨城市青岛再绽，异彩纷呈。

时光正流逝，形势在发展，机遇正来临，挑战也增加。在"破瓜""及瓜"之年，中国和上合组织的成员们，如何"破瓜"、如何"及瓜"？习主席进一步指出，"当前，国际和地区形势深刻复杂变化，不稳定不确定因素增多。各国惟有同舟共济，才能妥善应对威胁和挑战。中方愿同各方一道，强化命运共同体意识，建设安全稳定、发展繁荣的共同家园"①，并在此基础上就上海合作组织的未来发展提出了五点倡议。一是巩固团结协作。要深化政治互信，加大相互支持，加强立法机构、政党、司法等领域交流合作，构建平等相待、守望相助、休戚与共、安危共担的命运共同体。中方倡议制定《上海合作组织成员国长期睦邻友好合作条约》未来5年实施纲要。二是携手应对挑战。中方支持落实《上海合作组织反极端主义公约》，主张加强地区反恐怖机构建设，倡议举办防务安全论坛，制定未来3年打击"三股势力"合作纲要。呼吁各方支持阿富汗和平和解进程，期待"上海合作组织－阿富

①《团结协作　开放包容　建设安全稳定、发展繁荣的共同家园——在上海合作组织成员国元首理事会第十七次会议上的讲话》，人民网，http：//politics. people. com. cn/n1/2017/0610/c1024－29330678. html，2017年6月10日。

汗联络组"为阿富汗和平重建事业发挥更积极作用。三是深化务实合作。中方和有关各方正积极推动"一带一路"建设同欧亚经济联盟建设等区域合作倡议以及哈萨克斯坦"光明之路"等各国发展战略对接，上海合作组织可以为此发挥重要平台作用。中方倡议逐步建立区域经济合作制度性安排，支持建立地方合作机制，并积极开展中小企业合作。四是拉紧人文纽带。中方愿同各方继续做好上海合作组织大学运行工作，办好青年交流营、中小学生夏令营等品牌项目，并主办上海合作组织国家文化艺术节、妇女论坛、职工技能大赛等活动，启动实施"中国－上海合作组织人力资源开发合作计划"。中方倡议建立媒体合作机制，将主办本组织首届媒体峰会。五是坚持开放包容。中方支持上海合作组织同观察员国、对话伙伴以及其他国家开展多形式、宽领域合作，赞成本组织继续扩大同联合国等国际和地区组织的交流合作。

习主席倡导必须坚持的"上海精神"是上合组织不变的灵魂。这是上合组织发展历程不断取得丰硕成果的思想基础，也是走向更加辉煌未来的根本保障，更是构建新型国家关系的基本遵循。概括来讲，以"互信、互利、平等、协商、尊重多样文明、谋求共同发展"为核心的"上海精神"，大体包括以下几个方面内容。一是强调在相互尊重的基础上开展合作，通过对话解决国与国之间的矛盾和分歧。"上海五国"机制在顺利解决了历史遗留的边界安全问题后，逐渐在地区安全、区域经济、文化和教育交流等方面进行合作。上海合作组织继承了这一具有时代特征的精神，建立了区域性预防冲突机制，在打击暴力恐怖势力、民族分裂势力和宗教极端势力方面进行了重要尝试，制定了共同措施，对遏制"三股势力"的蔓延起到了有效的震慑作用，有利于维护本区域各民族的团结与安全以及世界的和平与稳定。相互尊重的理念体现了各成员国人民的共同愿望，顺应了和平与发展的时代潮流。二是强调在经贸领域的平等互利合作，推动便利化进程，通过开放和互惠实现共同发展。上海合作组织的成员国都属于发展中国家，所以发展经济和进行经贸合作是该组织的核心任务。虽然各成员国国情不同，经济特色以及发展轨迹各异，但该组织确立了平等互利的基础原则，利用经济互补的有利条件加强双边和多边合作，促进了各国间的经贸合作。基于地缘因素，各成员国之间存在互利合作的巨大潜力和机遇，同时，各成员国有着共同目标：推动各成员国经济发展，增强本区域经济发展的共性与利益连带性。三是在多边合作中坚持协商一致原则，大小国家一律平等，不倚强凌弱。上海合作组织是新型国家关系的典范，其中一个中心原则就是建立公正的国际新秩序，推动世界多极化和国际关系民主化。该组织主张国家不论大小、强弱，一律平等，反对霸权主义和强权政治，倡导建立一种新型的国家关系。各国就共同关心的地区和国际问题平等协商，彼此结成"好伙伴、好邻居、好朋友"，在地区和国际政治生活中发挥了积极的作用。四是在国际舞台上加强沟通协调，争取共识，共同维护地区的稳定和发展，同时强调开放、透明、不针对第三国。五是形成和确立了新安全观、合作观、发展观。在合作的过程中承认差异，寻求共赢，主张以合作促安全，一国的发展不能损害其他国家的利益。六是"上海精神"体现了先进的文明交流形态。人类的许多悲剧都源于彼此的不信任以及对文明的不尊重。上海合作组织成员国幅员辽阔，人口众多，集中了两百多个民族，文明属性各不相同。在这样一种广大的国际生存空间中，各个民族国家在忠于自己文明与文化传统的同时，对其他文明形态保持了应有的尊重和理解。在该组织中，各成员国平等相待，尊重对方的宗教信仰，形成了各种文明平等交流的局面，为促进人类文明的进步与发展提供了生动的范例。七是开放包容的理念特色明显。上合组织起源于"上海五国"机制，本身就是开放包容的具体体现。在发展进程中，上合组织秉持的扩员主张和态度，让其舞台越来越宽广、资源越来越丰厚。印度、巴基斯坦的加入，以及观察员国的增加，也进一步验证了上合组织的这种发展特性。这与长期封闭的西方国家集团形式形成了鲜明对比。八是中国的独特作用让上合组织生命之树保持常青。中国历来主张和坚持走和平发展、合作共赢道路；中国的发展对其他成员国来说不是威胁而是机遇，不是利空而是利好。通过合作抓住中国崛起的机遇，分享中国发展的红利，是"上海精神"和上合组织有吸引力的重要原因之一。

作为新生事物，随着印度、巴基斯坦的加入，上合组织规模和影响力正不断增大。在其发展、壮大过程中，国外的战略智库始终将上合组织作为重要关注目标，并不断地进行品评。其中，叫好者有之，中立者有之，批评者有之，甚至抹黑谩骂者也不在少数。对这些声音，应该采取兼听的原则，有道理的多听听，并转化为改进和提高的"营养"；对无道理的也听听，这有助于我们头脑清醒；对无理取闹之声，大可一笑了之，不予置理。这样才能保证上合组织"这艘航船"前行在正确的航线上，并能不断乘风破浪，阔步向前。

美国彼得森国际经济研究所认为，中国必须把"一带一路"倡议的目标与上海合作组织的任务相结合，加强组织内成员国间的联系和交流将是中国进一步发展其多边关系的关键。美国另一家重要智库的态度则相当暧昧。德国马歇尔基金会在其报告中指出：上海合作组织是一个以共识为基础的组织，中国目前是其最有影响力的成员国。土耳其与上海合作组织的合作应该会给欧洲和美国敲响警钟。如果美国和欧洲希望改变中国仍有局限但日益明显的全球安全雄心以扩大跨大西洋的战略利益，那么其制定一个令人信服的方法来管控土耳其的战略调整将是至关重要的。国家亚洲研究局则在其报告中开始唱衰上海合作组织，认为上合组织是在自愿和协商一致的基础上成立的一个多边机构，继印度和巴基斯坦于 2017 年加入之后，成员国的日益多元化意味着上海合作组织成立的初衷已不再清晰，该组织作为中国和俄罗斯主导下的协调机制的实用性被削弱。哈德逊研究所则认为，上海合作组织仍然高度依赖中俄之间持续的良性关系，然而，欧亚地区秩序依然脆弱，在支持上海合作组织目标的同时，中国和俄罗斯优先考虑它们与欧亚国家以及其他地区的多边组织和倡议（如俄罗斯主导的欧亚经济联盟、集体安全条约组织以及中国主导的"一带一路"倡议）的关系。胡佛研究所则以明显捧杀的味道写道，中国是上合组织的主要参与者和无可争议的领导国，事实上，中国而不是俄罗斯，已经成为哈萨克斯坦新的"经济主宰"国家，并且哈萨克斯坦也同中国一道"在上海合作组织及其他场合抵消俄罗斯在这一地区的影响力"。

卡内基国际和平研究院在《在不断变化的全球政治格局中应运而生的新三角外交》报告中认为，"在 21 世纪初，世界地缘政治格局包括三个实力不平等的大国，它们的行动以决定性的方式影响着全球体系。美国是全球体系的中心；中国是美国主导地位的主要挑战者；俄罗斯比这两个国家都要小得多，其试图寻求用某种寡头政治取代当前的霸权"，同时，该智库也承认，"俄罗斯正寻求在当前的全球体系内进行一些行动，而不是试图打破它。中国有意避免与美国对决，更愿意循序渐进地向前发展。最重要的是，中国寻求扩大对其他地区的了解，获得外交经验并提高军事能力。俄罗斯是中国在欧亚地区的主要合作伙伴。在过去 25 年里，两国成功地建立了一种新型大国关系。这种关系是建立在一个准则之上的：中国和俄罗斯永远不会相互对立，但它们不需要相互追随。中国和俄罗斯现在面临的挑战是，在利用双边伙伴关系的基础上建立一个基于新原则的区域秩序。欧亚大陆不可能处于单一大国的统治之下。因此，一个持久的秩序只能是多边的，由主要的大国引领，但要考虑到所有其他国家的利益。基于上海合作组织（SCO）的平台，在国家领导人之间建立一个共识可以成为构建这一秩序的支柱"。上合组织扩员后，卡内基国际和平研究院认为上海合作组织处在了十字路口，并提出了两个疑问，扩员后的"上海合作组织是否会成为协调大国在欧亚地区利益的重要论坛还是会因为成员国之间的互不信任而崩溃？""成为上海合作组织的正式成员并不能真正解决印度所面临的最重要的战略问题"，但是"随着印度成为上海合作组织的正式成员，该组织将产生三大强国，这将削弱中国在该组织中的主导作用。巴基斯坦的加入也有利于实现俄罗斯的另一个目的：扩大上海合作组织成员国，以将亚洲大陆所有的参与者包括在内，并为阿富汗提供更好的区域合作"，"目前的扩员充斥着严重的问题，包括印度和中国之间的竞争以及印度和巴基斯坦之间持续的敌意"。

卡内基国际和平研究院在《扩大并不意味着更好：俄罗斯使上海合作组织成为一个无用的俱乐部》中无聊地说，"自 2011 年以来，俄罗斯一直在通过邀请其关系友好国家印度来推动上海合作组织的扩容。俄罗斯认为，俄罗斯、中国和印度已经在进行三边合作，这种创新将增加上海合作组织的影响力"，"普京和习近平主席签署《中华人民共和国与俄罗斯联邦关于丝绸之路经济带建设和欧亚经济联盟建设对接合作的联合声明》……广阔的'一带一路'倡议远比从制度上定义的上海合作组织更有用，因为上海合作组织的所有决策都是经协商一致而做出的"，"中国外交官和专家表示，中国政府充分意识到，印度和巴基斯坦之间长期存在的敌对状态，可能会使本已相当低效的组织完全瘫痪，因为其成员在各种问题上的'异议'一直存在。随着'丝绸之路经济带'和亚洲基础设施投资银行（AIIB）的发展，中国已经不再把上海合作组织视为一种有用的手段"。

卡内基国际和平研究院在《谁的规则，谁的范围？俄罗斯在后苏联国家中的治理与影响》中认为，"尽管俄罗斯欢迎上海合作组织提出的反西方言论和倡议，但它私下里反对授权任何机构设立可能会侵犯欧亚经济联盟管辖权的体制或监管框架"。卡内基国际和平研究院在《中国、俄罗斯需要共同的欧亚愿景》中说，"中俄关系的重大问题是'一带一路'倡议与俄罗斯自身经济计划的'协调'。俄罗斯政府已经明确表示，俄罗斯不打算像其他国家那样简单地加入'一带一路'倡议，而是寻求与中国建立一种特殊的经济关系"，"对中国和俄罗斯来说，致力于降低美国在'欧亚大棋盘'的影响力是不够的。它们必须建立一个改善当前局势的新大陆秩序"。

美国兰德公司在《中国将对印度加入上海合作组织感到后悔》中煽风点火地说，"随着印度和巴基斯坦成为上海合作组织（SCO）的成员，中国可能会在一个习惯于礼让与合作讨论的区域经济和安全组织中面临越来越多的分歧"，"随着中国在中亚的影响力逐渐增大，俄罗斯欢迎印度加入上海合作组织，这可能会加强俄罗斯在阻碍或反对中国倡议方面的力量"，"印度总理纳伦德拉·莫迪（Narendra Modi）表示，'印度和俄罗斯在国际问题上一直都保持同一立场'。展望未来，俄罗斯的这种策略可能会带来丰厚的回报"。美国战略与国际问题研究中心在《印度和巴基斯坦加入上海俱乐部》中评论说，"今天，中国、俄罗斯和四个中亚国家聚集在哈萨克斯坦首都阿斯塔纳，欢迎印度和巴基斯坦加入上海合作组织（SCO），这是一个不包括美国的安全与经济俱乐部。这一扩员标志着该组织从军事协调到经济合作的潜在转变。从理论上讲，上海合作组织有着强大的影响力。随着印度和巴基斯坦的加入，该组织可以夸耀其成员国涵盖世界40%的人口，创造了全球20%的国内生产总值，每年在军事上的花费超过3000亿美元。从地理上看，该组织是中亚地区大规模基础设施竞赛的中心，也是欧洲和亚洲之间的陆上贸易通道"，"随着上海合作组织的不断发展，美国应该继续关注该组织。但是，美国不必对上海合作组织决定接纳印度和巴基斯坦而感到担忧。相反，欧亚经济合作仍然有很大的空间，美国应该欢迎上海合作组织和其他区域组织为解决长期经济问题而做出努力"。

欧洲对外关系委员会在《回归根本：反恐合作和上海合作组织》中评论说，"反恐合作已经成为上海合作组织（SCO）自成立以来的一个存在理由……该组织将从六个成员国扩大到八个成员国，印度和巴基斯坦的加入将对区域反恐合作产生深远影响"，"2002年，上海合作组织成员国在圣彼得堡首脑会议期间签署了《关于地区反恐怖机构的协定》。在此之后，地区反恐怖机构执行委员会（RATS）于2004年在乌兹别克斯坦塔什干成立。该机构成为上海合作组织反恐合作机制的第一个制度化象征"，"经过15年不断加强的反恐合作，上海合作组织面临着新的挑战"，"反恐一直是上海合作组织的核心组成部分，已经有力地推进了该组织的制度化过程。因此，当前的威胁以及新成员国的加入可能会扩大上海合作组织的多边及双边合作范围"。

俄罗斯国际事务理事会在《打造"大欧亚"：来自俄罗斯、欧盟和中国的看法》报告中说，"欧盟与俄罗斯之间的对抗已成为新常态。俄罗斯与其欧洲邻国之间的关系正朝着一种'逐渐疏远'的模式发展。与此同时，俄罗斯面临的其他挑战与欧洲面临的挑战不相上下，甚至更大。俄罗斯面临的主要问题是在21世纪的全球经济和全球价值观体系中寻找新的经济增长点和新位置"，"俄罗斯和欧盟能在新的现实中进行合作吗？欧盟与俄罗斯合作的新机制又是什么？俄罗斯联邦总统弗拉基米尔·普京在2016年圣彼得堡国际经济论坛期间提出了欧亚经济合作的新愿景：打造'大欧亚伙伴关系'（常被称为大欧亚战略）。这将包括在欧亚经济联盟、中国、印度、巴基斯坦、伊朗、独联体成员国和其他有关国家之间建立双边和多边贸易协定网络"，"从组织上说，'大欧亚伙伴关系'建立在多个经济和政治项目相融合的基础之上，如上海合作组织、欧亚经济联盟以及欧亚地区的其他组织和金融机构。上海合作组织可以作为打造'大欧亚伙伴关系'的'黏合剂'"。

卡内基莫斯科中心在《对俄罗斯外交政策及其驱动因素的要求：展望未来5年》报告中说，"俄罗斯未来几年外交政策的重点将在于巩固其在后苏联时代的大国地位以及减少对其的政治孤立。随着二十国集团、金砖国家取代了之前的八国集团（现在是七国集团，俄罗斯被排除在外），上海合作组织（SCO）取代了俄罗斯－欧盟峰会、北约－俄罗斯理事会在公众心目中的地位，俄罗斯逐渐在非西方国家中安定下来。然而，这一过程并不容易。俄罗斯与印度、巴西和南非的关系虽然很友好，但并没有进一步的发展，这主要是由于俄罗斯的经济疲软。油价下跌导致俄罗斯的出口额下降了约三分之一。俄罗斯武器销量的增加也并未弥补这一缺口"。

俄罗斯智库瓦尔代国际辩论俱乐部在其发表的报告中说，"上海合作组织是为区域合作而设立的，目的是促进各成员国之间的联系。尽管上海合作组织已经取得了一些成就，但各国在上海合作组织的区域主义方面的意见不尽相同。尽管一些人相信上海合作组织可以为该区域带来稳定和预见性，但另一些人认为该组织是一个维护威权政权和鼓动反西方措施的机制。当前关于区域主义的论述已经意识到区域合作机构应对跨国挑战和威胁反映了其所具有的相关性及时效性。上海合作组织各成员国将继续加强在安全、政治、经济方面的合作和在促进区域稳定方面的努力。尽管上海合作组织最初是一个区域组织，专注于一些具体的地区问题，但现在它的活动甚至扩大到宏观的区域范围"，"自2001年6月15日上海合作组织成立以来，各成员国认真努力地使该组织成为一个成功的机制。上海合作组织的主要规范性文件将上海合作组织描绘为一个促进对话、重视地区和平与安全的组织。2002年，《上海合作组织宪章》概述了其合作的主要领域，包括区域安全和建立信任措施；在外交政策问题上达成共识；共同打击一切形式的恐怖主义、分裂主义和极端主义，打击非法贩卖毒品和其他跨国犯罪活动等"，"从长远来看，印度通过与上海合作组织对话和更好地合作，或许能够实现自身在该地区的利益"。

俄罗斯智库瓦尔代国际辩论俱乐部在《印度和巴基斯坦的加入凸

显了上海合作组织的外交潜力》中认为，印度和巴基斯坦加入上海合作组织具有深刻的象征意义，"上海合作组织会成为印度和巴基斯坦建立对话的平台……这是上海合作组织能为两国做的最重要的事情。印度和巴基斯坦不太可能受到双边议程的限制，并将共同参与更广泛的问题讨论……在印度和巴基斯坦加入安全问题和外交对话之后，上海合作组织将脱颖而出"。

德国国际与安全事务研究所在《重新设想欧洲能源安全》报告中认为，上海合作组织是一个基于共同利益的安全组织，致力于打击"恐怖主义、极端主义和分裂主义"；区域倡议即"一带一路"倡议和欧亚经济联盟（EEU）之间合作的可能性，为欧亚大陆能源的进一步融合提供了真正的支持；在加强中亚、中东和欧洲能源贸易和互联互通的计划中，多边参与、通过现有机构的合作以及遵守游戏的共同规则（行为准则）变得越来越重要，"中国引入了基于基础设施的互联互通框架（'一带一路'倡议），表达了对上海合作组织能源宪章进程的兴趣，并签署了《国际能源宪章》，这些事情并非巧合。对一个向外寻求贸易、经济机会和能源的国家来说，中国必须跨越欧亚大陆上的诸多障碍"。

德国国际与安全事务研究所在《非西方外交文化与全球外交未来》中认为，"第二次世界大战后出现了许多主导当今多边外交的组织和论坛。虽然这些组织和论坛的成员准入规则和发展目标具有普遍意义，但是也在一定程度上反映了这些组织在创建时的权重分配，这可能体现在特权（例如永久成员身份）或决策权（更大的投票权或否决权）方面。全球金融治理的架构只是其中一个例子：世界银行虽然成员众多，但一直以美国为首，而国际货币基金组织（IMF）的负责人总是来自欧洲"，"国际组织和论坛一直偏向西方国家令一些非西方国家倍感挫折。随着这些非西方国家经济实力的增强，它们的不满情绪进一步加剧。非西方国家对西方国家的倡议支持度降低，国际机构内僵局反复出现以及非西方国家反制度化的尝试都证明了这一点……以上海合作组织（SCO）和亚洲基础设施投资银行（AIIB）为典型代表的由非西方国家成立的现有国际多边机构的竞争对手通常存在一个问题，即这些新成立机构都是现存机构的模仿者"。

瑞士智库苏黎世联邦理工学院安全研究中心在《上海合作组织：东方版"北大西洋公约组织"的崛起?》中认为，"许多人认为，尽管上海合作组织章程中使用的语言具有'非针对性'政策的良性性质，但其意图限制美国在中亚的存在性是不言而喻的，并可能对全球政治产生深远影响"，"从西方的角度看，上海合作组织是一个战略联盟，其主要目的是结束美国对传统上由俄罗斯和中国所主导地区的'侵占'。中国和俄罗斯不但保证了从这个联盟获得中亚资源的机会，还建立了一个重要的投票集团，这个集团有能力影响国际政治，有利于进行反对扩大联合国安理会常任理事国席位的投票"。

印度智库观察家研究基金会在《印俄关系中的积极信号》报告中认为，"在过去几年里，印度战略专家提出的一种担忧是，人们怀疑俄罗斯与中国的联系如此紧密，以至于印度无法再指望俄罗斯，应防止俄罗斯向中国靠拢。这导致印俄双边伙伴关系受限。然而，俄罗斯－印度－中国三角关系最近的发展表明，俄罗斯采取的政策比人们预期的更为均衡，而且对印度方面正发出越来越多的积极信号"。

印度智库国防研究和分析中心在《上海合作组织：印度进入欧亚大陆》报告中认为，上海合作组织纳入其他邻近国家的议程自2010年以来是一个受到激烈争论的话题。虽然有些成员倾向于扩容，但没有制定标准、程序和时限，这阻碍了新成员的加入。长期以来，俄罗斯支持印度成为正式成员。哈萨克斯坦和塔吉克斯坦也坚决支持纳入印度。但是只有中国希望巴基斯坦加入上海合作组织。只有蒙古国受到了全员欢迎，但它对加入上海合作组织犹豫不决。联合国的制裁阻碍了伊朗加入上海合作组织。显而易见，尽管上海合作组织的知名度很高，但其效率和立场依然难以捉摸。上海合作组织实际实现的成就只是中国双边倡议中的一个指标，"上海合作组织受俄罗斯与中国之间深层次竞争的影响"，"与印度建立联系可以为上海合作组织提供新活力，为迄今为止以中国为中心的上海合作组织争取更大的发言权和更高的国际地位。世界上最大的民主国家加入上海合作组织将赋予这个组织更大的合法性""上海合作组织未来的发展离不开当前的全球再平衡博弈。上海合作组织肯定会面临中美紧张、美俄对峙、中俄协调、印美对峙等复杂的地缘政治暗流","事实上,印度、俄罗斯和中国正在金砖国家和上海合作组织等一些多边组织中共同协作。印度加入了由中国主导的亚洲基础设施投资银行。印度和中国之间的双边经济关系正在不可阻挡地发展。同样,印度和俄罗斯也致力于加强战略伙伴关系。印度拟与俄罗斯领导的欧亚经济联盟签署自由贸易协定。但需要明确的是,美印协约可能会超越军事领域,进而推进两国共同的价值观和利益。这将使印度在上海合作组织地缘政治领域中的参与更具挑战性"。

印度智库国防研究和分析中心在《印度在上海合作组织的利害关系》中认为,"上海合作组织成员国将为重新连接欧亚大陆提供新的机会。正如莫迪总理在上海合作组织乌法峰会的发言中所说,上海合作组织成员国身份将是'印度与成员国关系的自然延伸'。上海合作组织可以为印度提供一些独特的机会,使其与欧亚地区进行建设性合作,解决共同的安全问题,特别是打击恐怖主义,遏制'伊斯兰国'和塔利班的威胁,""更重要的是,印度在上海合作组织中的存在,能够确保在这个由大量穆斯林组成的关键地区中危害性力量不会引发反抗其的活动"。

巴基斯坦智库伊斯兰堡政策研究中心在《俄罗斯的复兴:巴基斯坦的机遇与局限》中认为,"俄罗斯与其他上海合作组织成员国正在优先考虑联合开展能源项目。俄罗斯的经济实力来源于其所拥有的重要自然资源,如石油和天然气。俄罗斯还与中国签署了具有里程碑意义的长达30年的天然气供应协议。中国和俄罗斯是在自然资源方面的合作伙伴、盟友和邻国","巴基斯坦已经成为上海合作组织的一员。上海合作组织可以在推动包括俄罗斯在内的成员国之间的双边关系发展方面发挥建设性作用。这将使巴基斯坦能够在生物技术、航空航天、气候变化适应、灾害管理、打击贩毒和减缓疾病等一系列高技术领域与其他上海合作组织成员国进行合作"。

本书是"国际战略智库观察项目"2018年度的第一份报告。"国际战略智库观察项目"是中国社会科学院国家全球战略智库的重点课题之一。长期以来,我们本着"立足国内、以外鉴内"的原则,密切跟踪和关注境外战略智库对中国发展的各种评述,对客观者我们认真研究吸纳，对故意抹黑和造谣者我们一笑了之。这不失为一种接地气的研究路径和方式，汇总其科学成果并适时发布也不失为我们服务国内同人研究工作的一种探索和尝试。这也是我们系列专题报告的初衷和目标，敬请各位前辈和同人批评指正。

  信笔至此，是为序。

2018 年 3 月 1 日

于北京张自忠路东院

目　录

中国"一带一路"倡议的动机、规模和挑战

Simeon Djankov；Sean Miner*

原文标题：China's Belt and Road Initiative Motives，Scope，and Challenges①

文章框架：中国的长期目标是成为亚洲的主导力量，为了实现这一目标，它必须付出尽可能多的代价；中国必须把"一带一路"倡议的目标与上海合作组织的任务相结合；加强上海合作组织内成员国间的联系和交流将是中国进一步发展多边关系的关键；在金融改革方面，中国建议通过亚洲基础设施投资银行、金砖国家新开发银行（NDB）以及上海合作组织等金融机构来执行；在合作和协调方面，中国提出可以使用现有论坛或机构——上海合作组织（SCO）、亚洲太平洋经济合

---

* Simeon Djankov，彼得森国际经济研究所访问学者。2009 年到 2013 年担任保加利亚副总理兼财政部部长。Sean Miner，彼得森国际经济研究所中国项目经理和研究助理。来源：彼得森国际经济研究所（美国智库），2016 年 1 月 30 日。

① 国家发改委会同外交部、商务部等部门对"一带一路"英文译法进行了规范。在对外公文中，统一将"丝绸之路经济带和 21 世纪海上丝绸之路"的英文全称译为"the Silk Road Economic Belt and the 21st – Century Maritime Silk Road"，"一带一路"简称译为"the Belt and Road"，英文缩写用"B&R"。考虑到"一带一路"倡议一词出现频率较高，在非正式场合，除首次出现时使用英文全称译文外，其简称译法可视情况灵活处理，除可使用"the Belt and Road Initiative"外，也可视情况使用"the land and maritime Silk Road initiative"。其他译法不建议使用。本书出现的"Belt and Road Initiative""One Belt，One Road"等均为相关智库报告原有内容，为此，本书予以保留。

作组织（APEC）、中阿合作论坛（CASCF）和亚欧会议（ASEM）等。

观点摘要：

1. 中国的长期目标是成为亚洲的主导力量。为了实现这一目标，中国必须付出尽可能多的代价，中国的外交政策也必须保持平衡。颇受俄罗斯影响的中亚地区，正日益成为中国的亚洲计划的一个组成部分。"一带一路"倡议也将"踏入"其他国家（如印度）的领土。在中巴经济走廊的影响下，中国有宏伟的计划支撑巴基斯坦，但在"不胜其烦"的印度附近开展工作，中国可能需要小心行事。对于"一带一路"的参与国，中国必须采取更为成熟的发展政策，避免发生给予承诺却未能兑现的情况。中国必须把"一带一路"倡议的目标与上海合作组织（2001 年成立于上海，目前的成员包括中国、哈萨克斯坦、吉尔吉斯斯坦、俄罗斯、塔吉克斯坦和乌兹别克斯坦；印度和巴基斯坦将在之后成为该组织正式成员）的任务相结合。上海合作组织的任务包括各国在区域安全方面的军事合作以及在经济和社会发展方面的合作。中国对上海合作组织"寄予厚望"。加强组织内成员国间的联系和交流将是中国进一步发展其多边关系的关键。将印度纳入中国的长期计划并非易事，但使中国与印度之间的关系变得日益紧密将是推行这一计划的明智之举。

2. 实施"一带一路"倡议的经济理由是无法抗拒的。亚洲地区将从不断完善的基础设施建设、增加的跨境投资以及减少的贸易壁垒（经济和物流方面）中受益，特别是中亚地区。通过寻求与欧洲（可能的话，非洲也会包括在内）建立更好的联系，这项倡议有可能影响遍及 60 个国家或 30 亿~40 亿人的生活。然而，对会有多少人和经济体将从"一带一路"倡议中受益的估计还很模糊。关于金融改革，中国建议通过亚洲基础设施投资银行、金砖国家新开发银行（NDB）以及上海合作组织等金融机构来执行。而私营部门在金融方面的作用还是不确定的。在合作和协调方面，中国提出可以使用现有论坛或机构——上海合作组织（SCO）、亚洲太平洋经济合作组织（APEC）、中阿合作论坛（CASCF）和亚欧会议（ASEM）等。中国希望使用类似于谅解备忘录、双边试点项目以及其他的传播媒介来扩大其交易网络和贸易协商范围。

土耳其期待中国提供安全合作替代方案

Jan Gaspers；Mikko Huotari *

原文标题： Turkey Looks to China for Security Cooperation Alternatives

文章框架： 4 月的公投结果导致土耳其社会严重分裂，这严重影响了土耳其政府与西方的关系；土耳其更加积极地向东方寻求欧洲大西洋一体化的替代方案，并将重点放在上海合作组织上；上海合作组织为中国、俄罗斯、中亚和南亚成员国提供安全合作论坛；西方安全分析人士倾向于反驳上海合作组织的地缘战略意义，并肯定地淡化其作为北约直接军事竞争对手的潜力；上海合作组织是一个以共识为基础的组织，中国目前是其最有影响力的成员国；中国外交部最初对土耳其与上海合作组织建立更紧密关系的兴趣持回避态度；自 2010 年以来，中土两国经济事务关系不断深化，安全关系仍然十分有限和复杂；大多数中国战略家也对土耳其的承诺和成为上海合作组织成员国的前景持怀疑态度；中国将继续口头支持土耳其加入上海合作组织；考虑到中国目前的犹豫不决，土耳

＊ Jan Gaspers，先后在荷兰马斯特里赫特大学、英国塞赛克斯大学和剑桥大学学习国际关系和政治专业，现任欧洲对华政策研究室主任，在墨卡托中国研究中心（MERICS）负责调研和协调欧洲各国以及欧盟对华政策，重点关注欧洲与中国的安全关系、跨大西洋的对华政策和网络外交。Mikko Huotari，负责中国对外关系项目，发表了大量关于中国与欧洲的全球投资战略和经济关系、中国作为一个安全参与者及其崛起所带来的地缘政治变化的文章，研究重点是中国的外交政策、中欧关系以及亚洲地区秩序，在加入墨卡托中国研究中心之前，在弗莱堡大学教授国际政治经济学和中国外交政策。来源：德国马歇尔基金会（美国智库），2017 年 7 月 5 日。

其即使努力争取，也不太可能超越对话伙伴国地位，成为上海合作组织正式成员国；土耳其与上海合作组织的和睦程度也可能改变欧洲安全与合作组织（OSCE）内自由民主国家的权力与影响力的平衡；土耳其与北约和欧洲的隔阂不仅仅是土耳其政治倾向转变的反映。

观点摘要：

1. 4 月的公投结果导致土耳其社会严重分裂，即将从议会民主制转变为以一人统治为特征的制度，这严重影响了土耳其政府与西方的关系。关于土耳其入盟谈判是否应该被搁置的讨论，尚未转化为欧盟政策的具体变化。然而，在许多欧洲国家，人们对土耳其有朝一日加入欧盟的期望已经"烟消云散"。土耳其似乎并不感到失望。在土耳其制宪公投前夕，在欧盟一些成员国与土耳其的外交对峙期间，土耳其外交部部长梅夫吕特·恰武什奥卢（Mevlüt Çavuşoğlu）威胁要进行战略调整，他说："如果欧洲继续保持这种状态，它们就会失去许多地方，包括俄罗斯和我们。"公投表决后，总统雷杰普·塔伊普·埃尔多安（Recep Tayyip Erdoğan）开始使用更为温和的言辞，反映了其意识到土耳其的命运部分取决于与欧盟稳定的经济关系。不过，他也表示，土耳其加入欧盟的立场可能需要重新考虑。

2. 埃尔多安语气的变化无法掩盖西方与土耳其之间深层次的制度分歧和越来越多的战略隔阂迹象，这使土耳其在欧洲和跨大西洋合作中的政治地位降低到历史最低水平。在土耳其对 2016 年 7 月政变失败以及 2017 年春土耳其全民公投在欧洲引起争端做出回应后，埃尔多安的正义与发展党（AKP）已经失去了在欧盟的大部分政治资本。土耳其敦促就死刑问题举行另一次全民公决可能进一步加深这种分歧。由于对北大西洋公约组织（NATO）对土耳其边界地区不断增加的区域不稳定因素的反应感到失望，土耳其还减少了对跨大西洋安全合作的重视，仅仅以计算成本效益来开展合作，而不是基于政治信念。

3. 最近，土耳其更加积极地向东方寻求欧洲大西洋一体化的替代方案，并将重点放在上海合作组织（SCO）上。观察人士经常指出，最近土耳其和俄罗斯之间的战略和解，是土耳其实现成为上海合作组织成员国雄心的一个重要标志。从上海合作组织 2001 年成立以来，俄罗斯无疑一直是该组织的核心成员，同时中国将为土耳其与上海合作组织和跨大西洋共同体的未来关系定下基调。土耳其认为，与上海合作组织建立更紧密的联系，可能会对北约成员造成威胁，从而进一步破坏大西洋两岸的安全合作。因此，美国和欧洲应该清楚地向中国表明，土耳其与上海合作组织的关系可能会加剧中国与跨大西洋伙伴之间的紧张关系。与此同时，美国和欧洲制定了一个令人信服的方法来管控土耳其的战略调整，将对其正在进行的努力至关重要，即美国和欧洲正在努力以一种有利于跨大西洋战略利益的方式改变中国日益凸显的全球安全雄心。

4. 上海合作组织为中国、俄罗斯、中亚和南亚成员国提供安全合作论坛，特别是与边境管理和反恐有关的论坛，在上海合作组织地区反恐怖机构执行委员会（RATS）内进行培训和交流。上海合作组织成员国还定期举行联合军事演习，就网络安全问题进行合作。自 2012 年以来，土耳其一直是上海合作组织的对话伙伴国，这是其与上海合作组织最基本的合作形式。自 2013 年以来，土耳其一直利用各种引人瞩目的机会表达其对获得上海合作组织观察员国地位或加入该组织的兴趣。埃尔多安总统 2016 年 11 月公开提出正考虑加入上海合作组织。

5. 西方安全分析人士倾向于反驳上海合作组织的地缘战略意义，并肯定地淡化其作为北约直接军事竞争对手的潜力。尽管如此，土耳其向上海合作组织示好，并暗示通过放弃北约成员国身份和不参与欧洲一体化作为交易以加入上海合作组织，这一系列举动应该会给欧洲和美国敲响警钟。随着土耳其对成为欧盟成员国想法的破灭，以及对北约盟国的失望，土耳其可能不愿意讨好总部位于布鲁塞尔的这些机构。不过，毫无疑问，在应对地区安全挑战方面，土耳其继续对西方具有重要的战略价值。对欧盟成员国来说，2016 年 3 月与土耳其达成的难民协议是至关重要的。土耳其拥有一系列重要的北约军事设施，这些设施对北约在中东的武装力量具有至关重要的战略意义。土耳其仍是西方为数不多的与俄罗斯就叙利亚问题进行沟通的渠道之一，尽管土耳其和更广泛的跨大西洋战略利益在这个问题上的一致性程度日益受到质疑。土耳其寻求与上海合作组织建立更紧密关系的时机再好不过了，因为该组织刚刚走上了扩容之路。印度和巴基斯坦于 2017 年 6 月 9 日在上海合作组织阿斯塔纳峰会上加入该组织。上海合作组织也开始就参与中东问题展开更激烈的讨论。俄罗斯与土耳其之间的战略和解可能会使俄罗斯积极帮助土耳其成为上海合作组织的成员国。然而，不像土耳其和西方媒体所描绘的那样，在确定土耳其未来在欧亚安全一体化中的作用时，俄罗斯不会是最重要的参与者。

6. 上海合作组织是一个以共识为基础的组织，中国目前是其最有影响力的成员国，尤其是因为中国政府在欧亚大陆的经济举措日益"补充"了这个组织。在犹豫了一段时间后，中国将上海合作组织的扩容视为"一带一路"倡议的合理补充。就土耳其而言，它似乎乐于接受与中国的经济和安全合作。2017 年 5 月中旬在北京举办的"一带一路"国际合作高峰论坛开幕式上，普京和埃尔多安是继中国国家主席习近平后的第一批演讲者。埃尔多安告诉代表们，世界经济重心转向东方，他希望土耳其计划中的基础设施扩张能与"一带一路"倡议联系起来。中国不断发展的上海合作组织政策，也努力通过构建多层次、灵活的区域安全架构来扩大中国的区域影响力。灵活的区域安全架构还包括之前举行的亚洲相互协作与信任措施会议，其中土耳其也是该会议的主要成员，该会议还促使中国与巴基斯坦、阿富汗和塔吉克斯坦达成反恐合作协调机制。

7. 中国外交部最初对土耳其与上海合作组织建立更紧密关系的兴趣持回避态度，在回应埃尔多安于 2016 年 11 月发表的声明时指出，中国高度重视土耳其——上海合作组织的对话伙伴国，并将密切关注双方潜在的深化联系。在埃尔多安总统访华之际，外交部发言人于 2017 年 3 月在北京也发表了同样谨慎的声明。事实上，尽管中国对扩大上海合作组织成员国和观察员国圈子的立场表示支持，但中国政府仍然以"战略耐心"看待土耳其意图加入上海合作组织的雄心。

8. 自 2010 年以来，中土两国经济关系不断深化，但安全关系仍然十分受限和复杂。习近平在"一带一路"国际合作高峰论坛会议间隙告诉埃尔多安，各国应深化反恐合作，并且埃尔多安认为"一带一路"倡议将有助于消除这一威胁。然而，2015 年底，土耳其未能成功从中国采购数十亿美元的导弹防御系统，这表明土耳其与中国之间的战略距离依然界定着两国之间的关系。正义与发展党领导政府最初之所以选择中国是因为中方提出的诱人条件，包括低价格、交货时间短，最重要的是有利的技术转让条件可以使土耳其建立首个远程防空和反导防御系统，此举"冷落"了美国和欧洲的提议，同时也让北约盟国感到担忧。最终，因低于最初预期的技术转让条件，而且也由于北约开始暂时考虑采取更加积极的中东政策，土耳其与中国的会谈以失败告终。土耳其国防部部长最近宣布，土耳其目前正在与俄罗斯就购买俄罗斯 S－400 防空导弹系统进行最后的谈判，这一协议对北约构成了类似的挑战。

9. 大多数中国战略家也对土耳其的承诺和成为上海合作组织成员国的前景持怀疑态度。他们反驳了这样一种观点，即土耳其对上海合作组织的兴趣意味着土耳其将从西方阵营转向东方阵营。从中国的角度来看，埃尔多安关于上海合作组织的言辞主要是作为与北约、美国和欧盟谈判的筹码。中国专家也倾向于认为土耳其与上海合作组织的"暧昧关系"主要是基于土耳其与俄罗斯的友好关系。总的来说，中国分析人士认为，土耳其的新平衡外交并不完全是土耳其外交政策的重新定位，而是试图扩大土耳其的战略选择和自主权。有迹象表明，不久的将来，中国领导层将设法避免对西方采取对抗性的态度，因此其不愿使用土耳其的上海合作组织野心来破坏现有的跨大西洋安全框架。到目前为止，关于俄罗斯希望上海合作组织采取公开对抗和反西方的立场，中国基本保持中立。相反，中国致力于将上海合作组织建设成为一个稳定中国战略后院的有效工具。中国也没有看到深化中土合作关系和让土耳其保持其北约成员国身份之间的根本矛盾。

10. 中国将继续口头支持土耳其加入上海合作组织，这与2017年5月中旬中国驻土耳其大使郁红阳发表的声明一致，即中国愿意就土耳其加入上海合作组织问题展开讨论。然而，就目前而言，中国的整体做法仍将是谨慎的，中国表示土耳其的加入需要明确的程序、循序渐进的方法、严格的标准，以及漫长的审查过程。这将给中国留下时间来试探国际上的反应，促进中国的反联盟进程，及构建区域安全架构的多层次方法。从中长期来看，中国可能会改变立场，致力于扩大上海合作组织的影响力，包括进军中东。中国也有可能想要一个更有野心的、最终具有对抗性的上海合作组织，以更积极地削弱美国领导的安全联盟。中国是否会选择这条更冒险的道路将取决于各种各样的环境因素，特别是俄罗斯的喜好变化。中国目前没有理由就土耳其加入上海合作组织的前景问题放弃与俄罗斯的"战术结盟"。随着中国与土耳其关系的发展，中国政府对土耳其在上海合作组织发挥作用的立场也可能变得更加坚定。土耳其的地缘战略定位是实现中国"一带一路"倡议重要组成部分的一个关键方面。中国在中东地区的经济利益增长迅速，中国很清楚土耳其在该地区的关键作用。中国的政治领导层也倾向于抓住"机会窗口"，就像土耳其因当前战略迷失所提供的机会那样。

11. 考虑到中国目前的犹豫不决，土耳其即使努力争取，也不太可能超越现在的对话伙伴国地位成为上海合作组织正式成员国。尽管如此，土耳其显然决心寻求北约的替代方案，并与上海合作组织建立更紧密的联系，这对现有的跨大西洋安全框架构成了重大挑战。中欧和东欧国家担心，北约成员国将考虑与俄罗斯在其中具有核心作用的安全组织中进行更系统的合作。毕竟，俄罗斯在几乎所有北约成员国的防务白皮书中都被列为威胁国。如果土耳其未来认真考虑加入上海合作组织，那么它将成为北约内部不信任的主要来源。土耳其和上海合作组织间更紧密的合作也将对跨大西洋安全合作构成挑战。欧盟和北约由于成员身份不同而无法共享具体的机密文件，这一长期存在且往往具有严重性的问题表明，多层次的安全安排可能存在严重缺陷。如果北约与欧盟之间的信息交流仍然困难，那么土耳其可以协调其北约成员国身份和与上海合作组织间更紧密的关系，而且土耳其确实不定期地对欧盟共同安全防务政策做出过贡献。一些俄罗斯官员已经表示，北约和上海合作组织成员国在运作方面是不相容的，他们积极鼓励土耳其离开大西洋联盟，为其成为上海合作组织的成员国铺平道路。但是，即使土耳其只是作为上海合作组织的对话伙伴国，也会促使北约成员在与土耳其分享信息方面采取更加保留的态度，特别是在土耳其对其与上海合作组织的交易没有实现完全透明的情况下。

12. 土耳其与上海合作组织的和睦程度也可能改变欧洲安全与合作

组织（OSCE）内自由民主国家的权力与影响力的平衡。土耳其在欧洲安全与合作组织中是不结盟的，但倾向于与欧盟成员国（有时是美国和加拿大）就与该组织政治、军事和人文方面的有关问题站在同一立场。与上海合作组织更紧密的关系可能会把土耳其更坚定地推进到东欧和中亚国家阵营中，按照欧洲安全与合作组织的说法，这些国家都集中在维也纳东部。尽管这与中国对上海合作组织的愿景不一致，但俄罗斯将有兴趣把土耳其引入维也纳东部阵营，该阵地与西方国家就欧洲安全与合作组织的关键事务僵持不下，比如乌克兰局势。在美国和欧洲政治变幻莫测的时代，在保护欧洲伙伴和北约盟友过去60年里所建立成果的基础上，土耳其加入上海合作组织的愿望可能不是最大的问题。然而，这无疑是土耳其与跨大西洋安全合作日益疏远的最重要影响。土耳其绝不是唯一一个考虑从北约转向上海合作组织的国家。过去两年来，亚美尼亚和阿塞拜疆（北约"和平伙伴关系"成员国）成为上海合作组织的对话伙伴国。

13. 北约的欧亚邻国更广泛的动态强调，土耳其与北约和欧洲的隔阂不仅仅是土耳其政治倾向转变的反映。土耳其的战略调整表明了对跨大西洋共同体的挑战。这些发展表明，北约必须为其传统势力范围内出现的新竞争者做好准备。现在是欧盟和北约制定新的和更好的政策的时候了，这些政策旨在加强各成员国之间的经济和政治团结，并继续充满信心地争论资源共享的好处，特别是在防务领域。这些组织及其成员应该增加公共外交活动，提高经济一体化观点的可信度，特别是那些可能"迷失"的国家更应如此。解决这些问题将有助于重建欧盟和北约的吸引力和可信度，使其成为具有全球吸引力的、成功的区域一体化模式。美国政府和欧洲各国政府也应该一致向中国发出信号，即土耳其与上海合作组织的关系可能在中国与跨大西洋关系中成为一个严重的矛盾来源。如果北约和欧盟希望改变中国仍受限但日益明显的全球安全雄心，那么其完全有责任制定一种令人信服的方法来管控土耳其的战略调整。

土耳其的上海合作组织雄心挑战着欧盟和美国

Jan Gaspers *

原文标题： Turkey's SCO Ambitions Challenge EU and United States

文章框架： 土耳其寻找机会力求加入上海合作组织；中国面对土耳其的提议，态度表现得更为活跃；从中国的角度来看，埃尔多安在上海合作组织发表的言论主要是与北约、美国和欧盟进行谈判的筹码；考虑到中国的犹豫不决，土耳其也不太可能超越现在的对话伙伴国地位成为上海合作组织正式成员国，然而，土耳其显然决心寻求一个组织来替代北约，这对现有的跨大西洋安全架构构成了重大挑战。

观点摘要：

1. 土耳其寻找机会力求加入上海合作组织（SCO）。自 2012 年起，土耳其一直是上海合作组织的对话伙伴国，并表示有兴趣担任观察员国，甚至自 2013 年起，想要作为正式成员加入该组织。西方安全分析人士倾向于反驳上海合作组织的地缘战略意义，贬低了其作为北约直接军事竞争对手的潜力，尽管如此，土耳其与上海合作组织的合作应该会给欧洲和美国敲响警钟。在应对地区安全挑战方面，土耳其对西方国家来说继续保持着重要的战略价值。对欧盟成员国来说，2016 年 3 月与土耳其达成的难民协议是至关重要的。土耳其还拥有一系列重要的北约

* Jan Gaspers，先后在荷兰马斯特里赫特大学、英国塞赛克斯大学和剑桥大学学习国际关系和政治专业，现任欧洲对华政策研究室主任，在墨卡托中国研究中心（MERICS）负责调研和协调欧洲各国以及欧盟对华政策，重点关注欧洲与中国的安全关系、跨大西洋的对华政策和网络外交。来源：德国马歇尔基金会（美国智库），2017 年 7 月 14 日。

军事设施，这些设施对其盟友北约在中东地区规划军队具有至关重要的战略意义。土耳其与上海合作组织寻求更紧密联系的时机已经再好不过了，因为该组织刚刚开始了一个发展性进程。印度和巴基斯坦于2017年6月9日参加了上海合作组织成员国元首理事会。上海合作组织也开始就向中东地区的延伸展开更激烈的讨论。

2. 中国面对土耳其的提议，态度表现得更为活跃。上海合作组织是一个以协商一致原则为基础的组织，中国是其最具影响力的参与者，尤其是因为中国政府利用在欧亚大陆的经济倡议不断地对该组织进行补充。在经历了一段时间的犹豫之后，中国将上海合作组织的发展和壮大视为"一带一路"倡议的合理补充。土耳其方面似乎被中国经济和安全合作的诱惑所吸引，在2017年5月中旬于北京举行的"一带一路"国际合作高峰论坛上，土耳其总统埃尔多安（Recep Tayyip Erdoğan）对代表们表示，世界经济重心正在向东方转移，并表示他希望土耳其计划的基础设施发展与中国的"一带一路"倡议联系在一起。中国外交部最初对土耳其有意打造与上海合作组织更紧密关系这件事情持回避态度，并对土耳其总统埃尔多安在2016年11月发表的言论给予回应，称中方高度重视土耳其作为上海合作组织的对话伙伴国地位，还将密切关注双方关系的潜在深化。中国外交部发言人于2017年3月在北京发表了一份类似的谨慎声明。然而，在2017年5月中旬，中华人民共和国驻土耳其共和国特命全权大使郁红阳宣布，中国政府准备支持土耳其成为上海合作组织成员国的申请。尽管如此，中国政府仍然对土耳其加入上海合作组织的想法持谨慎态度，并意识到将印度和巴基斯坦纳入该组织所面临的挑战。此外，与土耳其双边关系的发展是另一个令人关切的问题。2015年底，土耳其未能成功从中国购买价值数十亿美元的导弹防御系统，这表明土耳其与中国之间的战略距离依然界定着两国之间的关系。正义与发展党领导的政府最初之所以选择中国是因为中方提出的诱人条件，包括低价格、交货时间短，最重要的是有利的技术转让条件可以使土耳其建立首个远程防空和反导防御系统，此举"冷落"了美国和欧洲的提议，同时也让北约盟国感到担忧。

3. 土耳其加入上海合作组织会成为与北约进行谈判的筹码吗？大

多数中国战略专家还对土耳其的承诺和对其在上海合作组织成员国身份的前景表示怀疑，他们反驳了土耳其对上海合作组织的兴趣意味着土耳其将从西方阵营转向东方阵营的说法。从中国的角度来看，埃尔多安在上海合作组织发表的言论主要是与北约、美国和欧盟进行谈判的筹码。中国专家也倾向于认为土耳其申请加入上海合作组织，主要得益于土耳其与俄罗斯的友好关系。总的来说，中国分析人士认为，土耳其新的外交平衡政策并不意味着完全重新定位外交政策，而是试图扩大土耳其的战略选择和自主权。中国是否会选择这条有风险的道路，将取决于各种不同的因素，尤其是中国对俄罗斯的态度变化。到目前为止，中国对俄罗斯希望上海合作组织采取公开对抗和反西方的立场基本上保持中立。在中长期内，中国可能会改变立场，致力于扩大上海合作组织的影响力，包括将上海合作组织的影响力延伸到中东地区。中国方面也迫切希望借助上海合作组织来削弱由美国领导的安全联盟。中国领导层在未来将要寻求一种方式来避免与西方进行对抗。中国目前没有理由就土耳其加入上海合作组织（SCO）的前景问题放弃与俄罗斯的"战术结盟"，随着中国与土耳其关系的发展，中国对土耳其在上海合作组织中发挥作用的立场也可能变得更加坚定。土耳其的地缘战略定位是实现中国"一带一路"倡议重要组成部分的一个关键方面，中国的政治领导层也倾向于抓住"机会窗口"，就像土耳其因当前战略迷失所提供的机会那样。

4. 考虑到中国的犹豫不决，土耳其也不太可能超越现在的对话伙伴国地位成为上海合作组织正式成员国，然而，土耳其显然决心寻求一个组织来替代北约，这对现有的跨大西洋安全架构构成了重大挑战。中欧和东欧国家担心，北约成员国正在考虑与一个以俄罗斯为核心的安全组织进行更系统的合作。如果土耳其在未来与上海合作组织建立更紧密的联系，那么它将不再会受到北约的信赖。土耳其与上海合作组织更密切的合作，也将对跨大西洋安全合作构成挑战。即使土耳其在上海合作组织内部担任观察员国，也会促使北约成员国与土耳其更加保守地分享信息。北约的欧亚邻国更广泛的动态强调，土耳其与北约和欧洲的隔阂不仅仅是土耳其政治取向转变的反映。土耳其的战略调整说明了跨大西洋安全合作受到损害的一种更广泛的趋势，以及北约必须在其传统的影响力范围内做好准备，以应对新的竞争对手。因此，欧盟和北约应该制定新的、更好的战略，以加强各成员国之间的经济和政治团结，并提醒它们，跨大西洋国防资源汇集的好处。这些组织及其成员还应重建欧洲邻国提高经济一体化的可信度，特别是那些可能"迷失"的国家。美国政府和欧洲政府也必须保持一致，向中国发出信号，表明土耳其与上海合作组织的关系可能会成为大西洋两岸关系一个严重的矛盾来源。如果美国和欧洲希望改变中国仍有局限但日益明显的全球安全雄心以扩大跨大西洋的战略利益，那么其制定一个令人信服的方法来管控土耳其的战略调整将是至关重要的。

克里米亚危机之后的俄罗斯、中国和西方国家

Angela Stent [*]

原文标题： Russia，China，and the West after Crimea

文章框架： 当普京和习近平说中俄关系比以往任何时候都好时，他们并没有夸大其词；在鲍里斯·叶利钦的领导下，俄罗斯继续与中国关系正常化，中国的移民劳工开始涌入俄罗斯远东地区，重振其摇摇欲坠的经济；自乌克兰危机爆发以来，俄罗斯一直在寻求加强两国关系；中俄关系具有重要的双边特征，涉及贸易、能源、边境监管、军事合作等；俄罗斯和中国一直在努力管理其共同的"邻里关系"；到目前为止，俄罗斯和中国已经成功地管控了它们在中亚的竞争；在 2015 年之前，中国经济的强劲增长，俄罗斯在油价暴跌、卢布贬值后带来的经济问题以及西方制裁的影响，都促使其他国家对俄罗斯和中国未来在中亚所发挥的作用提出质疑；中亚各国在过去 25 年里学会了平衡与俄罗斯和中国的关系，并与两大邻国进行了经济和政治关系的调整。

观点摘要：

1. 当普京和习近平说中俄关系比以往任何时候都好时，他们并没有夸大其词。几个世纪以来，中国和俄罗斯的关系一直处于紧张状态。在 20 世纪上半叶，中苏关系错综复杂，有时甚至是矛盾的。在中国内

---

* Angela Stent，跨大西洋学会高级研究员，俄罗斯东欧中亚研究所负责人，乔治城大学外交服务学院教授，布鲁金斯学会资深非常驻研究员。来源：德国马歇尔基金会（美国智库），2016 年 5 月 3 日。

战期间，苏联同时支持毛泽东领导的中国共产党和蒋介石领导的国民党。1949~1989 年，中苏关系在很大程度上是对抗性的。中国对苏联的意识形态提出挑战，通过声称苏联领导人尼基塔·谢尔盖耶维奇·赫鲁晓夫（Nikita Khrushchev）是个抛弃社会主义且向美国摇尾乞怜的修正主义者，质疑苏联领导世界的合法性。中苏分裂始于斯大林逝世后，1956 年赫鲁晓夫在没有与他兄弟般的中国盟友协商的情况下公开指责了斯大林。随后，他突然从中国撤回了 1400 名技术专家，停止协助中国发展核计划，导致 200 个科研项目未完成。日益激烈的相互论战接踵而至，特别是在"文化大革命"期间，1969 年，两国最终在有争议的乌苏里河发生了边境冲突。戈尔巴乔夫时代的意识形态斗争持续不断。米哈伊尔·戈尔巴乔夫（Mikhail Gorbachev）最终于 1989 年前往北京，以改善中苏不良关系。戈尔巴乔夫的倒台和苏联的解体对中国领导层产生了重大影响，中国领导人发誓这在中国永远不会发生。

2. 在鲍里斯·叶利钦（Boris Yeltsin）的领导下，俄罗斯继续与中国恢复关系正常化，中国的移民劳工开始涌入俄罗斯远东地区，重振其摇摇欲坠的经济。苏联的解体使中国离开该国与新的中亚邻国合作，1996 年，哈萨克斯坦、吉尔吉斯斯坦和塔吉克斯坦与中国和俄罗斯一起组成"上海五国"会晤机制，该机制旨在调整这些国家的边境关系（该机制在 2001 年乌兹别克斯坦加入时更名为上海合作组织）。中国和俄罗斯在 1997 年签署了《中华人民共和国和俄罗斯联邦关于世界多极化和建立国际新秩序的联合声明》，承诺在多极世界建立平等的伙伴关系和战略合作。从普京进入克里姆林宫以来，他一直致力于与中国保持和改善关系。这时俄罗斯意识到需要弥补其与西方关系恶化的结果，但同时也意识到自己与崛起的大国结盟的好处，而该大国恰好也是邻国。无论是中国还是俄罗斯，都是主权概念的支持者，都不愿意加入一个限制其行动自由的联盟。两国寻求的是建立在多极世界中以共同利益为基础的务实伙伴关系。

3. 自乌克兰危机爆发以来，俄罗斯一直在寻求加强两国关系，但中国仍对其与俄罗斯的关系保持着有力的、清晰的看法，它将不会采取可能危及其与欧洲和美国强大经济联系的措施。然而，这一关系使俄罗斯得以避免受到国际孤立（西方在克里米亚被俄罗斯吞并后一直试图对俄施加压力）。俄罗斯可以指出，中国对西方国家谴责这种行为予以支持，或者至少保持中立。中国不批评俄罗斯在克里米亚或顿巴斯地区的政策，而西方则批评这些政策。此外，中国国务院副总理张高丽说，"中国坚决反对美国和西方国家对俄罗斯的制裁"。在普京的领导下，双边和多边议程已经大大扩展。然而，在过去15年里，两国之间相关的不对称性显著增加。2015年，中国的国内生产总值（GDP）为11.39万亿美元，而俄罗斯为1.24万亿美元；俄罗斯有1.42亿人口，中国有13亿人口。中国是一个充满活力的正在崛起的大国，其名义国内生产总值到2030年将超过美国（按购买力平价计算，中国的经济规模已经超过美国）。俄罗斯的经济正在衰退，尤其是在与中国接壤的远东地区，其人口也在减少。俄罗斯向中国出口石油、天然气和军事装备，以换取包括电子产品在内的中国制成品的进口。除非俄罗斯实现经济现代化，否则它仍将是中国先进工业经济的原材料和武器供应商。

4. 中俄关系具有重要的双边特征，包括贸易、能源、边境监管、军事合作等。双方拒绝西方国家对其人权记录的批评，并支持彼此的国内政策。俄罗斯支持中国对台湾和西藏的立场。两国关系还有一个重要的多边议程，包括通过上海合作组织调节与中亚的关系，就伊朗和叙利亚等问题在联合国安理会（UNSC）进行合作，以及就朝核问题在六方会谈上开展合作。引人注目的是，俄罗斯和中国的分歧不在重大国际问题上，这不同于俄罗斯与西方国家之间的关系。习近平主席和他的前任胡锦涛（2002～2012年在任）的首次出访地都是俄罗斯。普京在2012年竞选连任之后不久也前往中国，此前他取消了原定于一个月前赴美国参加八国集团（G8）首脑会议的计划，称自己正忙于任命新一届政府。

5. 俄罗斯和中国一直在努力管理其共同的"邻里关系"。在许多发展中国家面临的复杂的社会经济挑战中，有来自塔吉克斯坦和阿富汗战争的溢出效应，以及宗教极端主义的威胁。"乌兹别克斯坦伊斯兰运动组织"（IMU）和"伊斯兰解放党"等群体被认为是威胁俄罗斯、中国和中亚地区的恐怖组织。数千名中亚公民加入了自己宣布成立的"伊斯兰国"组织和其他极端组织。阿富汗与塔利班的持续冲突加剧了这

些问题。由于中国必须处理新疆的分裂主义，同时俄罗斯面临北高加索
地区持续存在的恐怖主义威胁，因此，两国一致支持中亚政府打击极端
主义。基于以上原因，上海合作组织已成为中俄关系的重要支柱。上海
合作组织最初是为了解决边界争端而成立的，它在早期就同意共同打击
暴力恐怖势力、民族分裂势力和宗教极端势力"三股势力"。上海合作
组织在经济、安全、反恐等领域开展合作。虽然上海合作组织还没有达
到成为一个有影响力的区域组织的高度，但它最近已经扩大了自身影响
力。印度和巴基斯坦成为该组织成员国的程序在 2016 年启动，伊朗、
蒙古和阿富汗也将紧随其后。然而，俄罗斯和中国之间的紧张关系仍在
扩大。印度和中国仍然存在边界争端。印度和俄罗斯历来关系密切，而
中国和巴基斯坦则保持一致。这一紧张局势的扩大可能会加剧俄罗斯与
中国及其各自合作伙伴之间的现有竞争。尽管成立上海合作组织的初衷
是规范中亚地区的中俄关系，但它不仅增加了成员国数量，还扩大了其
雄心，成为一个将美国排除在外的多边组织。然而，上海合作组织的影
响力仍然有限。

6. 到目前为止，俄罗斯和中国已经成功地管控了它们在中亚的竞
争。考虑到俄罗斯和许多中亚领导层之间的语言、文化和私人联系，俄
罗斯在这一地区仍然保持着主要的政治影响力。但考虑到中国的能源需
求和投资项目，中国已成为中亚地区的主要经济合作伙伴。中国和俄罗
斯一样，在 20 世纪 90 年代对美国进入中亚地区的行为持谨慎态度，因
为美国企业在该地区推行经济（尤其是能源）项目，同时北大西洋公
约组织（NATO）与几个国家发展了合作伙伴关系。接着是在 2001 年
"9·11" 事件发生时，普京决定在不与中国磋商的情况下，支持在乌
兹别克斯坦和吉尔吉斯斯坦建立美军基地。在一段时间内，似乎俄罗斯
和美国在 2001～2002 年的友好关系可能会对中国和俄罗斯的关系产生
长期影响。但是普京的这种重新调整（与中美两国的关系）以美国入
侵伊拉克而告终。直到最近，俄罗斯仍是主要的安全供应国，俄罗斯依
然乐于看到中国扩大其在中亚的经济影响力。随着美国从阿富汗撤军，
似乎俄罗斯在中亚的军事作用将得到加强。俄罗斯在吉尔吉斯斯坦和塔
吉克斯坦设有军事基地，并与其在集体安全条约组织（CSTO）中的合

作伙伴进行定期军事演习。

7. 在2015年之前，中国经济的强劲增长，俄罗斯在油价暴跌、卢布贬值后引发的经济问题以及受到西方制裁的影响，都促使其他国家对俄罗斯和中国未来在中亚所发挥的作用提出质疑。普京在其第三个任期期间的主要项目即欧亚经济联盟于2015年1月启动。该联盟的成员包括俄罗斯、白俄罗斯、哈萨克斯坦、吉尔吉斯斯坦和亚美尼亚。但俄罗斯的经济困难以及这些困难对其邻国的影响阻碍了欧亚经济联盟的发展。与此同时，2013年，中国提出"一带一路"倡议。这一倡议最终将中国与欧洲联系起来，并将涉及多个交通和建设项目，其中包括在中亚数十亿美元的投资项目。2014年"丝路基金"被推出，启动资金为400亿美元，用于资助建设铁路、公路、能源管道网络项目。尽管中亚国家普遍对这些项目充满热情，但俄罗斯更加谨慎，直到习近平和普京在2014年5月签署了对接欧亚经济联盟和"一带一路"倡议的联合声明。考虑到两国面临的经济挑战，这些项目如何运作还有待观察。一旦中国开始建设这些项目，它将不可避免地更多地参与到这些国家的"硬安全"（涉及中国的高速公路、铁路和管道）中。俄罗斯和中国从前在中亚地区的劳动分工可能已不再被采用。事实上，2016年3月，中国提议建立一个由阿富汗、中国、巴基斯坦和塔吉克斯坦组成的"反恐联盟"。尽管俄罗斯官方对此提议的回应总体上是积极的，但一些俄罗斯评论人士警告说，该"联盟"可能成为俄罗斯主导的集体安全条约组织的替代品。中国试图缓和这些担忧，但不清楚这个"联盟"是否会继续成立。

8. 中亚各国在过去25年里学会了平衡与俄罗斯和中国的关系，并与两大邻国进行了经济和政治关系的调整。总的来说，鉴于中亚国家几个世纪以来的共同历史，它们对俄罗斯比对中国更熟悉。中亚国家的领导层仍然从俄罗斯国家电视台获得大部分新闻。这些国家不太熟悉中国，更不了解中国的语言和文化。然而，中亚国家需要中国的投资和贸易。哈萨克斯坦是中亚最大、最富裕的国家，它一直在努力保持与中国和俄罗斯的生产关系，迄今为止在这两个国家之间都取得了成功。如果中国在很大程度上介入中亚事务以填补美国从阿富汗撤军和关闭其军事基地留下的空白，那么这可能会扰乱当前的平衡，并加剧该地区的紧张局势。但就目前而言，中国谨慎地协调其在中亚的活动，以免引起俄罗斯的担忧。最终，俄罗斯、中国和中亚国家对这个地区的稳定状况以及如何维护有着基本的看法。这些国家致力于确保不发生人民起义，无论是支持民主的势力还是伊斯兰组织，都威胁着它们的稳定。尽管它们对西方试图开放其环境的努力持谨慎态度，但中亚国家欢迎俄罗斯和中国对其现状的支持。

日本和中俄友好协议

Michael Yahuda*

原文标题: Japan and the Sino – Russian Entente

文章框架: 上海合作组织(SCO)是在自愿和协商一致的基础上成立的一个多边机构,继印度和巴基斯坦于 2017 年加入之后,除了有 4 个观察员国和 6 个对话伙伴国之外,上海合作组织的成员增加到 8 个。然而,成员国的日益多元化意味着上海合作组织成立的初衷已不再清晰,更不用说其目标使命;一些观察人士认为,在 21 世纪头十年的中期,中俄军事合作达到了高峰;尽管如此,当涉及两国国家安全战略的优先方向时,俄罗斯和中国仍会继续进行战略协作。

观点摘要:

1. 在中亚,中俄经济和地缘政治利益相交叠。上海合作组织(SCO)是在自愿和协商一致的基础上成立的一个多边机构。该组织适用于中国,也适用于迫切需要巩固其新建国家政权的中亚各国,同样也适用于在苏联解体后竭力恢复其经济和政治的俄罗斯。尽管它的名字貌似很"中国",但上海合作组织并不是中国主导的机构。继印度和巴基斯坦于 2017 年加入之后,除了有 4 个观察员国和 6 个对话伙伴国之外,上海合作组织的成员增加到 8 个。然而,成员国的日益多元化意味着上海合作组织成立的初衷已不再清晰,更不用说其目标使命。

2. 在 1996 年,中国和俄罗斯建立"战略协作伙伴关系"。在随后

---

* Michael Yahuda,伦敦政治经济学院国际关系名誉教授,乔治·华盛顿大学席格尔亚洲研究中心访问学者。来源:国家亚洲研究局(美国智库),2017 年 4 月 4 日。

的 2001 年，两国签订了《中华人民共和国和俄罗斯联邦睦邻友好合作条约》。在 2005 年，中俄两国又发起了双边联合军事演习，这是继中苏军事合作后 40 年来的首次军演。中国和俄罗斯以上海合作组织为媒介，深化两国军事合作，其中包括俄罗斯向中国进行武器转让和加强中俄联合作战能力。

3. 一些观察人士认为，在 21 世纪头十年的中期，中俄军事合作达到了高峰。随着两国所面临战略挑战的复杂性不断加剧，两国合作也呈现下滑趋势。2005 年俄罗斯向中国的武器转让总额为 31 亿美元，但自 2007 年以来急剧下降，到 2015 年时只有 8 亿美元。此外，在俄罗斯 2008 年对格鲁吉亚和 2014 年对乌克兰的外交干预中，中国没有提供任何支持，双方未能在战略上进行协调。中俄关系中这种"不对称的相互依赖"是两国间不能够互相信任的结构性原因。

尽管如此，当涉及两国国家安全战略的优先方向时，俄罗斯和中国仍会继续进行战略协作。它们在 2016 年 6 月加强全球战略稳定的联合声明中，表达了双方对美国的战略发展、欧洲的陆基"宙斯盾"导弹防御系统以及美国和韩国可能在东北亚地区部署末段高空区域防御系统（THAAD）的共同担忧。中国已构建出一个旨在提出其对亚太安全合作看法的区域安全框架，同时还突出强调了中国与俄罗斯的关系和上海合作组织的作用。近年来，出于共同的战略需求，中俄军事合作取得了良好的发展势头。双方于 2016 年 9 月在中国周边海域举行了首次海军演习，2016 年 5 月中俄举行首次计算机辅助司令部模拟导弹防御联合演习以及中国向俄罗斯购买苏－35 战斗机和 S－400 防空导弹系统就是很好的说明。

俄中关系

Michael S. Chase, Evan S. Medeiros,
J. Stapleton Roy, Eugene B. Rumer,
Robert Sutter, Richard Weitz *

原文标题：Russia – China Relations

文章框架：冷战的第一个十年可以看出中华人民共和国（PRC）和苏联之间的敌对防御关系；在 20 世纪 90 年代，中俄双方建立了信任和安全措施，以避免在未来发生意外事件；中俄两国的重要会议通常会讨论影响中亚、中东以及其他关键地区的区域性安全问题；中俄两国都在致力于利用美国防御的不对称弱点来否定美国的技术优势；中俄两国在未来可能会在对抗美国利益方面进行更直接的合作；中国在上海合作组织的工作取得了较好的进展；美国希望减少中亚对俄罗斯的依赖，把欧洲与中亚的民主市场经济联系起来，促进民主和尊重人权。

观点摘要：

　　1. 冷战的第一个十年可以看出中华人民共和国（PRC）和苏联之

*　　Michael S. Chase，兰德公司高级政治学家，约翰·霍普金斯大学保罗·尼采高级国际研究院兼职教授。Evan S. Medeiros，欧亚集团亚洲区执行董事兼执行主管，曾担任亚洲国家安全局高级主任。J. Stapleton Roy，基辛格中美关系研究所创始人，曾任美国驻华大使，美国驻印度尼西亚大使和美国驻新加坡大使。Eugene B. Rumer，卡内基国际和平研究院俄罗斯和欧亚项目高级研究员和主任。Robert Sutter，乔治·华盛顿大学教授。Richard Weitz，哈德逊研究所政治和军事分析中心高级研究员和主任。来源：国家亚洲研究局（美国智库），2017 年 7 月 17 日。

间的敌对防御关系。这种敌意一直持续到20世纪80年代末，但是在苏联解体后，两国关系的提升有了质的飞跃。冷战结束，促成了两国的伙伴关系。但这些事件削弱了中西安全关系，并且使俄罗斯联邦成为中国的主要武器供应国。中俄两国安全合作在许多领域继续发展，包括武器销售、防务对话、联合军事演习以及其他一些多边或双边活动。中俄两国签署了多项军备控制与信任措施，扩大了两国国家安全机构的联系，并在双边和多边框架内，特别是在上海合作组织（SCO）中将国防和区域安全对话、军事交流和战略磋商制度化。中俄两国领导人将两国军事关系描述为双方战略伙伴关系的重要组成部分。

2. 在20世纪90年代，中俄双方建立了信任和安全措施，以避免在未来发生意外事件，同时对在两国边境100公里范围内的常规军事活动进行了限制，建立了快速的网络通信系统，并安排双方总参谋部和国防部部长之间定期举行磋商。例如，在2009年10月13日，中国和俄罗斯签署了一项协议，双方正式同意在进行弹道导弹试验前先通知对方。弗拉基米尔·普京称，这一协议是两国增进互信、加强两国战略伙伴关系的重要一步。中俄军事技术合作政府间联合委员会定期举行会议，包括副参谋长会议以及国家安全官员的其他双边会议。中国和俄罗斯领导人还经常在上海合作组织和东南亚国家联盟（ASEAN）等区域性机构的峰会上进行会晤。

3. 中俄两国的重要会议通常会讨论影响中亚、中东以及其他关键地区的区域性安全问题。例如，中国和俄罗斯曾多次严厉批评美国在阿富汗的军事行动，特别是美国对压制毒品走私的无能为力。然而，中俄两国也担心西方的军事撤离会加剧中亚地区的不稳定，并破坏它们的区域一体化项目（中国的"一带一路"倡议和俄罗斯的欧亚经济联盟都遍布中亚地区）。定期的军事演习进一步将中俄两国的国防联系制度化。双边和多边演习在形式、地点和规模上各不相同，其规模从最近的一次模拟联合导弹防御的桌面演练，到每年的上海合作组织演习等全面的现场演习。中国人民解放军还定期参加俄罗斯举办的多国展示活动，例如国际军事比赛。2016年5月在莫斯科举行的"空天安全2016"联合计算机辅助司令部演习是两国首次联合模拟反导演习。

4. 中俄两国都在致力于利用美国防御的不对称弱点来否定美国的技术优势。例如，俄罗斯和中国的安全专家已经讨论了对抗美国导弹防御系统的方法，特别是其在东北亚的导弹防御系统，中国和俄罗斯已经宣布它们将在 2017 年举行第二次导弹防御演习。中国和俄罗斯的武器销售也将"反介入和区域拒止"（A2/AD）能力（例如巡航导弹和弹道导弹、网络武器、防空系统、海军和陆地地雷）向其他国家转移，而这可能会动摇美国在全球公共利益中的主导地位，例如，俄罗斯正在就向伊朗运送价值数十亿美元的武器问题进行谈判。从地区安全角度来看，这样的协议降低了美国威慑力的可信度，因为像伊朗和朝鲜这样的对手现在把中国和俄罗斯看作对美国的"安全制衡"。这种不断加深的军事合作也给美国与日本等盟国的关系带来了压力，日本向美国寻求庇护来对抗中国和俄罗斯。尽管有更紧密的安全联系，但中俄两国进行联合军事行动的可能性不大。即使是在中亚，上海合作组织也缺乏常设的军事机构和职能，其地区反恐怖机构执行委员会除了交换有关恐怖主义威胁的信息，协调成员与恐怖主义相关的规定之外，只进行了一些活动。也没有证据表明，中国和俄罗斯一直在定期地对像日本这样的第三方在政治军事方面施加压力。在某些情况下，中俄合作对美国来说是有利的，例如，中国和俄罗斯对阿富汗政府和军队的安全援助可能会使美国把反恐资源转向其他优先事项。

5. 中俄两国在未来可能会在对抗美国利益方面进行更直接的合作。俄罗斯可能会向中国出售更先进的空中、海上和陆地的炮台。俄罗斯还可能开始从中国制造商手中购买军事技术，包括 054A 型护卫舰等主要武器系统，而该舰于 2015 年与俄罗斯海军在地中海进行联合海军演习。中国和俄罗斯已经同意共同开发新的主要武器系统，并将其出售给第三方，其中可能包括对美国利益不利的国家。中俄不断增加的外交军事活动可能也会增加发生意外事故或与美国和其他军队发生意外摩擦的风险，因为建立信任和安全措施的谈判在三边基础上比在双边基础上更加困难。俄罗斯在整个中亚地区部署了小规模的部队，一直在努力吸引地区国家加入集体安全条约组织，迄今为止其在将相关国家引入欧亚经济联盟方面收效甚微。俄罗斯所做的努力被经济萧条状态所抑制。能源价格过低和西方国家对俄制裁进一步削弱了俄罗斯的经济实力，再加上一些中亚国家因俄罗斯与其前领导人的关系过于密切而予以抵制。

6. 中国在上海合作组织中的工作取得了较好的进展。上海合作组织的前身成立于 1996 年，那时中国与俄罗斯、哈萨克斯坦、吉尔吉斯斯坦和塔吉克斯坦合作成立"上海五国"会晤机制。"上海五国"会晤机制通过引进乌兹别克斯坦，最终成为协调中国和俄罗斯在中亚地区活动的主要工具。成员国的安全、军事、防务、外交、经济、文化、银行业和其他成员国的定期会议都在上海合作组织的支持下举行。然而，在 2017 年 6 月巴基斯坦和印度加入上海合作组织成为正式成员后，该组织作为中国和俄罗斯主导下的协调机制的实用性被削弱。

7. 美国希望减少中亚对俄罗斯的依赖，把欧洲与中亚的民主市场经济联系起来，促进民主和尊重人权。美国还认为，南亚和中亚地区加强贸易和运输联系将有助于稳定阿富汗局势，并且欧亚大陆作为替代路线（美国在阿富汗进行军事活动的后勤保障）意义重大。俄罗斯仍然对其此前在中亚的相关领域拥有"所有权"，并希望保留支配权，特别是在安全领域。中国已经在中亚地区扮演了重要的贸易和投资角色，并且对油气资源表现出浓厚兴趣。中俄两国关系近几十年来十分和睦，两国友好相处，在上海合作组织中有很好的合作。然而，除了中国在中亚的利益之外，习近平主席在 2014 年 5 月提议要在亚洲建立一个新的安全与合作机制，并阐述道，中国也将从安全角度看待该地区。

不可能得到的绝对安全

Richard Weitz *

原文标题：The Impossible Quest for Absolute Security

文章框架：在汉堡举行的二十国集团（G20）峰会、中俄领导人会晤以及上海合作组织领导人峰会都强调了那些促使世界领导人进行公开会面的新问题；在二十国集团首脑会议上，一些代表批评了美国的政策；十年来，俄罗斯总统普京一直谴责美国以牺牲俄罗斯的利益为代价寻求"绝对安全"；即便是在中俄合作最为广泛的欧亚地区，仍然存在令人烦恼的安全局势；上海合作组织成员国参与了一系列令人安心的安全活动；上海合作组织的军队和执法机构定期开展联合反恐演习；欧亚地区的秩序依然脆弱；现在，中国在区域经济中占主导地位；俄罗斯可能将印度在上海合作组织的成员身份视为稀释中国在该组织内影响力的一种手段；上海合作组织仍然高度依赖中国和俄罗斯之间持续的良性关系。

观点摘要：

1. 在汉堡举行的二十国集团（G20）峰会、中俄领导人会晤以及上海合作组织领导人峰会都强调了那些促使世界领导人进行公开会面的新问题。引起各国领导人关注的大国合作的主要障碍之一是在各国都自私地推进各自的国家安全关注而不顾别国的国家安全问题时，它们如何看待彼此。

2. 在二十国集团首脑会议上，一些代表批评了美国的政策，即将

---

* Richard Weitz，哈德逊研究所政治和军事分析中心高级研究员和主任。来源：哈德逊研究所（美国智库），2017 年 7 月 11 日。

美国的经济利益置于全球合作（以限制气候变化或维持国际自由贸易）的需要之上。德国总理安格拉·默克尔（Angela Merkel）公开表示，欧洲人将不得不担负起气候变化领导者的角色，而她所描述的是一个在安全方面自私自利的美国。

3. 这种安全困境阻碍大国合作的问题也在中国国家主席和俄罗斯总统对朝鲜最近进行导弹试验的态度方面有所体现，朝鲜的导弹试验支持朝鲜通过获取核威慑力量以追求摆脱美国军事威胁的绝对安全。在2017年7月4日于莫斯科举行的中俄首脑会议上，中国和俄罗斯敦促朝鲜暂停导弹试验以换取美国－韩国停止重大军事活动，由于中国和俄罗斯试图利用朝鲜威胁削弱美国－韩国联盟，所以美国拒绝了这一提议。

4. 十年来，俄罗斯总统弗拉基米尔·普京（Vladimir Putin）一直谴责美国以牺牲俄罗斯的利益为代价寻求"绝对安全"。2014年5月，在亚洲相互协作与信任措施会议（CICA，简称亚信会议）上，中国国家主席习近平在提到美国如何对待中国和俄罗斯时表示，安全应该是普遍的，不能一个国家安全而其他国家不安全，一部分国家安全而另一部分国家不安全，更不能牺牲别国安全谋求自身所谓的"绝对安全"。

5. 然而，即便是在中俄合作最为广泛的欧亚地区，仍然存在令人烦恼的安全局势。尽管很少在亚欧会议上公开讨论上海合作组织的作用，但上海合作组织成员国将该组织视为一种加强成员国信心和缓解区域安全困境的手段。上海合作组织的文件和声明多次否认绝对安全的观点及其成员国采取太多会伤害他国安全的规避措施。例如，它们保证不加入"破坏其他成员国主权、安全或领土完整"的联盟或其他行动。

6. 上海合作组织的上一次成员国元首理事会在哈萨克斯坦首都阿斯塔纳举行。在签署的十几份文件中，最重要的是《阿斯塔纳宣言》。如这类公报最典型的特点那样，《阿斯塔纳宣言》呼吁建立一个多极化的世界秩序（即一个不由美国主导的世界秩序），在这一世界秩序中，联合国而不是美国将做出所有重大国际安全决策。

7. 上海合作组织成员国参与了一系列令人安心的安全活动，它们建立了军事互信措施（包括提出进行大型军事演习的要求并宣布在边境地区部署军事力量具有上限）并在"威胁区域和平、稳定和安全的紧急情况"中进行及时协商，同时在国防、情报和其他国家安全机构之间进行会议和数据交流。

8. 特别重要的是，上海合作组织的军队和执法机构定期开展联合反恐演习。印度和巴基斯坦都表示希望加入上海合作组织未来的反恐演习，较之双边演习，这些以多边形式进行的演习更易于让那些区域竞争对手接受。这些活动使中国和俄罗斯可以通过彼此之间的透明性让对方消除疑虑，同时向其他成员国证明中国和俄罗斯有能力保护它们的安全。

9. 在区域平衡方面，上海合作组织提供了一个中国和俄罗斯可以推进它们在欧亚大陆共同利益的机构，同时在一个有组织的框架内管理它们之间的差异。通过发展那些被纳入上海合作组织的区域倡议，如"一带一路"倡议，中国可以减弱欧亚国家对中国主宰的恐惧。对俄罗斯来说，鉴于俄罗斯和欧盟关系紧张并且俄罗斯在亚洲的经济实力有限，与中国合作分享欧亚经济机会比任何现有的替代方案都更具吸引力。上海合作组织还使中国的欧亚伙伴有机会观察中国在它们所在地区的各种经济项目。与此同时，俄罗斯和中亚支持上海合作组织表明它们承认中国在欧亚大陆扮演的正当安全角色。

10. 然而，欧亚地区秩序依然脆弱。在支持上海合作组织目标的同时，中国和俄罗斯优先考虑它们与欧亚国家以及其他地区多边组织和倡议（如俄罗斯主导的欧亚经济联盟、集体安全条约组织以及中国主导的"一带一路"倡议）的关系，其中，中国在加强对"一带一路"倡议控制的同时，将自身的各个项目描述成为对这些地区多边组织提供的支持。

11. 现在，中国在区域经济中占主导地位。上海合作组织（只有几个资源贫乏的机构）的集体潜力几乎完全来自俄罗斯和中国通过其发展的双边和多边项目，但同时也来自其他方式。例如，俄罗斯2016年11月的外交政策不仅要求深化与上海合作组织的关系，而且要加强与中国、巴西、俄罗斯、印度和南非组成的金砖国家以及东南亚国家联盟的关系；甚至要加强俄罗斯、印度和中国三国关系以支持更广泛的"大欧亚伙伴关系"倡议,该倡议为实现俄罗斯政策利益,力求使上海合作组织和其他机构相协调。经过几十年的努力,俄罗斯仍未能使中国和印度在其领导下"和解"。2017 年 5 月,印度作为一个主要的亚洲国家拒绝参加在北京举办的"一带一路"国际合作高峰论坛,称"一带一路"项目经过巴基斯坦和印度有争议的领土,侵犯了其主权。

12. 俄罗斯可能将印度在上海合作组织的成员身份视为稀释中国在该组织内影响力的一种手段。多年来,俄罗斯充分利用上海合作组织成员国"一致同意原则"拒绝中国提出的启动"上合自贸区联合研究",成立"能源俱乐部"和开发银行的建议。但中国已经通过双边协议以及向伙伴国家投放更多资金(俄罗斯无法与之竞争)的方式,证明了其规避俄罗斯反对的能力。中国也限制上海合作组织的军事活动以及其与集体安全条约组织同盟的关系。中俄之间的分歧也推迟了印度和巴基斯坦正式成为上海合作组织成员国的进度,并限制了伊朗成为正式成员国的候选资格。

13. 上海合作组织仍然高度依赖中俄之间持续的良性关系。到目前为止,就中国而言,欧亚大陆的战略优先地位低于俄罗斯。此外,中国领导人赞赏俄罗斯奉行有利于它们利益的区域政策。但是在接下来的十年里,如果俄罗斯不能或不愿意维持一个良好的欧亚秩序,那么中国在欧亚大陆日益增长的利益可能会促使其重新思考并尊重区域国家的政策。无论是通过二十国集团、上海合作组织还是双边伙伴关系运作,全球领导人都必须明白,争取"绝对安全"会给所有人带来不安全的困境。

2030 年的俄罗斯

Miles Maochun Yu *

原文标题：Russia in 2030

文章框架：2001 年，中国倡导成立了现如今包括中国、哈萨克斯坦、
吉尔吉斯斯坦、俄罗斯、塔吉克斯坦、乌兹别克斯坦的上海
合作组织，中国是上合组织的主要参与者和无可争议的领
导国；事实上，中国而不是俄罗斯，已经成为哈萨克斯坦新
的"经济主宰"国家，并且哈萨克斯坦也同中国一道"在
上海合作组织及其他场合抵消俄罗斯在这一地区的影响
力"。

观点摘要：

1. 2001 年，中国倡导成立了现如今包括中国、哈萨克斯坦、吉尔
吉斯斯坦、俄罗斯、塔吉克斯坦、乌兹别克斯坦的上海合作组织
（SCO），中国是上合组织的主要参与者和无可争议的领导国。在上海合
作组织举行的年度军事演习中，中国通常贡献约 70% 的兵力，并主导
大部分议程。中国的经济规模是俄罗斯的 5 倍，中国一直在通过其高达
3.9 亿美元的外汇储备在中亚获取对原苏联加盟共和国的影响力及这些
国家的忠诚。

2. 2005 年，中国政府出资 42 亿美元，收购哈萨克斯坦石油公
司（Petro Kazakhstan，哈萨克斯坦最大的石油公司）。2009 年，中
国再次向哈萨克斯坦投资 100 亿美元，以获得该国最大天然气公司曼

---

* Miles Maochun Yu，获得南开大学学士学位、斯沃斯莫尔学院硕士学位、美国
加州大学伯克利分校历史学博士学位，美国海军学院（USNA）东亚军事及海
军历史学教授。来源：胡佛研究所（美国智库），2017 年 1 月 24 日。

格什套油气公司（Mangistaumunaigas）的大部分股权。事实上，中国而不是俄罗斯已经成为哈萨克斯坦新的"经济主宰"国家，并且哈萨克斯坦也同中国一道，在上海合作组织及其他场合抵消俄罗斯在这一地区的影响力。

网络空间合适的国家行为准则：
中国治理与美国企业的机会

Mei Gechlik [*]

原文标题： Appropriate Norms of State Behavior in Cyberspace：Governance in China and Opportunities for US Businesses

文章框架： 在中国国家主席习近平于 2015 年 9 月对美国进行国事访问后，两国宣布双方"承诺共同继续制定和推动国际社会网络空间合适的国家行为准则"；中国多次重申通过关注"信息安全国际行为准则"来探讨网络空间合适的国家行为准则的重要性；美国和其他西方国家对准则的看法跟中国大有不同；西方批评者对上合组织的目标持怀疑态度，认为该组织是中俄抗衡美国在中亚势力的一个地缘政治工具；正如中国所指出的，安全目标，尤其是打击恐怖主义、分裂主义和极端主义，是上海组织的重要目标；在不断扩容的上合组织内，中国很可能通过其"一带一路"倡议扩大其在组织内的影响。

观点摘要：

1. 在中国国家主席习近平于 2015 年 9 月对美国进行国事访问后，两国宣布双方"承诺共同继续制定和推动国际社会网络空间合适的国家行为准则"。双方也同意"就此话题建立一个高级专家小组来继续展

---

  * Mei Gechlik，宾夕法尼亚大学沃顿商学院金融学工商管理硕士和斯坦福大学法学院法律科学博士。斯坦福大学法学院中国指导性案例项目（"CGCP"）的创始人与总监。2001～2005 年，担任卡内基国际和平研究院研究员。来源：胡佛研究所（美国智库），2017 年 7 月 28 日。

开讨论"。2016 年 5 月，这个专家组举行了首次会议。据报道，双方进行了"积极、深入、建设性"的讨论，但相关细节至今也不清楚。

2. 然而，清楚的是，中国多次重申通过关注《信息安全国际行为准则》来探讨网络空间合适的国家行为准则的重要性。该准则是中国、俄罗斯及一些其他上海合作组织成员国于 2015 年 1 月向联合国大会提交的。该准则在美国和国际人权界引起了利益相关者的关切。本报告先讨论促进这些规定的发展，然后分析这些发展和上合组织在国际舞台上日益增加的重要性如何使美国决策者需要进行更多的战略思考，以便让美国抓住这些新的机会，以使中国在制定网络准则方面做出有意义的"参与"。

3. 2011 年 9 月，中国、俄罗斯、塔吉克斯坦同乌兹别克斯坦首次向联合国大会提交了准则。2015 年 1 月，它们与吉尔吉斯斯坦和哈萨克斯坦（即六个上合组织创始成员国）将准则重新修改并再次提交。鉴于上合组织的扩容和中国在组织内的影响力不断增加，有必要在此对准则做出较深入的探讨。

4. 美国和其他西方国家对准则的看法跟中国大有不同。尽管"联合国从国际安全的角度看信息和电信领域的发展政府专家组"在其 2015 年 7 月的报告中（其中涉及行为准则和网络空间国际安全的其他关键问题）提及了该准则，准则中一些规定在西方引起了关切，担忧六个上合组织成员国试图利用准则来削弱美国在网络治理领域的优势地位，并且将国家主权和控制权扩大到网络空间来重新界定国际人权法的适用。

5. 尽管存在对以上提及准则的担忧，但是在任何有关中美网络关系的重要讨论中，该文件都不应被忽视。这是因为中国可能会在不断扩容的上合组织中继续发挥影响力，来赢得对准则更多的支持。

6. 根据 2003 年生效的《上海合作组织宪章》，上合组织的主要目标包括，"发展多领域合作，维护和加强地区和平、安全与稳定"，"共同打击一切形式的恐怖主义、分裂主义和极端主义"和"鼓励开展政治、经贸、国防、执法、环保及其他共同感兴趣领域的有效区域合作"。

7. 西方批评者对上合组织的目标持怀疑态度，认为该组织是中俄抗衡美国在中亚势力的一个地缘政治工具。然而，上合组织的重要性正日渐提升。2004 年 12 月，上合组织获得联合国大会观察员地位。该组织还与不同组织建立了联系，如独立国家联合体（2005 年）、东南亚国家联盟（2005 年）、集体安全条约组织（2007 年）、经济合作与发展组织（2007 年）、联合国毒品和犯罪问题办公室（2011 年）、亚洲相互协作与信任措施会议（2014 年），以及联合国亚洲及太平洋经济社会委员会（2015 年）。

8. 正如中国所指出的，安全目标，尤其是打击恐怖主义、分裂主义和极端主义，是上合组织的重点目标。上合组织在 2001 年 6 月 15 日成立时签署的《打击恐怖主义、分裂主义和极端主义上海公约》正反映了这点。该公约对恐怖主义、分裂主义和极端主义做出了定义，并概述了共同打击这些主义的具体原则，由此为安全合作奠定了法律基础。考虑到现代安全威胁也渗透到网络空间，网络安全也应成为上合组织对安全议题讨论中的一个重点议题。

9. 自 2017 年 6 月，印度和巴基斯坦成为上合组织成员国后，实现这些安全目标的前景似乎更为乐观了。覆盖欧亚大陆的五分之三，占全球将近一半人口，上合组织为其国际议程凝聚了巨大的影响力。这一影响力很可能继续增长，因为组织内的四个观察员国（阿富汗、白俄罗斯、伊朗、蒙古国），以及六个对话伙伴国（阿塞拜疆、亚美尼亚、柬埔寨、尼泊尔、土耳其和斯里兰卡）可能会追随印度和巴基斯坦（这两个国家均于 2005 年获得观察员国地位）的步伐成为上合组织成员国。

10. 在不断扩张的上合组织内，中国很可能通过"一带一路"倡议（中国走向世界的计划，目前已涉及将近 100 个国家）扩大其在组织内的影响。要知道，经济合作是上合组织的关键合作领域（例如，2001年签署的《上海合作组织成员国政府间关于开展区域经济合作的基本目标和方向及启动贸易和投资便利化进程的备忘录》），中国承诺了在上合组织成员国中发展"一带一路"项目的数十亿美元的投资（如中国－巴基斯坦经济走廊）。随着中国在 2017 年 6 月接任上合组织轮值主席国且将在 2018 年 6 月主办下一届年度峰会，在未来的一年，中国很可能在发展中国家当中为其议程，包括"准则"在内，赢得更多支持。发展中国家往往看到了进一步开放互联网能带来的经济发展机会，但担心当中的网络安全风险。可想而知，这些国家会对"准则"感兴趣。

11. 如果美国想要在制定网络空间的国际准则过程中能对中国（和俄罗斯）的行为施加影响，那么在这个节骨眼上较为有效且高效的方法就是参与到"准则"中，而不是忽视它转而寻求另一个不那么可能赢得中国及其同盟支持的方案。

巴基斯坦的哪些领域适合俄罗斯的南亚战略？

Petr Topychkanov *

原文标题：Where Does Pakistan Fit in Russia's South Asia Strategy?

文章框架：长期以来，促进俄罗斯和巴基斯坦之间合作的决定是被人们所期待的；随着巴基斯坦与印度一起成为上海合作组织（SCO）的成员国，俄罗斯与巴基斯坦新层面的合作在 2017 年开启；有人担心俄罗斯和巴基斯坦之间的合作机会只会给双方带来短期利益，而不会带来长期的战略成果；俄罗斯和巴基斯坦应该把重点放在不那么显眼但更重要的伙伴关系领域。

观点摘要：

1. 长期以来，促进俄罗斯和巴基斯坦之间合作的决定是被人们所期待的，但两国合作是在最近才达成的，2014 年 11 月 20 日，俄罗斯国防部部长谢尔盖·绍伊古（Sergey Shoygu）访问了伊斯兰堡。在那之后，两个国家就一系列重要事项达成了合作。绍伊古部长签署了一项军事合作协议，俄罗斯向巴基斯坦出售 4 架 Mi－35M "雌鹿" E 型（Hind E）攻击直升机，这些直升机可能会在 2017 年晚些时候交付巴基斯坦。2016 年 9 月 26 日至 10 月 10 日，俄罗斯和巴基斯坦举行了名为 "友谊 2016" 的首次联合军演，地点位于巴基斯坦北部山区和北部开伯尔－普赫图赫瓦省杰拉德地区的一个特种部队训练中心。俄罗斯陆军司令部已经确认，2017 年双方将举行第二次联合演习。

2. 俄罗斯和巴基斯坦之间的经济关系不是很好。两国政府在统计

---

*　Petr Topychkanov，卡内基莫斯科中心防扩散项目成员。来源：卡内基国际和平研究院（美国智库），2017 年 1 月 16 日。

数据中以"他国"一词相互提及。2015 年俄罗斯与巴基斯坦双边贸易额下降 13%，达 3.95 亿美元（2014 年为 4.53 亿美元）。但在 2015 年 10 月 16 日，俄罗斯和巴基斯坦两国政府签署了关于修建从卡拉奇至拉合尔"北－南"天然气管道的政府间协议。随着俄罗斯在该项目上投资 20 亿美元，这项协议可以帮助两国促进双边贸易。尽管如此，俄罗斯和巴基斯坦的关系表面上看起来令人印象深刻。俄罗斯和巴基斯坦显然有意深化军事合作和贸易，并进行永久性的政治、军事和安全对话。这一想法应该得到支持，因为改善俄罗斯和巴基斯坦之间的关系是结束冷战遗留问题的一种方式，并为一个新的世界秩序做出贡献。随着巴基斯坦与印度一起成为上海合作组织（SCO）的成员国，俄罗斯与巴基斯坦新层面的合作在 2017 年开启。

3. 然而，有人担心，这些合作机会只会给俄罗斯和巴基斯坦带来短期利益，而不会带来长期的战略成果。第一个原因与俄罗斯和巴基斯坦密切相关的不利条件有关，因为两国经济情况不稳定，相互投资和共同经营项目的资源有限。第二个原因是俄罗斯对巴基斯坦具有不透明和不可预测的举动。由于双方关系的不断变化，人们清楚地认识到巴基斯坦在俄罗斯外交政策中的地位几乎一落千丈。如果说巴基斯坦是俄罗斯重要的政治、军事伙伴，又是俄罗斯武器的接收国，那么其将如何看待俄罗斯与印度的战略伙伴关系？如果说巴基斯坦是上海合作组织有前途的成员，那么俄罗斯和巴基斯坦在上海合作组织（有自己的安全合作框架）之外加强双边军事技术合作的原因是什么？俄罗斯的官方声明没有透露任何在南亚的全面战略，其中可能涵盖所有这些相互矛盾的问题。对外部观察者来说，俄罗斯在南亚地区的这些举动看起来像是单独的战术行动。最令人担忧的是，俄罗斯的这些行动可能是出于外部原因，而不是直接根植于南亚国家。

4. 俄罗斯和巴基斯坦最近的全面军事合作似乎造成了错误的认识。军事合作表现了两国之间密切和牢固的关系，但事实上，它掩盖了两国经济相互依存度差、双边合作缺乏战略、双边关系成就具有脆弱性和可逆性等问题。俄罗斯和巴基斯坦之间的军事合作同时激怒了第三国，这可能会导致它们积极破坏俄罗斯和巴基斯坦之间的潜在合作关系。这就是为什么俄罗斯和巴基斯坦不应该加强双边军事合作，而应该把重点放在不那么显眼但更重要的伙伴关系领域，以制定双边关系路线图为开端并促进双边贸易。两国在军事领域的合作也是有可能的，但其应该阻止挑衅行为的出现。军事合作可能受到武器交易、军事教育和双边磋商（就双方共同关心问题）的限制。至于战争游戏，则可以被嵌入上海合作组织框架内。

在不断变化的全球政治格局中
应运而生的新三角外交

Dmitri Trenin *

原文标题：New Triangular Diplomacy Emerges Amid Changing Global Political Landscape

文章框架：在上周的慕尼黑安全会议上，中国外交部部长王毅发表了一篇似乎涵盖了整个世界的演讲；中国和俄罗斯现在面临的挑战是，在利用双边伙伴关系的基础上建立一个基于新原则的区域秩序；上海合作组织 2017 年通过接纳印度和巴基斯坦而实现扩员，这是上海合作组织面临的主要挑战。

观点摘要：

1. 在上周的慕尼黑安全会议上，中国外交部部长王毅发表了一篇似乎涵盖了整个世界的演讲。美国副总统迈克·彭斯（Mike Pence）发誓要让俄罗斯对其在乌克兰的行动负责，俄罗斯外长谢尔盖·拉夫罗夫（Sergei Lavrov）宣布，在全球政治中开启"后西方"时代。此外，王毅称赞了中美关系的重要性，称这是世界上最重要的双边关系，而且其也称赞了中国与俄罗斯的战略伙伴关系。在 21 世纪初，世界地缘政治格局包括三个实力不平等的大国，它们的行动以决定性的方式影响着全球体系。美国是全球体系的中心，中国是美国主导地位的主要挑战者，俄罗斯比这两个国家都要"小"得多，其试图寻求用某种寡头政

---

* Dmitri Trenin，卡内基莫斯科中心负责人、研究委员会代表和卡内基莫斯科中心外交政策和安全项目领导人，于 1993 年从俄罗斯军队退役，1993～1997 年担任莫斯科欧洲研究所高级研究员，1993 年担任北约防务学院高级研究员。来源：卡内基国际和平研究院（美国智库），2017 年 2 月 22 日。

治取代当前的霸权。

2. 中国正寻求在当前的全球体系内进行一些行动，而不是试图打破它。中国有意避免与美国对决，更愿意循序渐进地向前发展。最重要的是，中国寻求扩大对其他地区的了解，获得外交经验并提高军事能力。俄罗斯是中国在欧亚地区的主要合作伙伴。在过去 25 年里，两国成功地建立了一种新型大国关系。这种关系是建立在一个准则之上的：中国和俄罗斯永远不会相互对立，但它们不需要相互追随。中国和俄罗斯现在面临的挑战是，在利用双边伙伴关系的基础上建立一个基于新原则的区域秩序。欧亚大陆不可能处于单一大国的统治之下。因此，一个持久的秩序只能是多边的，由主要的大国引领，但要考虑到所有其他国家的利益。基于上海合作组织（SCO）的平台，在国家领导人之间建立一个共识可以成为构建这一秩序的支柱。

3. 上海合作组织 2017 年通过接纳印度和巴基斯坦而实现扩员，这是上海合作组织面临的主要挑战。如果不能创造性、主动地应对这一挑战，上海合作组织就会变得不那么重要。在这一方面，中俄关系可以成为该地区其他大国关系的典范。中国、印度和俄罗斯可以组建一个核心集团来领导秩序建设过程。尽管美国在全球扮演着重要角色，但它并不是该地区秩序的一部分。中国和俄罗斯应该联合起来，在全球秩序正在转变的时候建立一个新的区域体系。

上海合作组织处于十字路口：
俄罗斯、中国和印度的观点

Alexander Gabuev；Paul Haenle；

C. Raja Mohan；Dmitri Trenin *

原文标题：Shanghai Cooperation Organization at Crossroads：Views From Moscow，Beijing and New Delhi

文章框架：在阿斯塔纳举行的上海合作组织成员国元首理事会第十七次会议把印度和巴基斯坦纳入该组织中；从中国的角度来看，上海合作组织的扩员不是一个理想的结果，而是一种中国可以接受的妥协；中国国家主席习近平出席上海合作组织成员国元首理事会第十七次会议，2018 年中国将担任该组织的轮值主席国；目前欧亚地缘政治的变化限制了印度在上海合作组织中的发展，这给印度带来了新的问题；将印度和巴基斯坦纳入上海合作组织对俄罗斯来说是有意义的，因为它试

* Alexander Gabuev，卡内基莫斯科中心"俄国与亚太地区"项目负责人及高级研究员，他的研究主要集中在俄罗斯对东亚和东南亚的政策、中国的政治思潮及中国与邻国关系。Paul Haenle，清华 – 卡内基全球政策研究中心主任，清华大学兼职教授，教授在国际关系和全球治理方面中国和国际学生的本科和研究生课程。C. Raja Mohan，卡内基印度中心主任，作为印度外交政策的主要分析家，也致力于研究南亚安全、亚洲大国关系和军备控制，是《印度快报》外交事务专栏作家，也是新加坡国立大学南亚研究所访问研究教授，还是印度国家安全顾问委员会成员。Dmitri Trenin，卡内基莫斯科中心负责人、研究委员会代表和卡内基莫斯科中心外交政策和安全项目领导人，于 1993 年从俄罗斯军队退役，1993~1997 年担任莫斯科欧洲研究所高级研究员，1993 年担任北约防务学院高级研究员。来源：卡内基国际和平研究院（美国智库），2017 年 6 月 9 日。

图把自己置于欧亚大陆的地缘政治背景之下。

观点摘要：

1. 在阿斯塔纳举行的上海合作组织（SCO）成员国元首理事会第十七次会议把印度和巴基斯坦纳入该组织中。由于中国和俄罗斯是上海合作组织的创始成员国，该组织现在包括了欧亚大陆的主要成员。上海合作组织是否会成为协调大国在欧亚地区利益的重要论坛还是会因为成员国之间的互不信任而崩溃？卡内基国际和平研究院的学者们正在研究俄罗斯、印度和中国现在对上海合作组织的看法。

2. 从中国的角度来看，上海合作组织的扩员不是一个理想的结果，而是一种中国可以接受的妥协。从上海合作组织成立的那一刻起，中国政府就把该组织视为中国通过多边平台促进中国利益的首个试验场，在这个平台上，中国是最强大的，但不是唯一一个强大的国家。上海合作组织被认为是在中亚进行中俄共同"统治"的第一步。在中亚，中国和俄罗斯可以建立一个既有利于两国，也可以被该地区国家接受的区域秩序。为了达到这个目标，中国正在推动上海合作组织自由贸易区（FTA）和联合开发银行的建立。然而，中国很快发现，俄罗斯不愿接受这一愿景。俄罗斯政府担心，中国将利用上海合作组织自由贸易区和开发银行来推进自己的议程，并以牺牲俄罗斯的利益来换取在中亚的影响力。在结束了上海合作组织的探索历程后，中国开始在没有经过俄罗斯审核的情况下，与中亚国家进行双边接触，并很快了解到这种做法有很多好处。此外，2013～2014年，中国开始创建以中国为中心的多边机构，如亚洲基础设施投资银行（AIIB），以及像"一带一路"这样的广泛倡议，这些举措没有区域重点，但涵盖中亚地区，因此上海合作组织越来越不适合中国。这就是为什么中国认为将印度纳入该组织毫无意义，并最终同意上海合作组织扩员，条件是它在南亚的主要合作伙伴巴基斯坦也加入该组织。上海合作组织总部设在北京，该组织以上海为名——这是一个让中国满意的象征性胜利。

3. 中国国家主席习近平出席上海合作组织成员国元首理事会第十七次会议，2018年中国担任该组织的轮值主席国。继2016年9月中国召开二十国集团（G20）峰会、2017年5月召开"一带一路"国际合作高峰论坛、在秋天召开金砖国家峰会后，2018 年中国担任上海合作组织轮值主席国为国家主席习近平作为一个领导者促进中国在全球舞台上的声誉带来一系列重要机遇。随着美国正在摆脱多边主义，中国渴望在国际机构和全球治理改革中发挥更积极的作用。上海合作组织与"一带一路"倡议的许多关键领域重合（特别是现在巴基斯坦是上海合作组织的成员），因此该组织可以作为对以经济建设为重点的"一带一路"倡议的安全补充。但是，就像"一带一路"倡议使中国在地区地缘政治安全挑战中遇到阻碍一样，上海合作组织的两个新成员即印度和巴基斯坦，也将使本组织的凝聚力和达成共识的能力变得更加复杂。

4. 目前欧亚地缘政治的变化限制了印度在上海合作组织中的发展，这给印度带来了新的问题。印度加入上海合作组织的原因之一是担心苏联解体后的"单极时刻"，以及希望重新连接历史上封闭的亚洲内部空间。对多极化的追求使印度在塑造地区环境方面更接近俄罗斯和中国。然而，20 年后，随着中国的崛起，俄罗斯和中国之间的战略伙伴关系不断深化，以及印度与美国关系的转变，从根本上改变了印度对上海合作组织的兴趣。中国的崛起已经开始限制印度在南亚次大陆、亚洲和印度洋的回旋余地。与过去不同，俄罗斯可能不愿意帮助印度来制衡中国。成为上海合作组织的正式成员并不能真正解决印度所面临的最重要的战略问题——中国的"大国主张"。然而，印度总理纳伦德拉·莫迪（Narendra Modi）认为，上海合作组织在应对印度两大当务之急即反恐和互联互通方面会产生积极作用。印度可能会再次失望。在反恐方面，印度恐怖主义的根源在巴基斯坦，鉴于巴基斯坦武装部队与中国的全天候友谊以及其与俄罗斯的新交往，上海合作组织不太可能在解决这一问题上提供帮助。上海合作组织不是协助印度进行反恐活动，而是可能成为印度与巴基斯坦就克什米尔问题进行谈判的一个施压点。在互联互通方面，上海合作组织也不太可能提供帮助。巴基斯坦不愿开放其领土以实现陆路运输，并且也不愿与印度实现贸易关系正常化，这限制了印度与亚洲内陆的联系。因此，印度在上海合作组织中获得的好处很可能是微不足道的。更糟糕的是，印度方面还可能不得不应对来自中国和俄罗斯的新压力，这些压力可能会轻易让人们发现南亚恐怖主义问题与克什米尔争端有关。

5. 将印度和巴基斯坦纳入上海合作组织对俄罗斯来说是有意义的，因为它试图把自己置于欧亚大陆的地缘政治背景之下。随着印度成为上海合作组织的正式成员，该组织将产生三大强国，这将削弱中国在该组织中的主导作用。巴基斯坦的加入也有利于实现俄罗斯的另一个目的：扩大上海合作组织成员国，以将亚洲大陆所有的参与者包括在内，并为阿富汗提供更好的区域合作。伊朗是俄罗斯所青睐的另一个候选国，尽管只有当联合国安理会对伊朗实施的制裁全面解除时伊朗才能加入上海合作组织。对俄罗斯来说，成功的外交和可用的军事能力是一种相对优势，在一定程度上弥补了其相对疲软的经济。俄罗斯最近在叙利亚和中东的行动证明了这一点。在2001年乌兹别克斯坦被纳入时，上海合作组织已经扩大了。然而，目前的扩员充斥着严重的问题，包括印度和中国之间的竞争以及印度和巴基斯坦之间持续的敌意。因此，这是对俄罗斯外交的重大挑战。如果俄罗斯能够应付自如，那么它将为管理整个欧亚大陆的国际秩序创造一个有用的平台。如果不能，那么上海合作组织将变得异常，欧亚大陆的竞争和敌对状态将失控。

扩大并不意味着更好：俄罗斯使上海合作组织成为一个无用的俱乐部

Alexander Gabuev[*]

原文标题： Bigger, Not Better: Russia Makes the SCO a Useless Club

文章框架： 上海合作组织（SCO）在 2017 年 6 月正式宣布了其扩容计划，由于印度和巴基斯坦的加入，该组织从 6 个成员国变成 8 个成员国。哈萨克斯坦总统纳扎尔巴耶夫（Nursultan Nazarbayev）在哈萨克斯坦首都阿斯塔纳宣布："增加新成员将为上海合作组织的发展注入强大的新动力，并将促进其国际权威的增长。"但是扩容真的意味着更好吗？有些人预计，扩容将使上海合作组织成为一个更正式、更不可行的组织。

观点摘要：

1. 俄罗斯对上海合作组织的扩容非常满意。俄罗斯总统助理尤里乌沙科夫指出，随着印度和巴基斯坦的加入，上海合作组织目前占全球陆地面积的23%，占全球总人口的45%，占全球国内生产总值的25%。但扩大规模并不意味着扩大影响。在欧亚大陆还有更大的组织，如亚欧会议（AEM），其占有更多土地、涉及更多人口和拥有更多国内生产总值。亚欧会议还定期举行首脑会议，由 51 国领导人出席（这些国家的国内生产总值占全球国内生产总值的 60%），但该组织对世界的影响微

＊ Alexander Gabuev，卡内基莫斯科中心"俄国与亚太地区"项目负责人及高级研究员。他的研究主要集中在俄罗斯对东亚和东南亚的政策、中国的政治思潮及中国与邻国关系。来源：卡内基国际和平研究院（美国智库），2017 年 6 月 23 日。

乎其微。上海合作组织成立于 2001 年，通过这个组织中国和俄罗斯能够共同制定中亚地区的游戏规则，然后将其集体意志强加给该地区的单一民族国家。在初步解决该地区的边界争端之后，该组织制定了一个基于安全、经济发展和人道主义合作的议程。对于中国来说，这是进入后苏联时代的一种方式，因为其他现存机构，如集体安全条约组织（CSTO）和挣扎中的独立国家联合体（简称独联体）仍然以俄罗斯为中心。中亚对中国来说是十分重要的，首先是因为新疆维吾尔自治区的不稳定局面，该地与中亚接壤并且聚居着来自中亚的突厥语民族。其次是中国对阿富汗冲突以及美国在乌兹别克斯坦和吉尔吉斯斯坦部署军事基础设施存在担忧。中国在 1994 年已成为原油净进口国，并希望建设横跨中亚的陆上石油和天然气运输线路。从长远来看，中国有意将中亚列为货物出口市场。鉴于俄罗斯在中亚地区的历史主导地位，如果没有俄罗斯的支持，中国就无法实现其目标。在私人谈话中，中国官员和专家表示，该项目被视为中国在特定地区与另一大国合作建立体制性"共同统治"的区域性实验。

2. 俄罗斯和中国在中亚的利益在很大程度上是一致的，比如保持地方政权的权力，打击民族分裂势力、宗教极端势力和暴力恐怖势力"三股势力"。在 21 世纪头十年，俄罗斯并不反对从中亚修建通往中国的石油和天然气管道，虽然这将减少该地区国家绕过俄罗斯寻求通往欧洲的路线的动机。上海合作组织作为协调中国和俄罗斯在中亚安全利益的工具，取得了很大的成功。本组织在塔什干建立了地区反恐怖机构执行委员会。尽管上海合作组织官员经常开玩笑说，各国指派给反恐怖机构的特殊服务人员花费更多时间监视彼此，而不是共同打击恐怖主义，但各方都认可这样的做法。自 2005 年以来举行的"和平使命"联合军事演习，其中 6 次是非常有价值的。然而，中国并没有实现其经济目标。从 2010 年开始，中国推动建立上海合作组织开发银行和上海合作组织自贸区。几乎所有上海合作组织成员国都对自贸区的构想感到不安。如果各国取消关税壁垒，其就冒着让中国经济巨头控制本国很多行业的风险。上海合作组织的大多数成员对区域开发银行更感兴趣。在 2007~2009 年的金融危机之后，许多成员国迫切需要现金，而富裕的中国通过多边机制提供了优惠贷款的机会。在危机高峰期，中国领导人胡锦涛公开承诺，中国将向上海合作组织成员国提供高达100亿美元的优惠贷款。然而，俄罗斯反对建立区域开发银行的想法。就俄罗斯而言，在一些方面中国是很好的合作伙伴，如将美国人赶出吉尔吉斯斯坦的玛纳斯空军基地，支持曾在2005年镇压"安集延"骚乱的乌兹别克斯坦总统伊斯兰·卡里莫夫（Islam Karimov），并通过联合演习抵制"颜色革命"。然而，俄罗斯对中国在上海合作组织中提出的经济议程感到震惊。在俄罗斯意识到两国经济潜力悬殊之后，俄罗斯政府决定破坏上海合作组织开发银行和自由贸易区的建立。鉴于其他上海合作组织成员的保护主义情绪，自贸区从未受到欢迎。至于区域开发银行，俄罗斯提出了中国不能接受的条件：要求中国加入总部设在阿拉木图的欧亚开发银行，该行中俄罗斯控股65.97%，哈萨克斯坦控股约32.99%。这一提议是中国所不能接受的。建立区域开发银行要求各国注册资本与国内生产总值（GDP）成比例，这将使中国获得超过80%的股份，但该项目从未实现。

3. 俄罗斯不仅仅满足于阻挠上海合作组织的经济议程。自2011年以来，俄罗斯一直在通过邀请其关系友好国家印度来推动上海合作组织的扩容。俄罗斯认为，俄罗斯、中国和印度已经在进行三边合作，这种创新将增加上海合作组织的影响力。中国对这一想法进行了一段时间的反击，因为准许印度加入上海合作组织不符合其"中俄共治中亚"的计划。中国在2013年开始改变立场有三个原因。首先，中国意识到，俄罗斯不会接受上海合作组织开发银行和自由贸易区的建设。与此同时，中国开始认识到，为了促进其在中亚的经济利益，并非真正需要上海合作组织开发银行。在金融危机之后，中亚地区的国家纷纷排队接受中国的资金，中国开始通过其国有银行在双边基础上提供信贷。通过向个别国家提供贷款，中国避免了多边规则，因此可以充分利用借方的困难处境获得非常有利的条件。俄罗斯被排除在这个计划之外。到那时，许多俄罗斯国有企业，比如俄罗斯石油公司（Rosneft Oil），都将寻找中国的贷款，而俄罗斯没有多余的资金与中国竞争。其次，2013年习近平主席在阿斯塔纳纳扎尔巴耶夫大学提出了"丝绸之路经济带"的构想。这个想法发展成为"一带一路"倡议。这一倡议会促使中国与任何对"丝绸之路经济带"感兴趣的国家发展合作关系，而不用对其他国家"牵肠挂肚"。截至2015年5月，中国已经与哈萨克斯坦、吉尔吉斯斯坦和塔吉克斯坦等国签署了旨在发展技术设施的与共建丝绸之路经济带相关的双边合作协议。5月8日，这一进程最终在普京和习近平主席签署《中华人民共和国与俄罗斯联邦关于丝绸之路经济带建设和欧亚经济联盟建设对接合作的联合声明》中达到高潮。在中国的财力支持下，就促进中国的地缘经济利益而言，广阔的"一带一路"倡议远比从制度上定义的上海合作组织更有用，因为上海合作组织的所有决策都是经协商一致而做出的。最后，在2014年，中国开始尝试建立能够补充或替代布雷顿森林体系重要实体的世界性金融机构，如世界银行和亚洲开发银行。这些新银行满足了中国政府的需求，中国的金融家可以在这些平台上建立以中国为中心的全球机构，并减轻了建立上海合作组织开发银行的需要。在权衡所有这些因素后，中国同意让印度加入上海合作组织，条件是中国在南亚的主要合作伙伴即巴基斯坦能够同时加入。中国外交官和专家表示，中国政府充分意识到，印度和巴基斯坦之间长期存在的敌对状态，可能会使本已相当低效的组织完全瘫痪，因为其成员在各种问题上的"异议"一直存在。随着"丝绸之路经济带"和亚洲基础设施投资银行（AIIB）的发展，中国已经不再把上海合作组织视为一种有用的手段。

谁的规则，谁的范围？俄罗斯在后苏联国家中的治理与影响

Alexander Cooley *

原文标题： Whose Rules, Whose Sphere? Russian Governance and Influence in Post – Soviet States

文章框架： 上海合作组织把中国、俄罗斯、四个中亚国家联系在一起以及最近也把印度和巴基斯坦与这些国家联系在一起；俄罗斯通过对后苏联国家运用更多的软实力杠杆来补充其对区域组织的"运用"。

观点摘要：

1. 简要回顾一下 2001 年成立的区域性组织上海合作组织（SCO）的发展历程。上海合作组织把中国、俄罗斯、四个中亚国家联系在一起以及最近也把印度和巴基斯坦与这些国家联系在一起。这个组织似乎服务于俄罗斯和中国不同的目的。俄罗斯欢迎该组织发表公开声明，批评美国的全球霸权和美国在国际关系中的价值观和准则。上海合作组织发表声明，批评美国的导弹防御系统，政权更迭的企图，以及在叙利亚的行动（在俄罗斯干预之前）。然而，尽管中国试图扩大该组织的经济职能，但俄罗斯对促使中国在中亚经济主导地位制度化一事远没有那么热衷。例如，俄罗斯已经阻止了中国的倡议，比如成立上海合作组织反危机基金或区域开发银行。俄罗斯也在推动该组织的扩张，这可能是为了削弱中国的力量。尽管俄罗斯欢迎上海合作组织提出的反西方言论和倡

* Alexander Cooley，巴纳德学院政治学教授，哥伦比亚大学哈里曼研究所主任，研究俄罗斯、欧亚大陆和东欧相关问题。来源：卡内基国际和平研究院（美国智库），2017 年 6 月 30 日。

议，但它私下里反对授权任何机构设立可能会侵犯欧亚经济联盟管辖权的体制或监管框架。

2. 俄罗斯通过对后苏联国家运用更多的软实力杠杆来补充其对区域组织的"运用"。三个有影响力的主要手段是能源关系、债务协议和移民地位。这些问题对俄罗斯的许多双边外交关系至关重要，在俄罗斯试图迫使后苏联国家追随其在诸如"欧亚经济联盟"（EEU）和集体安全条约组织（CSTO）等机构中的领导地位的努力中，它们也是重要的谈判筹码。也许俄罗斯最重要的治国工具是控制能源价格、基础设施建设和运输管道。在2000年，俄罗斯与原苏联国家制定了一系列复杂的双边协定，在获取能源基础设施（如管道和电网）的同时，还为石油和天然气提供补贴。学者们认为，俄罗斯经常利用这些能源关系和依赖关系来促进其外交关系的更广泛目标，包括控制白俄罗斯和乌克兰等依赖天然气国家的天然气运输，以确保外交政策的效力。

中国、俄罗斯需要共同的欧亚愿景

Dmitri Trenin*

原文标题： China，Russia Need Shared Vision for Eurasia

文章框架： 中俄关系的重大问题是"一带一路"倡议与俄罗斯自身经济计划的"协调"；中国和俄罗斯不仅要为朝鲜半岛的和平做出外交努力，还要考虑在朝鲜和美国之间的对抗中协调其政策。

观点摘要：

1. 在俄罗斯总统普京访问北京并出席"一带一路"国际合作高峰论坛后，中国国家主席习近平对俄罗斯进行了访问。中俄关系的重大问题是"一带一路"倡议与俄罗斯自身经济计划的"协调"。俄罗斯政府已经明确表示，俄罗斯不打算像其他国家那样简单地加入"一带一路"倡议，而是寻求与中国建立一种特殊的经济关系。然而，为了实现这一目标，俄罗斯将需要展示自己的一项倡议行动，该倡议拥有充足的资源，并让其伙伴参与到中国感兴趣的领域。

2. 另外，中国和俄罗斯不仅要为朝鲜半岛的和平做出外交努力，还要考虑在朝鲜和美国之间的对抗中协调其政策。然而，俄罗斯和中国也有其他地缘政治事务要处理。2017年6月，上海合作组织批准了印度和巴基斯坦的加入，这是2001年乌兹别克斯坦加入该组织后的首次扩员。这一次，挑战比以往大了很多。除非能找到办法让印度和

---

* Dmitri Trenin，卡内基莫斯科中心负责人、研究委员会代表和卡内基莫斯科中心外交政策和安全项目领导人，于1993年从俄罗斯军队退役，1993～1997年担任莫斯科欧洲研究所高级研究员，1993年担任北约防务学院高级研究员。来源：卡内基国际和平研究院（美国智库），2017年7月3日。

巴基斯坦与该地区其他成员国（尤其是阿富汗）的安全部门合作，否则这种扩员可能会使上海合作组织的功能失调，这几乎不符合俄罗斯或中国的利益。对中国和俄罗斯来说，致力于降低美国在"欧亚大棋盘"的影响力是不够的。它们必须建立一个改善当前局势的新大陆秩序。

中亚区域一体化与合作：是现实还是幻想？

Johannes Linn [*]

原文标题：Central Asian Regional Integration and Cooperation：Reality or Mirage?

文章框架：上海合作组织主要关注中亚地区安全问题，包括跨境贩毒、恐怖主义和犯罪活动，并将区域经济发展与合作作为其目标之一；上海合作组织未能在区域经济合作方面取得重大进展有诸多因素；中国希望把上海合作组织变成一个更有效的中亚区域经济合作组织；中亚的经济一体化已经成为现实；中亚国家之间的有效区域合作，虽然是有益的，但仍然是一个遥远的梦想；中亚区域合作进程可能会得到加强；哈萨克斯坦可以在确保上海合作组织、欧亚经济联盟和中亚区域经济合作之间的有效联系方面发挥重要作用。

观点摘要：

1. 几个世纪以来，尽管有"大博弈"和"丝绸之路"的叙事，但中亚一直不是全球政治和经济的焦点。然而，近年来，亚洲以外地区对中亚的兴趣一直在上升：中亚的能源资源对其欧洲和亚洲邻国来说非常重要。此外，中国想要一个和平的后院，而俄罗斯认为中亚是其历史经济和地区利益的一部分，并且严重依赖中亚移民。

上海合作组织（SCO）于 2001 年正式成立，成员包括中国、哈萨

---

* Johannes Linn，新兴市场论坛资深研究员，布鲁金斯学会非常驻高级研究员，1996～2003 年担任世界银行欧洲地区及中亚副总裁，2006～2010 年担任中亚区域经济合作项目特别顾问。来源：美国布鲁金斯学会（美国智库），2016 年 6 月 8 日。

克斯坦、吉尔吉斯共和国、俄罗斯、塔吉克斯坦和乌兹别克斯坦六国。它们宣扬"上海精神"，即"互信、互利、平等、协商、尊重多样文明、谋求共同发展"，这是该组织的指导原则，成员国寻求在安全、经济、人道主义三个领域进行合作。自2003年以来，上海合作组织主要关注中亚地区安全问题，包括跨境贩毒、恐怖主义和犯罪活动，并将区域经济发展与合作作为其目标之一。

2. 到目前为止，上海合作组织还未能在区域经济合作方面取得重大进展。有许多因素可以解释这一点。第一，上海合作组织中的中国和俄罗斯对关键区域经济发展（如能源和贸易发展）所面临的挑战并不一定达成共识，俄罗斯对中国在中亚地区日益增长的影响力表示担忧，它还热衷于维持对区域石油和天然气运输的控制。第二，上海合作组织在协商一致和不干涉原则的基础上，不能很好地解决成员国之间的冲突，比如边界关闭或区域水资源管理等问题。第三，虽然中国以大量的财政资源支持上海合作组织的中亚成员国，理论上是在上海合作组织的框架下支持区域基础设施建设，但实际上是双边的资金流动；由上海合作组织于2009年成立的银行间联合体，似乎并没有发展成一个有效的金融协调机制，为区域协调的基础设施投资提供资金。第四，上海合作组织与其他任何地区组织都没有建立密切的关系，即使是在有互补性的领域。第五，总部设在北京的上海合作组织秘书处在制定、执行和监测中亚经济合作战略有效性方面的权限和技术能力有限。

3. 在2012年于北京举行的上海合作组织峰会上，中国对该组织提出了许多要求，包括时任中国国家主席胡锦涛"应把上海合作组织建设成为开展国际交往、扩大国际影响力的有效平台"，时任中国外交部副部长程国平指出，该组织要在"处理好维护地区稳定与坚持不干涉内政原则"之间，"处理提高行动与坚持协商一致原则"之间以及"处理好加强自身建设与坚持对外开放原则"之间取得平衡。国务院发展研究中心欧亚社会发展研究所常务副所长孙昌洪评论称，上海合作组织正在"召开会议以达成决议，但缺乏具体的目标和具体实施方案"。因此，相比现在而言，中国似乎特别希望把上海合作组织变成一个更有效的中亚区域经济合作组织。

4. 根据分析，我们可以解决这个问题——中亚区域一体化与合作：是现实还是幻想？20世纪90年代，苏联解体后，中亚地区出现了戏剧性的经济萧条，这一地区在21世纪初经历了经济快速增长和内外部一体化的过程。在中亚地区，哈萨克斯坦、吉尔吉斯斯坦和塔吉克斯坦之间的连通性增加。它们与阿富汗的联系日益紧密，而且与一些主要邻国的经济联系也在迅速增长，尤其是中国和俄罗斯。中亚一体化进程的一个重要推动因素是欧亚经济一体化的进程。从这个意义上讲，中亚经济一体化已经成为现实。

5. 中亚一体化进程存在严重的差距和重大风险。中亚区域的一些国家仍然保持着关闭区域内贸易的状态，这也是过境贸易的一个障碍，特别是对土库曼斯坦和乌兹别克斯坦来说。边界关闭、能源和水资源领域缺乏合作以及薄弱的治理干扰着区域内外的一体化进程。中亚的区域组织已经支离破碎，无力解决国家间的紧张关系，而且在有限的资源和授权范围内，无法解决关键的区域基础设施需求。从这个意义上讲，中亚国家之间的有效区域合作虽然是有益的，但仍然是一个遥远的梦想。

6. 这种区域发展模式（渐进的经济一体化，但受到薄弱的体制合作的阻碍）在发展中国家所在的所有区域内都能看到。但最近的四个发展进程表明，中亚区域合作进程可能会得到加强：中国显然有意将上海合作组织变成一个更有效的工具，以支持区域经济合作；俄罗斯领导的欧亚经济联盟及其在建立关税同盟方面有所进展；欧洲－美国支持阿富汗的区域一体化进程；在中国支持下的持续努力，推进了中亚区域经济合作的计划。第三个和第四个发展进程之间已经建立了一些联系（中亚区域经济合作被认为是支持阿富汗一体化进程的重要工具），但到目前为止，还没有任何努力来连接上海合作组织、欧亚经济联盟和中亚区域经济合作进程。

7. 因此，展望未来，一个关键问题是，上海合作组织、欧亚经济联盟和中亚区域经济合作能否利用互补性措施和不会伤害到非成员国的措施，在关键领域进行有效的协调甚至合作。哈萨克斯坦作为这三个机制的重要成员，可以在确保上海合作组织、欧亚经济联盟和中亚区域经济合作之间的有效联系方面发挥重要作用。俄罗斯和中国是上海合作组织中较重要的成员，在欧亚经济联盟和中亚区域经济合作中，应与哈萨克斯坦和其他中亚国家一道，探讨加强这三个区域机构之间的协同作用，并尽量降低发生冲突的可能性。

2016 年二十国集团领导人杭州峰会的最终合规报告

Jessica Li *

原文标题： 2016 G20 Hangzhou Summit Final Compliance Report

文章框架： 2016 年 11 月 5 日的中国 – 中东欧国家第五次峰会为来自中国和中东欧国家的领导人讨论推进 "17 国向更大范围、更宽领域、更高层次发展" 提供了一个平台，即所谓的 "16 + 1" 合作框架；在第二届中国 – 中东欧国家创新合作大会上，李克强总理提出了有关创新发展和产能的六点建议，并在上海合作组织成员国政府首脑（总理）理事会第十五次会议联合公报中强调了强化安全、经济和产能等方面的合作。

观点摘要：

1. 2016 年 11 月 5 日的中国 – 中东欧国家第五次峰会为来自中国和中东欧国家的领导人讨论推进 "17 国向更大范围、更宽领域、更高层次发展" 提供了一个平台，即所谓的 "16 + 1" 合作框架。参与国围绕 "互联、创新、相融、共济" 的主题，重申了建立 "开放、包容、互利" 伙伴关系的愿景。

2. 此次峰会确定了 2017 年中国 – 中东欧国家创新合作会议的召开日期。里加声明重点强调了各国间的经济合作机会，但同时也指出环境保护部门应相互支持以及在可持续实践中分享经验。在第二届中国 – 中东欧国家创新合作大会上，李克强总理提出了有关创新发展和产能的六

---

* Jessica Li，二十国集团研究小组分析师。来源：美国布鲁金斯学会（美国智库），2017 年 7 月 6 日。

· 57 ·

点建议，并在上海合作组织成员国政府首脑（总理）理事会第十五次会议联合公报中强调了强化安全、经济和产能等方面的合作。作为他的六点建议的一部分，李克强总理提议，上合组织成员国应遵循共同、综合、合作、可持续的安全观，进一步加强安全领域的协调合作，挖掘创新合作机遇。

中国将对印度加入上海合作组织感到后悔

Derek Grossman[*]

原文标题： China Will Regret India's Entry into the Shanghai Cooperation Organization

文章框架： 随着印度和巴基斯坦成为上海合作组织的成员，中国可能会在一个习惯于礼让与合作讨论的区域经济和安全组织中面临越来越多的分歧；印度所面临的主要麻烦与其竞争对手巴基斯坦的活动有关，而且印度继续对中国与巴基斯坦所谓的"全天候友谊"持高度批评态度；《环球时报》指出印度和巴基斯坦加入上海合作组织将带来积极的双边发展；上海合作组织要解决的另一个主要问题是阿富汗安全问题；中印之间悬而未决的边界争端和激烈的地缘战略竞争，可能会暂缓中国希望在上海合作组织中与印度达成任何合作的计划；中国政府预计会在 2018 年 6 月举行的上海合作组织峰会上，再一次展示该组织的重要性。

观点摘要：

1. 随着印度和巴基斯坦成为上海合作组织（SCO）的成员，中国可能会在一个习惯于礼让与合作讨论的区域经济和安全组织中面临越来越多的分歧。鉴于亚洲大国之间的地缘政治竞争日益激烈，反恐措施也不同，印度的加入可能会让中国感到特别沮丧。中国政府可能甚至不希

---

* Derek Grossman，密歇根大学政治学和亚洲研究专业荣誉学士，乔治敦大学外交学院美国国家安全政策专业硕士，兰德公司高级防务分析师，专注于一系列国家安全政策和印度洋 – 太平洋安全问题。来源：美国兰德公司（美国智库），2017 年 7 月 24 日。

望印度加入上海合作组织。俄罗斯首先提议让印度成为上海合作组织的成员国，这可能在一定程度上是为了补充双边经济和安全合作，但主要是为了限制中国在该组织中日益增长的影响力。俄罗斯越来越担心哈萨克斯坦、吉尔吉斯斯坦、塔吉克斯坦和乌兹别克斯坦步入中国的地缘战略势力范围。例如，众所周知，俄罗斯一直在拖延实施中国的倡议（这些倡议会使中国从区域贸易中获得更大利益），包括建立上海合作组织自贸区和银行。随着中国在中亚的影响力逐渐增大，俄罗斯欢迎印度加入上海合作组织，这可能会加强俄罗斯在阻碍或反对中国倡议方面的力量。事实上，在最近一次访问俄罗斯期间，印度总理纳伦德拉·莫迪（Narendra Modi）表示，"印度和俄罗斯在国际问题上一直都保持同一立场"。展望未来，俄罗斯的这种策略可能会带来丰厚的回报。

2. 印度所面临的主要麻烦与其竞争对手巴基斯坦的活动有关，而且印度继续对中国与巴基斯坦所谓的"全天候友谊"持高度批评态度。2017 年 5 月，印度拒绝派遣代表团参加中国广泛宣传的"一带一路"国际合作高峰论坛，该论坛旨在加强中国与欧亚国家之间的贸易和基础设施互联互通。印度官方的一份声明显示，"一带一路"的旗舰项目即中巴经济走廊并没有"以尊重主权和领土完整的方式进行"。印度的反对来自该走廊通过有争议的克什米尔地区，并将其连接到具有战略地位的巴基斯坦瓜达尔港，这促使印度总理莫迪在 2017 年 6 月举行的上海合作组织峰会上发表讲话时再次提及这个问题。印度可能会继续在上海合作组织的背景下批评这条走廊，因为作为该组织的一名正式成员，印度有权抗议不符合所有成员国利益的发展。上海合作组织还为印度提供了另一个公开的舞台，即不断质疑中国与巴基斯坦密切关系背后的意图。

3. 印巴之间的紧张局势偶尔也会导致冲突爆发，中国可能不得不做好准备，让双方都将上海合作组织作为批评对方的平台。在没有重大事件发生的情况下，中国很好地处理了这种情况的微妙之处。当 2017 年 6 月初被问及上海合作组织的成员国身份是否会对印巴关系产生积极影响时，中国外交部发言人华春莹说：我看到来自巴基斯坦的记者坐在这里，而来自印度的记者就坐在那里。也许有一天你们可以坐得更近一些。此外，《环球时报》发表的一篇专栏文章指出，印度和巴基斯坦加入上海合作组织将带来积极的双边发展。即使这一看法过于乐观，但它也会在该组织前进的道路上树立正确的基调。

但这种可能性与中国想要的结果相悖。在南亚地区，印度和巴基斯坦都是多边组织南亚区域合作联盟的成员。印度与阿富汗、孟加拉国和不丹一起抵制 2016 年在伊斯兰堡举行的南亚区域合作联盟峰会，因为其认为巴基斯坦是印度军事基地恐怖袭击的幕后黑手。即使官方禁止在会议中讨论双边问题，但南亚区域合作联盟也一直因为印度和巴基斯坦的不满而"步履蹒跚"。中国可能会在上海合作组织中保持其与巴基斯坦的亲密关系，但在对待印度时可能不会这样。

4. 上海合作组织要解决的另一个主要问题是阿富汗的安全问题。该组织的一个重要组成部分是地区反恐机构执行委员会，旨在打击"三股势力"——暴力恐怖势力、宗教极端势力和民族分裂势力。然而，印度很可能会可靠且合理地强调中国的反恐目标和其政策现实之间存在的矛盾。最值得注意的是，对于巴基斯坦情报部门继续支持阿富汗恐怖组织的行为，中国"视而不见"。此外，由于印度与阿富汗政府关系特别密切，它可能会寻求支持阿富汗，使其脱离观察员国地位，成为该组织的正式成员国。这将给印度带来更大的力量，也可能提升俄罗斯的地位。

5. 中印之间悬而未决的边界争端和激烈的地缘战略竞争，可能会暂缓中国希望在上海合作组织中与印度达成任何合作计划。洞朗（中国和印度军队僵持不下的地方）对峙只是双方边境沿线多个地点紧张关系的最新例子。中印在海事领域也存在相互猜疑，印度政府最近巩固其在具有重要战略意义的安达曼-尼科巴群岛的地位，是为了对付中国的"珍珠链"战略，该战略旨在建立通往印度洋各个海军港口的通道，可能使中国在冲突中具有军事优势。这种相互猜疑可能会以不可预测的方式对上海合作组织的讨论产生影响。

6. 尽管印度加入上海合作组织可能是不受欢迎的，且其加入对中国来说是一个"刺激"，但中国并不一定需要上海合作组织实现其区域目标。从该组织 2001 年的声明来看，上海合作组织给中国提供了一个富有成效的方式来吸引仍然被俄罗斯主导的邻国。如今，中国的经济和军事实力使其自身变得更加强大，这一点只有在俄罗斯的影响力消退时才被放大。例如，尽管印度拒绝参加北京"一带一路"国际合作高峰论坛，但中国仍然是印度最大的贸易伙伴，同时也是所有中亚和南亚国家的关键市场。上海合作组织的彻底失败对中国来说是不可接受的，因为它在建立论坛的过程中发挥了核心作用。尽管国家之间可能发生争吵，但中国政府预计会在2018年6月举行的上海合作组织峰会上，再一次展示该组织的重要性。届时中国作为东道主，更有可能使这样的结果出现。

"一带一路"倡议对中国的区域安全战略意味着什么

Elizabeth Economy *

原文标题： What "One Belt, One Road" Could Mean for China's Regional Security Approach

文章框架： 中国外交部部长王毅表示中国也是恐怖主义的受害者，外国观察人士和中国官员就地区动荡的根源和造成恐怖主义的原因进行了争论；这些国内对暴力和不稳定的担忧导致中国自20世纪90年代以来与中亚邻国就反恐问题进行密切合作；中国人民解放军敦促上海合作组织在解决安全与经济发展的双重优先问题上承担更多责任。

观点摘要：

1. 长期以来，中国一直声称自己在其境内面临着外部支持的恐怖主义威胁，尤其是在新疆维吾尔自治区。中国与中亚地区约70%的贸易通过新疆，其稳定对"丝绸之路经济带"的成功至关重要。然而，该地区一直是严重的暴力事件发生地。在巴黎袭击事件发生后，中国领

---

* Elizabeth Economy，斯沃斯莫尔学院荣誉学士，密歇根大学博士，2008年获得佛蒙特法学院荣誉法学博士学位，美国外交关系学会亚洲研究高级研究员和主任，斯沃斯莫尔学院管理委员会和亚洲基金会董事会成员，也在斯德哥尔摩环境科学顾问委员会论坛任职，2014～2016年担任世界经济论坛（WEF）全球议程理事会成员，2008～2014年担任世界经济论坛全球议程理事会有关中国未来问题研究副主席，中美可持续发展中心董事会成员，曾在哥伦比亚大学、约翰·霍普金斯大学保罗·尼采高级国际研究院和乔治·华盛顿大学杰克逊国际学院教授本科和研究生课程。来源：美国外交关系学会（美国智库），2016年1月12日。

导人援引 2016 年 9 月新疆西北部一座煤矿发生的袭击事件（造成 50 人死亡），将其作为中国国内恐怖主义威胁的证据，而且中国外交部部长王毅表示："中国也是恐怖主义的受害者。"然而，外国观察人士和中国官员就地区动荡的根源和造成恐怖主义的原因进行了争论。

2. 这些国内对暴力和不稳定的担忧导致中国自 20 世纪 90 年代以来与中亚邻国就反恐问题进行密切合作。从历史上看，这种合作是通过上海合作组织（SCO）进行的，该组织的成员国已经通过地区反恐怖机构执行委员会交换信息和交流经验。自 2002 年以来，中国还参加了上海合作组织举行的 15 次军事演习，一份报告称，"除了其中一项演习外，所有的演习都明确聚焦于反恐"。虽然这些不是高度复杂的演习，但它们帮助中国军队提高战场能力，而且使中国加强更积极的海外军事存在。在 2016 年 12 月中旬举行的上海合作组织会议上，中国国务院总理李克强主张，该组织在应对"伊斯兰国"构成的威胁方面要进行更加紧密的合作。除了上海合作组织的活动外，中国和哈萨克斯坦还在 10 月做出了防务承诺，这将有助于两国合作打击恐怖主义，其中包括通过中国培训哈萨克斯坦特种部队。

3.《华尔街日报》的安德鲁·布朗（Andrew Browne）写道，"一带一路"倡议的实施也可能会暴露出关键的差距，包括缺乏"在处理复杂安全问题上的军事接触和经验"。然而，中国政府已经采取了一些措施来弥补这些差距，并保护中国在海外的利益。《中华人民共和国反恐怖主义法》第 71 条规定，经与有关国家达成协议，并报国务院批准，国务院公安部、国家安全部门可以派员出境执行反恐怖主义任务。中国人民解放军、中国人民武装警察部队派员出境执行反恐怖主义任务，由中央军事委员会批准。中国人民解放军的改革提议指出将在中国西部地区建立五个新的最大的军事区域（占中国地面部队的三分之一以上），这将增强它们解决中亚地区不稳定问题的能力。中国人民解放军提出了更多的建议，比如支持保安机构或公司在中国军队不允许的情况下提供安全保障，并敦促上海合作组织在解决安全与经济发展的双重优先问题上承担更多责任。

印度和巴基斯坦加入上海俱乐部

Jonathan E. Hillman *

原文标题： India and Pakistan Join the Shanghai Club

文章框架： 从地理上看，上海合作组织是中亚地区大规模基础设施竞赛的中心，也是欧洲和亚洲之间的陆路贸易通道；随着成员国的不断加入，上海合作组织的使命也不断增加；上海合作组织是可以将中俄合作计划转变为现实的一种机制；上海合作组织有机会帮助解决欧亚地区的一个关键挑战，即边境摩擦；欧亚经济合作仍然有很大的空间，美国应该欢迎上海合作组织和其他区域组织为解决长期经济问题而做出努力。

观点摘要：

1. 今天，中国、俄罗斯和四个中亚国家聚集在哈萨克斯坦首都阿斯塔纳，欢迎印度和巴基斯坦加入上海合作组织（SCO），这是一个不包括美国的安全与经济俱乐部。这一扩员标志着该组织从军事协调到经济合作的潜在转变。从理论上讲，上海合作组织有着强大的影响力。随着印度和巴基斯坦的加入，该组织可以夸耀其成员国涵盖世界 40% 的人口，创造了全球 20% 的国内生产总值，每年在军事上的花费超过 3000 亿美元。从地理上看，该组织是中亚地区大规模基础设施竞赛的中心，也是欧洲和亚洲之间的陆上贸易通道。目前的观察员国包括阿富汗、白俄罗斯、伊朗和蒙古国，未来可能会进一步扩大。

---

* Jonathan E. Hillman，美国战略与国际问题研究中心西蒙政治经济项目研究员，美国战略与国际问题研究中心"重新连接亚洲"项目主任，曾在美国贸易代表办公室担任政策顾问，研究重点是经济学和外交政策的相关性，包括贸易、全球化、经济政策和中国的"一带一路"倡议。来源：美国战略与国际问题研究中心（美国智库），2017 年 6 月 8 日。

2. 随着成员国的不断加入，上海合作组织的使命也不断增加。"上海五国"会晤机制形成于 1996 年，该机制的安全重点已经从解决边界争端转向打击包括暴力恐怖势力、民族分裂势力和宗教极端势力在内的"三股势力"。除了传统的军事演习外，反恐行动也扩展到了网络空间。但这些活动的范围和强度都相对有限。成员国间的不同利益以及它们对将国家权力下放给区域组织的共同不满，阻碍了更深层次的合作。近年来，上海合作组织越来越重视经济问题。2015 年，该组织发布了涵盖多项目标的发展战略，包括"共建丝绸之路经济带"。

3. 上海合作组织是可以将中俄合作计划转变为现实的一种机制。俄罗斯总统弗拉基米尔·普京（Vladimir Putin）2017 年 5 月在北京举行的"一带一路"国际合作高峰论坛上发表演讲时表示，将上海合作组织与欧亚经济联盟、"一带一路"倡议与东南亚国家联盟联系在一起，可以"为建立更大的欧亚伙伴关系奠定基础"。然而，细节很重要，而且目前尚不清楚这些区域组织能取得多大的成就。

4. 通过纳入印度和巴基斯坦，上海合作组织的关注点继续向经济问题转变。可以肯定的是，该组织的影响力可能仍然不大。上海合作组织以协商一致的方式运作，缺乏强有力的秘书处。上海合作组织长期以来都在为其成员国的个体行动辩护，而不是约束它们的决定，并迫使该组织采取集体行动。印度和巴基斯坦的加入不仅没有解决这些问题，而且将更多的摩擦引入该组织内部可能会使情况更加恶化。

但上海合作组织确实有机会帮助解决欧亚地区的一个关键挑战，即边境摩擦。烦琐的海关要求、过时的技术和其他挑战都导致了过境时的漫长等待。通过研究从哈萨克斯坦阿拉木图到德国柏林的旅程发现，大约一半的旅程是在过境点度过的。上海合作组织对解决这些问题表现出强烈的兴趣，而且其成员国于 2014 年签署了《上海合作组织成员国政府间国际道路运输便利化协定》。

5. 正如笔者 2017 年 5 月所了解到的，有效地执行这项协定需要做更多的工作。从中国西部的喀什开车到吉尔吉斯斯坦南部的奥什，尽管只穿过一个边界，但笔者仍然通过了 10 个检查站。在一个检查站，笔者在其安全小组开始午餐休息的几分钟后到达，这导致笔者等待了三个小时，直到这个检查站再次开放。上海合作组织多年前就选择了这一路线来进行运输试点项目。这一路线的道路条件是值得称赞的，但边界程序似乎本身不是缓慢的，而是被制定得很缓慢。

随着上海合作组织的不断发展，美国应该继续关注该组织。但是，美国不必对上海合作组织决定接纳印度和巴基斯坦而感到担忧。相反，欧亚经济合作仍然有很大的空间，美国应该欢迎上海合作组织和其他区域组织为解决长期经济问题而做出努力。

中国颠覆全球美元本位制的计划

Alasdair Macleod *

原文标题：China's Plan to Subvert the Global Dollar Standard

文章框架：上海合作组织是中国与俄罗斯通过和平贸易走向亚洲大陆的平台；中国的做法与美国截然不同：在特朗普总统的领导下，美国似乎对非美国人成功地为美国消费者生产商品并提供服务而嫉妒；人民币作为一种纯粹的法定货币将需要几十年的时间来取代美元；上海合作组织两个主要成员国的最终目的是建立一个包括整个欧亚大陆的自由贸易区，世界上其他国家将作为其供给国；谢尔盖·格莱斯耶夫所分享的中国地缘战略观点的重要性证实了上海合作组织可能必须提出在没有美元的情况下开展业务的计划。

观点摘要：

1. 抛开其他的不谈，中国人有一种历史感和使命感。他们经历了一段辉煌的历史，这可以追溯到几千年以前，曾在成吉思汗（Genghis Khan）和忽必烈（Kublai Khan）时期控制了大部分亚洲中心地带。但即便如此，中国本质上还是"内向"的，保护着它自己的文化价值观。在马可·波罗（Marco Polo）访华后的几个世纪里，与欧洲人的贸易大多是在欧洲游客的要求下进行的，而不是中国人主动进行的。中国向游客"出口"它的艺术和文化，但并没有"进口"欧洲的价值观。这是一个错误，中国目前的领导层含蓄地承认了这一点。这一次，中国将接受西方的思维和技术以推动自己向前发展。上海合作组织（SCO）是中

＊ Alasdair Macleod，金汇基金研究部主管。来源：米塞斯研究所（美国智库），2017 年 4 月 30 日。

国与俄罗斯通过和平贸易走向亚洲大陆的平台，近年来该组织的发展已经改善了许多国家公民的生活。上海合作组织承诺将对世界40%以上人口的财富和生活水平方面进行一场改革，并为其在其他大陆的合作伙伴带来相关利益。

2. 中国的做法与美国截然不同：在特朗普总统的领导下，美国似乎对非美国人成功地为美国消费者生产商品并提供服务而嫉妒。自给自足的美国拥有高达19万亿美元国内生产总值（GDP）。最终，中国将与世界其他经济体达成自由贸易协定，目前已将欧盟（EU）排除。以购买力平价计算，这是一个国内生产总值约为23万亿美元的市场，总规模约为126万亿美元。现在，中国已经主宰了世界贸易。按购买力平价（PPP）计算中，中国自身经济实力已经明显超过了美国。虽然中国是最大的原材料消费国，但其制成品出口仍比其他任何国家要多。作为亚洲强国，中国已经提振了太平洋西部所有国家的经济，包括它自己在内的所有国家的国内生产总值达到了50万亿美元。中国对亚洲的出口额现在已经超过对美出口额。然而尽管如此，中国的大部分贸易还是以美元进行的，如果中国想要遏制外部经济风险并取代美国成为主导全球的国家，那么中国一定会改变这一现状。这两个目标只能通过中国取代美元交易地位的方式来实现。

3. 为什么黄金对中国未来的贸易结算政策至关重要？中国现在面临的挑战是，人民币作为一种纯粹的法定货币将需要几十年的时间来取代美元，也可能永远都不会取代美元。这需要假设中国采取比美国更加稳定的货币政策。自雷曼危机（Lehman Crisis）以来情况并非如此，中国广义货币供应量（M2）迅速增长，这是近年来全球货币增长的主要原因。西方分析人士批评中国的货币增长速度可能导致危险的信贷泡沫，然而他们会很快纵容在自己发达国家的货币扩张，但他们自己是顽固的中国货币主义批评者。中国永远不会在没有黄金担保的情况下用自己的货币取代美元。因此，中国需要部署黄金以取代美元。这可能以两种方式之一进行：一种是鼓励市场从美元转向黄金，另一种是由国家推动这一步伐。

4. 具有讽刺意味的是，那些"放弃"美元的国家，尤其是俄罗斯和伊朗将表现得更好。相对于沙特阿拉伯，伊朗的实力将显著增强，这将对中东的权力游戏产生重要影响。俄罗斯也有兴趣推动中国采取这一行动，一部分原因是这将使叙利亚的天平向俄罗斯倾斜，还有一部分原因是美国霸权的毁灭将使西欧国家摆脱美国裙带关系的束缚。上海合作组织两个主要成员国的最终目的是建立一个包括整个欧亚大陆的自由贸易区，世界上其他国家将作为其供给国。这一直是中俄伙伴关系背后的基本逻辑。尽管美国拥有强大的军事力量，但美国将被孤立，就像英国在20世纪60年代抛弃它的殖民地一样，美国承认自己不再控制全球贸易，这种情况很难想象。与此同时，俄罗斯最关心的问题将是油价与美元挂钩的一系列问题。有一些间接证据表明，美国在2014年通过鼓励油价暴跌来利用石油武器攻击俄罗斯。不管真实与否，俄罗斯不希望暴露其主要出口商品以美元计价的持续风险。俄罗斯几乎更愿意看到以黄金计价的石油或者与黄金挂钩的货币。

5. 在20世纪60年代末的黄金投资失败之前，以及随后在1971年美元本位制之后，与其他所有大宗商品一样，石油实际上是以黄金计价的，而美元仅仅是结算媒介。自1971年以来，以黄金衡量的石油价格在350%的范围内变化，而美元的波动幅度则更大。如果美元贬值，那么以美元结算的石油价格可能会上涨，但美元的购买力会抵消任何好处。俄罗斯几乎肯定会希望恢复到1971年以前的局面，即以黄金定价的石油，使其能够积累、保留其价值的货币储备。因此，我们可以开始理解谢尔盖·格莱斯耶夫（Sergei Glazyev）所分享的中国地缘战略观点的重要性。这证实了上海合作组织可能必须提出在没有美元的情况下开展业务的计划。某种形式的黄金兑现将是必不可少的，所以这些计划也将被提出来。也许中国和俄罗斯将不会再浪费时间。在特朗普执政的头100天里，美国日益增强的军事好战性可能会迫使它们采取行动。也许美国已经知道它的衰落正变得越来越不可避免，因此出台一些戏剧性的计划以抓住其金融主动权，就像二战后美国放弃"美元本位制"的时候，尼克松所带来的"震惊"一样。

英国脱欧后：德国和欧盟将目光投向亚洲

Alasdair Macleod *

原文标题： After Brexit：Germany and the EU Will Look to Asia

文章框架： 在美国和英国的军事控制下，德国一直为它的纳粹历史而忏悔；就在本周，印度和巴基斯坦也成为上海合作组织的正式成员国，该组织高速工业化的成员国人口占到了世界人口的一半；本周，印度和巴基斯坦这两个难以和解的仇敌已经成为上海合作组织的正式成员，这是全球地缘政治的一个重要里程碑；这些经济体是推动世界经济发展的动态经济体，而富裕的福利国家则深陷债务困境；从德国的角度来看，土耳其必然是对二战后美国秩序的另一个致命一击；在法国举行的总统选举已经平息了法国的反欧盟运动，至少目前是这样。

观点摘要：

1. 在美国和英国的军事控制下，德国一直为它的纳粹历史而忏悔。统一曾是德国作为一个"独立国家"的第一步。该国在政治上向撒克逊人"磕头"，同时凭借经济实力，获得了巨大的地区权力。作为欧盟最大的出资国，通过主导欧盟，德国已经使该组织成为实现其更广泛商业和政治野心的平台。任何怀疑德国潜在抱负的人都没有注意到德国人民强烈的民族和文化认同感。在贸易方面，"欧洲堡垒"的贸易政策（保护主义）对德国越来越不利。德国现在对中国的出口额多于对任何一个欧洲国家的出口额，这对一些大型企业有利。德国大型企业的实力

---

* Alasdair Macleod，金汇基金研究部主管。来源：米塞斯研究所（美国智库），2017 年 6 月 19 日。

及其对联邦政府的影响不应被低估。德国将目光聚焦于其东部地区，该地区曾经是普鲁士的领土，现在以上海合作组织（SCO）的形式重新回归人们的视线，该组织由俄罗斯和中国领导，正处于不断发展中。

2. 就在本周，印度和巴基斯坦也成为上海合作组织的正式成员国，该组织高速工业化的成员国人口占到了世界人口的一半。"丝绸之路"正在向欧洲运送货物，并将以另一种方式输送技术资本。在可预见的未来，亚洲对德国工程和资本设备的需求可能会促使其成为迄今为止最大的市场。德国的利益是自由地追求自己的贸易目标，这意味着它将重心转向与俄罗斯和东方的贸易，这将拖累欧盟其他成员国。德国还将减少对北约的依赖，该组织是美国和英国在欧洲部署战略政策的途径。欧盟联合防卫部队的计划已经在推进。随着欧盟在军事上和经济上"独立"于美国，世界地缘政治秩序正在从美国的统治中迈出一大步。

3. 本周，宣布印度和巴基斯坦这两个难以和解的仇敌已经成为上海合作组织的正式成员，这是全球地缘政治的一个重要里程碑。就在这一决定达成的几周前，印度拒绝参加中国于 2017 年 5 月 14 日在北京举行的"一带一路"国际合作高峰论坛，在该论坛上中国表示对巴基斯坦和巴控克什米尔地区进行投资。印度和巴基斯坦在克什米尔问题方面实际上正处于战争状态，这使两国突然同时成为上海合作组织的正式成员变得十分引人注目。这一经济组织的人口估计目前占全球总人口的近一半，中国在该组织中有着强大的影响力。随着韩国和日本转向中国，非常低调的俄罗斯和中国成功地组建了一个组织，而该组织将主导未来的世界贸易，但几乎没有亚洲以外的国家注意到这一点。

4. 更重要的是，这些经济体是推动世界经济发展的动态经济体，而富裕的福利国家则深陷债务困境。中国经济正在成为一个技术引导型的奇迹，不再依赖于制造廉价的出口商品。中国提出的"一带一路"倡议将把整个欧亚大陆的贸易和通信有效联系起来。工业化和基础设施建设将迅速推进。伊朗计划很快加入上海合作组织，也许就在未来几个月。土耳其现在正"站在一边"，等待成为上海合作组织成员国之一，就在本周，俄罗斯政治家弗拉基米尔·日里诺夫斯基（Vladimir Zhirinovsky）呼吁上海合作组织加快土耳其获得成员国资格的进程。这将使上海合作组织的影响范围从太平洋延伸到海湾地区和地中海沿岸。

5. 从德国的角度来看（该国长期以来一直与土耳其保持密切关系），土耳其是对二战后美国秩序的另一个致命一击。在土耳其与俄罗斯、伊朗和上海合作组织结盟的同时，很难看出土耳其如何依旧能成为北约成员国。随着北约权力的逐渐减少，其将在欧洲留下军事真空。英国脱欧越早解决，欧盟税收体系改革计划就会越早取得进展。法国总统马克龙（Macron）强烈支持这一点。只有税收问题得到解决，欧盟才能成为真正的超级联盟。

6. 德国领导人早已清楚地认识到，自由贸易有利于自己的经济，并且强大的经济是获得政治权力的途径。如今，很少有英国政治家意识到这一事实，但越来越多的人可能会在未来这么做。美洲以外的每个国家将重点越来越多地放在亚洲。虽然还有很多工作要做，但中俄两国通过成立上海合作组织已经成功地推进了安全和贸易政策。当30多亿人民正在经历从相对贫穷到西方生活标准的历程中，没有人能够忽视这些机会。

乌兹别克斯坦改变对阿富汗的态度

Fozil Mashrab [*]

原文标题： Uzbekistan Alters Its Vision for Afghanistan

文章框架： 在乌兹别克斯坦领导层换届之后，人们普遍认为新任总统米
尔济约耶夫正在中亚地区寻求更加积极和具有建设性的外交
政策；2017 年 1 月，乌兹别克斯坦外交部部长阿卜杜勒阿
齐兹·卡米洛夫对阿富汗进行正式访问，预示着两国关系进
入一个新时代；乌兹别克斯坦和阿富汗两国关系改善的一个
重要标志就是最高级别官方交流活跃。

观点摘要：

1. 在乌兹别克斯坦领导层换届之后，人们普遍认为新任总统米尔
济约耶夫正在中亚地区寻求更加积极和具有建设性的外交政策。除了米
尔济约耶夫总统试图进一步加强与哈萨克斯坦和土库曼斯坦的关系以及
努力改善与塔吉克斯坦和吉尔吉斯斯坦的关系外，乌兹别克斯坦政府也
极大地改变了对乌兹别克斯坦另一个重要邻国阿富汗的态度。

2. 2017 年 1 月，乌兹别克斯坦外交部部长阿卜杜勒阿齐兹·卡米
洛夫对阿富汗进行正式访问，预示着两国关系进入一个新时代，这是
20 多年来第一位乌兹别克斯坦高级官员对阿富汗进行访问。在访问期
间，卡米洛夫表示，乌兹别克斯坦政府将不再仅仅通过安全威胁的角度
来看待阿富汗（这是过去 25 年来乌兹别克斯坦政府看待阿富汗的主要
视角）。如今，卡米洛夫表示，乌兹别克斯坦希望通过促进更大规模的
跨境贸易、人道主义与文化合作，以及更积极地参与实施各种互利互惠

---

* Fozil Mashrab，独立分析师。来源：詹姆斯敦基金会（美国智库），2017 年 6
月 27 日。

的区域能源、基础设施和运输项目来重塑两国关系。在政府中设立阿富汗事务总统特使一职是乌兹别克斯坦想把两国关系提升到新水平的另一迹象。这个职位的设立强调了乌兹别克斯坦愿意在实现阿富汗和平与稳定的国际进程中发挥更加积极的作用。

3. 乌兹别克斯坦和阿富汗两国关系改善的一个重要标志就是最高级别官方交流的活跃。乌兹别克斯坦总统米尔济约耶夫通过利用一切发言机会（包括在国际论坛上发言）来保持与阿富汗总统的直接对话。两国领导人于 2017 年 6 月在阿斯塔纳举行的上海合作组织（SCO）年度峰会上进行会晤，并讨论执行双方商定的全面合作"路线图"。

土耳其选择俄罗斯的导弹防御系统

Debalina Ghoshal *

原文标题： Turkey Chooses Russian Missile Defense System

文章框架： 美国前总统贝拉克·奥巴马在接受《经济学人》的采访时表示，俄罗斯"只不过是一个区域大国"，这无疑是在"挑衅"俄罗斯当局；几十年来，土耳其一直渴望加入欧盟，但到目前为止，它的努力都是徒劳的，因此，土耳其在中国和俄罗斯领导的上海合作组织中看到了希望。

观点摘要：

1. 美国前总统贝拉克·奥巴马在接受《经济学人》的采访时表示，俄罗斯"只不过是一个区域大国"，这无疑是在"挑衅"俄罗斯当局。事实上，俄罗斯在普京的带领下，不断地采用该 20 世纪 90 年代的外交政策，以表明它有意对重大国际问题进行权衡。俄罗斯在关键问题上的活动尤其体现了这一点，例如它作为一个核大国和联合国安全理事会常任理事国的作用。

2. 事实上，北大西洋公约组织（NATO）部署在土耳其的"爱国者"导弹激起了伊朗对土耳其意图的怀疑，且伊朗曾公开就这一问题批评土耳其。然而，俄罗斯与伊朗有着良好的关系，并且其在伊朗核谈判过程中发挥了关键作用，因此土耳其选择俄罗斯的导弹防御系统不太可能被伊朗视为威胁。考虑到伊朗和土耳其目前也在努力改善双边关系，这一方面显得尤为重要。

除了武器销售之外，土耳其与俄罗斯的关系自 2016 年年中以来一

---

* Debalina Ghoshal，独立顾问。来源：詹姆斯敦基金会（美国智库），2017 年 9 月 12 日。

直在加强，俄罗斯正不遗余力地与土耳其达成利润丰厚的防务、能源和贸易协议，以使俄罗斯经济受益，因为俄罗斯经济持续受到西方制裁和油价长期低迷的影响。俄罗斯还同意为土耳其建设阿库尤（Ayukku）核电站（价值200亿美元）。几十年来，土耳其一直渴望加入欧盟，但到目前为止，它的努力都是徒劳的。因此，土耳其在中国和俄罗斯领导的上海合作组织（SCO）中看到了希望。事实上，土耳其目前是上海合作组织的对话伙伴国，2017年还担任上海合作组织能源俱乐部的轮值主席国。

俄罗斯和乌兹别克斯坦12年以来首次举行联合军演，计划进一步合作

John C. K. Daly [*] [*]

原文标题：Russia and Uzbekistan Hold First Joint Military Exercise in 12 Years，Plan Further Cooperation

文章框架：在乌兹别克斯坦总统伊斯兰·卡里莫夫去世后，他的继任者沙夫卡特·米尔济约耶夫开始谨慎地扭转前任的诸多民族主义政策；苏联解体后，俄罗斯与乌兹别克斯坦之间举行的第一次联合军事演习发生在"安集延事件"后不久；尽管伊万诺夫对乌俄两国的联合军演表示乐观，但在之后的十年内两国并未举行任何进一步的双边军事演习；就乌兹别克斯坦而言，其特别需要关注的是，阿富汗是大量乌兹别克斯坦伊斯兰运动（IMU）"圣战"武装分子的庇护所。

观点摘要：

1. 在乌兹别克斯坦总统伊斯兰·卡里莫夫（Islam Karimov）2016年9月去世后，他的继任者沙夫卡特·米尔济约耶夫（Shavkat Mirziyaev）开始谨慎地扭转前任的诸多民族主义政策。迄今为止，最引人注目的转变是为期5天的俄罗斯－乌兹别克斯坦军事演习，此次演习始于2017年10月3日，在乌兹别克斯坦吉扎克州"法里什"发射场举行。这是两国12年以来的首次联合军事演习，标志着乌兹别克斯坦对

---

* John C. K. Daly，詹姆斯敦基金会欧亚外交事务与国防政策专家，也是中亚－高加索研究所非常驻研究员。来源：詹姆斯敦基金会（美国智库），2017年10月3日。

卡里莫夫政策的重大改变，卡里莫夫为了民族主义而刻意将乌兹别克斯坦与俄罗斯的关系保持在一个较低的水平。

2. 苏联解体后，俄罗斯与乌兹别克斯坦之间举行的第一次联合军事演习发生在"安集延事件"后不久，2005 年 5 月 13 日，乌兹别克斯坦的安全部队在安集延市对聚集在城市中心广场的武装分子开火，造成数百人死亡并引发了国际舆论对卡里莫夫政府严厉的批评。不同于西方国家政府，俄罗斯要求卡里莫夫对此事件做出解释后，立即对乌兹别克斯坦当局用武力解决问题的行动予以支持。在西方国家对乌兹别克斯坦实施制裁后，乌兹别克斯坦试图通过加入上海合作组织（SCO）以及与俄罗斯进行联合军事演习来对抗日益加剧的国际孤立。

3. 在 2005 年联合军事演习结束时，俄罗斯国防部部长伊万诺夫（Sergei Ivanov）表示，"俄罗斯与乌兹别克斯坦的首次联合军事演习不应是最后一次。这种联合行动应该定期举行，使之成为我们军事技术合作不可分割的部分"。尽管伊万诺夫对两国的联合军演表示乐观，但在之后的十年内两国并未举行任何进一步的双边军事演习，两国军队只有在上海合作组织的"和平使命－2007"联合反恐军演中进行了合作，此次军演于 2007 年 8 月在车里雅宾斯克地区的希巴库尔（Chebarkul）军事训练场举行，涉及约 6000 名来自上海合作组织成员国俄罗斯、哈萨克斯坦、塔吉克斯坦、吉尔吉斯斯坦、中国和乌兹别克斯坦的士兵。

4. 虽然上海合作组织定期举行"和平使命"联合军事演习以加强其成员国家在打击"三股势力"——暴力恐怖势力、民族分裂势力、宗教极端势力中的协作，"和平使命－2007"上海合作组织成员国联合反恐军事演习是第一次也是唯一一次所有上海合作组织成员国家都参与的演习；乌兹别克斯坦没有派部队参加任何后续演习。在乌兹别克斯坦于 2012 年退出俄罗斯领导的集体安全条约组织（CSTO）之后，其再次被国际社会孤立。

5. 然而，从那时起，阿富汗的动荡加剧，加上美国与北约在平息暴乱方面的不确定性，无疑在沙夫卡特·米尔济约耶夫最近与俄罗斯的和解宣传中发挥了重大作用。就乌兹别克斯坦而言，其特别需要关注的是，阿富汗是大量乌兹别克斯坦伊斯兰运动（IMU）"圣战"武装分子的庇护所。进一步加剧乌兹别克斯坦担忧的因素是塔利班，在 2015 年 9 月，塔利班武装攻占阿富汗北部城市昆都士省昆都士市，塔利班在被驱逐之前占领该地近两周。

伊朗的俄罗斯难题

Alex Vatanka [*]

原文标题: Iran's Russian Conundrum

文章框架: 从 2015 年 9 月开始对叙利亚进行军事干预以来,美国一直盛传弗拉基米尔·普京总统的最终目标是侵蚀美国长期以来在中东的统治地位;虽然在全球舞台上,伊朗政府声称其是"伊斯兰民主国家"的说法在国内是缺乏说服力的,但这从未阻止伊朗这一伊斯兰共和国寻求在全球舞台上维护其价值观;在大多数情况下,伊朗与其他非民主国家之间的友好关系首先是为了满足物质需求和获得地缘政治支持而发展起来的;与其他修正主义国家建立友好关系为伊朗提供了一个外交舒适圈并使其可以获得国际包容;尽管自 1991 年以来,伊朗与俄罗斯的双边关系跌宕起伏,但伊朗认为俄罗斯至少在反对西方单方面提出的苛刻解决条件方面的立场与其一致;加入上海合作组织并与俄罗斯和中国保持良好关系至少为赛义德·阿里·哈梅内伊政府提供了一种避免被全球排斥的方式。

观点摘要:

1. 从 2015 年 9 月开始对叙利亚进行军事干预以来,美国一直盛传弗拉基米尔·普京(Vladimir Putin)总统的最终目标是侵蚀美国长期以来在中东的统治地位。为实现这一目标,俄罗斯需要那些可以助长其野

---

* Alex Vatanka,华盛顿独立智库中东学会客座研究员,主要研究中东事务,特别关注有关伊朗的事务。来源:詹姆斯敦基金会(美国智库),2017 年 10 月 5 日。

心的地区盟友；至少在美国人眼里，没有哪个国家可以像热烈地反对美国的伊斯兰共和国即伊朗那样助长俄罗斯的"阴谋"了；鉴于中东地区不稳定的地缘政治局势，伊朗作为俄罗斯霸权传播渠道这一观点的提出不仅是及时的，也是适当的。换言之，伊朗与俄罗斯自1991年以来曲折的交往历史表明，虽然伊朗和俄罗斯偶尔会存在共同利益，但两国发展战略合作伙伴关系的道路注定是漫长而艰辛的。

2. 虽然在全球舞台上，伊朗政府声称其是"伊斯兰民主国家"的说法在国内是缺乏说服力的，但这从未阻止伊朗这一伊斯兰共和国寻求在全球舞台上维护其价值观。从伊朗最高领导人赛义德·阿里·哈梅内伊（Sayyed Ali Khamenei）本人频繁发表的公开演说中可以看出，伊朗在以捍卫当地非西方文化价值观为手段来维护自身的价值观。在推进民主规范替代品的过程中，伊朗当局经常攻击公认的人权标准，因为这是伊朗伊斯兰共和国一个特有的弱点。伊朗并没有退出国际人权机构（其在这些机构中经常受到指责），而是希望重塑这些机构。为了做到这一点，伊朗希望与志同道合的国家建立战略伙伴关系，以对抗西方的规范。从伊朗的角度来看，俄罗斯再次成为这一过程中一个志趣相投的伙伴。

3. 在大多数情况下，伊朗与其他非民主国家之间的友好关系首先是为了满足物质需求和获得地缘政治支持而发展起来的，旨在对抗由美国煽动的孤立。即使这些仍然是重要的优先事项，但伊朗现在也在寻求在国际论坛上发展各种替代集团，并将志同道合的非民主国家视为实现这一目标的合作者。伊朗拉拢其他修正主义大国，如俄罗斯，因此其在物质需求和外交庇护方面严重依赖这些国家。

首先，这种做法旨在满足伊朗的基本经济、军事和贸易需要，因为它在国内外的行为使西方国家小心翼翼地与其进行接触。这种政策的一个例子是伊朗与中国的贸易关系。伊朗和中国之间的贸易从2003年的40亿美元增加至2013年的360亿美元，到目前为止，中国是伊朗最大的贸易伙伴。在俄罗斯与西方国家因2014年初的乌克兰危机而发生冲突后，伊朗和俄罗斯签署了许多经济协定，但双边贸易额仍然很小。

其次，与其他修正主义国家建立友好关系为伊朗提供了一个外交

"舒适地带"并使其可以获得国际包容,即使其未能说服欧美国家。例如,伊朗诚挚地寻求加入上海合作组织(SCO),该组织是一个由俄罗斯和中国领导的组织。伊朗目前在该组织中享有观察员地位。伊朗将上海合作组织视为另一种抵消来自西方压力的机制。最近,伊朗表示希望加入俄罗斯主导的欧亚经济联盟(EEU)也源于相同的考虑。

4. 此外,如在国防和核能合作等领域所表现的那样,并非伊朗与所有修正主义大国(如俄罗斯)的交易都具有象征性。在其他有形合作中也可以找到大量证据。例如,伊朗(2003年4月,伊朗成为世界上第一个对博客写手采取直接行动的国家)在监控技术和网络监控领域与俄罗斯和中国紧密合作。中兴通讯在2010年12月与伊朗电信签署了一份价值9860万欧元(约合1.306亿美元)的合同,其内容包括一个功能强大的监测系统,这个系统具备对电话和互联网通信进行监控的能力。

5. 总体而言,尽管自1991年以来伊朗与俄罗斯的双边关系跌宕起伏,但伊朗认为俄罗斯至少在反对西方单方面提出的苛刻解决条件方面的立场与其一致。这就是伊朗政府(一个声称执行真主的意愿并为救世主的到来做准备的伊斯兰政权)把无神论者即中国以及由普京(声称自己拥护基督教)领导的俄罗斯视为其最珍贵的外国合作伙伴的原因。并不是一套共同的价值观将它们聚集在一起,而是它们希望在国际舞台上保持自己的力量并限制它们的孤立感。如果有一种简单的方式可以用来描述这种联盟的目标,那就是"民主遏制"学说。

6. 如上所述,这种方法已经使俄罗斯和中国在联合国人权论坛上对伊朗伸出援助之手,伊朗急切地寻求在上海合作组织的成员国身份,而上海合作组织的政治和人权观是对伊斯兰共和国的真实写照。加入上海合作组织,并与俄罗斯和中国保持良好关系至少为赛义德·阿里·哈梅内伊政府提供了一种避免被全球排斥的方式。当然,鉴于伊朗与其国际伙伴之间存在的差异性,伊朗的一些人大概期待建立一种真正的战略伙伴关系以结束与修正主义盟友国家的合作。

伊朗加入上海合作组织的意义

Daniel Urchick *

原文标题：The Implications of Iran Joining the SCO

文章框架：伊朗的加入与印度、巴基斯坦的加入一样，是上海合作组织发展的重要转折点，对整个组织和该组织最大参与者中国来说都会有很多优点和缺点；伊朗的外交政策与许多上海合作组织成员国（包括中国）的价值观相抵触，主要差别在于是否干涉别国事务；尽管伊朗会给上海合作组织带来一些弊端，但是它也为中国人民解放军现代化和提高相应作战能力带来一些好处；伊朗经验丰富的特种部队和准军事部队将是上海合作组织地区反恐怖机构执行委员会的一个良好补充。

观点摘要：

1. 2016 年 6 月 23 日至 24 日，在乌兹别克斯坦塔什干举行的上海合作组织（SCO）峰会中，伊朗在加入该组织方面取得的进展值得关注。2015 年上海合作组织决定让印度和巴基斯坦加入并认为这可能有助于提高该组织作为西方经济机构替代选择的合法性，此后不久，该组织又决定再纳入另一名成员。长期以来，尽管伊朗一直想获得上海合作组织成员国资格，但是其"国际贱民"地位和不稳定的政局使它无法成为上海合作组织的正式成员。然而，取消由伊朗核计划引起的制裁有助于扫清伊朗被提升为上海合作组织正式成员的前进道路。伊朗的加入与印

* Daniel Urchick，青年外交政策专家组织（YPFP）欧亚和东欧研究员。来源：地缘政治监控中心（加拿大智库），2016 年 6 月 22 日。

度、巴基斯坦的加入一样，是上海合作组织发展的重要转折点，对整个组织和该组织最大参与者中国来说都会有很多优点和缺点。

2. 伊朗的外交政策与许多上海合作组织成员国（包括中国）的价值观相抵触，主要差别在于是否干涉别国事务。神权国家伊朗一直在干涉中东较小邻国的事务，包括支持反对派运动、派遣伊朗部队赴叙利亚作战。伊朗干预叙利亚事务的唯一正确性在于打击伊斯兰国（ISIS）带来的暴力恐怖势力、宗教极端势力和民族分裂势力"三股势力"，这也是上海合作组织长期以来所反对的。但是，如果伊朗成为上海合作组织成员后继续单方面行动，那么上海合作组织的安全使命将空有其名。这可能引起那些与伊朗交恶的国家对上海合作组织成员国进行报复，进而对整个上海合作组织感到不满。最糟糕的是，伊朗有可能以某种不可预见的方式将上海合作组织拉入中东冲突的泥潭。尽管中国在中东地区驻扎了军队，但是中国军队还没有能力进行如此远距离的作战。

3. 尽管伊朗会给上海合作组织带来一些弊端，但是它也为中国人民解放军现代化和提高相应作战能力带来一些好处。这些好处包括：如果有需要，上海合作组织海军就将进入动荡的中东地区，并为地区反恐怖机构执行委员会（RATS）与"和平使命"演习积累经验。伊朗将成为第一个与中东地区存在海域边界的上海合作组织成员国。巴基斯坦的瓜达尔港也与中东地区隔海相望，但这个港口是中国和巴基斯坦之间的双边合作项目，并且该港口邻近印度也带来了许多政治麻烦。如果印度和巴基斯坦都成为上海合作组织的正式成员，那么使用瓜达尔港可能会导致上海合作组织内部发生矛盾。然而，伊朗与这三个国家都有良好关系，而且将是一个更友好的东道国。即使加入了上海合作组织，巴基斯坦也一定不会允许印度使用瓜达尔港口设施。如果伊朗成为上海合作组织成员，那么这就有可能为中国人民解放军在西印度洋或附近海域建立另一个海外军事基地提供理由，使其比吉布提军事基地更具国际合法性。这一新海外军事基地可能成为上海合作组织下属的反海盗和反海上恐怖主义行动基地。2015年秋季印度和俄罗斯在印度东海岸举行的海军演习为反海上恐怖主义演习设定了先例，该类演习是在模拟受海盗袭击的情景中进行的。通过引入上海合作组织作为新海外军事基地的主要运作机制，再提升一点透明度，中国就可以进一步消除印度对中国向印度洋扩张的担忧。

4. 伊朗经验丰富的特种部队和准军事部队将是上海合作组织地区反恐怖机构执行委员会的一个良好补充。伊朗军队在打击大规模、高破坏力的极端主义组织（即伊斯兰国）和受西方支持的反叛团体方面很有经验。这样一支经验丰富的作战部队能够在未来的"和平使命"联合反恐演习中向上海合作组织的同行们提供大量有价值的信息。毕竟，许多"和平使命"演习是围绕中亚地区叙利亚式的灾难而设计的。中国军队在对越自卫反击战后没有参与任何高强度冲突，也没有具备在现代化条件下处理高强度冲突的实战经验。缺少实战训练一直是中国和其他上海合作组织中亚成员国创造真正有效的现代化军事力量的主要障碍。吸收伊朗带来的现代冲突信息的军事训练将极大地提高中国人民解放军和上海合作组织在中亚乃至未来在中东地区的军事冲突应对能力。

中俄战略协作向前发展

Kjell Engelbrekt *

原文标题： Sino – Russian Strategic Collaboration Edges Forward：Kjell Engelbrekt for Inside Policy

文章框架： 中国与俄罗斯的战略合作在过去二十年中逐步扩大和深化；在上海合作组织阿斯塔纳峰会上，俄罗斯坚定支持中国的"一带一路"倡议；在东亚，中国支持俄罗斯旨在改善与日本和东南亚国家联盟（简称东盟）政治与经济联系的外交活动；中俄两国合作的根本动机仍然是"瓦解"或至少"减弱"美国在世界上的领导地位；中俄两国紧密的双边交往将为亚洲带来重大好处。

观点摘要：

1. 中国与俄罗斯的战略合作在过去二十年中逐步扩大和深化。但是，如果美国新政府想通过一种新的出乎意料的方法来分散俄罗斯和中国的注意力，或者提议签订互利互惠的地缘政治协议来离间中俄两国，那么有大量迹象表明这两种方法都行不通。事实上，中俄两国官员近几个月发表的一系列联合声明表明，通过将广泛政策与具体措施相结合，两国的战略合作正在向前迈进。2017 年，在上海合作组织峰会举行之前，中国国家主席习近平和俄罗斯总统弗拉基米尔·普京于 6 月 9 日在哈萨克斯坦首都阿斯塔纳进行会晤，两国领导人重申将致力于高层战略协作。就在上海合作组织阿斯塔纳峰会之前，中俄签署了《2017 – 2020 年中俄军事领域合作发展"路线图"》。

---

* Kjell Engelbrekt，瑞典国防大学安全、战略和领导系教授。来源：麦克唐纳·德劳里埃研究所（加拿大智库），2017 年 12 月 13 日。

2. 同样，在上海合作组织阿斯塔纳峰会上，俄罗斯坚定支持中国的"一带一路"倡议，该倡议框架下的公路、铁路和水运基础设施延伸至欧洲、中东、东非和所有原苏联地区，中国计划至少为此项倡议投资约 1 万亿美元。俄罗斯似乎已经认同来自中亚、高加索和远东地区的资本可能有利于本国经济发展，并且只要俄罗斯通过上海合作组织来监控防务发展和反恐怖主义活动，那么任何与这些外资相关的安全风险就都是可控的。

3. 在东亚，中国支持俄罗斯旨在改善与日本和东南亚国家联盟（简称东盟）政治与经济联系的外交活动。与此同时，两国的军事演习越来越频繁（这些军事演习通常在远离本土的地方举行）。过去由于长期以来对中国逆向工程的不信任，俄罗斯拒绝在高科技军工领域与中国进行密切合作。但是在 2017 年 5 月下旬，中俄成立了一家合资企业（研究中心位于莫斯科，装配厂位于上海附近）以研发宽体商务客机，这批客机将与美国波音公司和欧洲空中客车公司的客机展开竞争。这个项目将中国提高技术能力的愿望与俄罗斯的经济需求联系起来，这种合作方式可能会促进两国航空业的发展。

4. 毫无疑问，中俄两国合作的根本动机仍然是"瓦解"或至少"减弱"美国在世界上的领导地位（特别是鉴于中国与俄罗斯分别是彼此"边界线外的近处"）。除了在联合国安理会上使用"双重否决权"之外，中国和俄罗斯还在联合国安理会中努力淡化国际社会对彼此人权记录的批评，抵制西方国家的影响。

5. 从区域视角来看，很难否认中俄两国紧密的双边交往带来的重大好处。过去二十年来，中俄之间基本的信任感已经越来越明显。如果俄罗斯和中国（二者均为世界上具有实力的军事力量，均配备先进的核武器库）之间不发生战争，那么这将是一个积极的发展，有可能实现亚洲中心地区的长期稳定。至少目前中俄之间的战略合作还没有升级为一个明确针对亚洲其他国家的联盟。如上所述，中国与日本的复杂关系并没有阻止日俄合作。而且，中俄两国实际上都加强了与现有多边组织的联系，甚至创造了如上海合作组织等组织，并与各自的战略伙伴进行双边协调。

进入欧亚大陆

David Lewis[*]

原文标题： Inroads into Eurasia

文章框架： 除了在中亚地区进行基础设施方面的投资外，外部大国也在
为国家建设和地区秩序重构实施自己的愿景；中亚各国政府
没有能力跟上这种快速的社会和政治变革；复杂的国内政治
与同样复杂的地缘政治紧密相连；中国选择了灵活的双边贸
易以及跨境贸易和投资方式；中国希望上海合作组织发挥更
大的经济作用，推动上海合作组织自由贸易区的建设。

观点摘要：

1. 除了在中亚地区进行基础设施方面的投资外，外部大国也在为
国家建设和地区秩序重构实施自己的愿景：中国正在推进"一带一路"
倡议；俄罗斯推进以莫斯科为中心的"更大的欧亚大陆"计划；而西
方国家则推动开放市场和政治改革。快速的地缘政治变化与社会变化相
匹配。中亚的年轻人和不断增长的人口迁移正在寻求教育、工作和新的
机会。有数百万人在俄罗斯各地的建筑工地和油田工作。数千人结束了
对抗叙利亚阿萨德政权的战斗。

2. 中亚各国政府没有能力跟上这种快速的社会和政治变革。乌兹
别克斯坦总统卡里莫夫（Islam Karimov）于 2016 年 9 月初在乌兹别克
斯坦去世，执政近 30 年，在其去世后，乌兹别克斯坦开始了一场不透

---

* David Lewis，埃克塞特大学高级讲师，研究领域集中在中亚和高加索地区。来
源：英国查塔姆研究所（英国智库），2016 年 9 月 28 日。

明的权力斗争。哈萨克斯坦总统努尔苏丹·纳扎尔巴耶夫（Nursultan Nazarbayev）自 1991 年独立以来一直领导着这个国家，并主持着一个日益专制的政权。而土库曼斯坦仍然是世界上最孤立和最专制的国家之一。塔吉克斯坦总统拉赫蒙（Emomali Rahmon）领导着一个由其亲密的家庭成员主导的政府。只有吉尔吉斯斯坦保留了多元化政治，但它一直受到政治不稳定因素的困扰。

3. 复杂的国内政治与同样复杂的地缘政治紧密相连。俄罗斯仍然"控制"着该地区的安全，在吉尔吉斯斯坦和塔吉克斯坦部署军事基地。但中国与中亚和高加索地区的贸易自 2005 年以来增长了近 9 倍，从 2005 年的 50 亿美元增加到 2014 年的 480 多亿美元。中国政府已经承诺将在贸易和交通基础设施方面投入至少 400 亿美元。这可能会在未来十年改变该地区。但在该地区还有许多其他的参与者。俄罗斯和中国之间的关系远没有那么简单。中亚可能是它们存在利益分歧的地方。传统的"叙事"凸显了俄罗斯在中亚地区的衰落，以及崛起中的中国与日俱增的影响力。然而，俄罗斯的文化联系以及其安全、经济和政治手段仍然使其成为该地区的关键角色。俄罗斯已开始将欧亚大陆视为影响俄罗斯恢复区域和全球角色的重要势力范围。对"欧亚主义"的强调为新的俄罗斯身份提供了一个模糊的哲学架构，而且俄罗斯正在远离欧洲和西方。

4. 俄罗斯的经济影响力可能有所下降，但在过去 10 年里，它加强了与哈萨克斯坦、吉尔吉斯斯坦和塔吉克斯坦的军事联系，这些国家都是总部设在莫斯科的集体安全条约组织的成员国。2016 年 6 月，俄罗斯国防部长谢尔盖·绍伊古访问土库曼斯坦，这是俄罗斯试图在孤立主义国家重获影响力的一次突破。俄罗斯希望卡里莫夫去世后的乌兹别克斯坦可以向其开放，从而增强其安全影响。中国对该地区采取了截然不同的态度。中国选择了灵活的双边贸易以及跨境贸易和投资方式。中国领导的机构是宽松的组织，如上海合作组织（SCO），该组织于 2001 年由中亚国家（除土库曼斯坦外）、俄罗斯和中国建立，以促进地区安全与经济合作。该组织成员国在反恐政策上合作，并举行联合军事演习。

5. 中国希望上海合作组织发挥更大的经济作用，推动上海合作组织自由贸易区的建设。俄罗斯阻止了这样的举措，反而将上海合作组织视为"更大的欧亚大陆"计划的核心。2016 年 6 月，在塔什干举行的峰会上，印度和巴基斯坦被邀请加入上海合作组织，但该组织的规模越大，越会变得功能失调。俄罗斯敦促将伊朗纳入其中，而中国和其他成员国则更为谨慎。从长远来看，上海合作组织很可能会被中国的"一带一路"倡议所掩盖。中国通过出资 400 亿美元成立的"丝路基金"和新建立的亚洲基础设施投资银行（AIIB）的潜在投资对"一带一路"倡议给予支持。该倡议旨在发展通过中亚地区到达欧洲和中东的贸易路线，并通过向国外出口剩余产能来提振中国的国内经济。2015 年 5 月，俄罗斯总统普京和中国国家主席习近平达成共识，中俄将致力于对接欧亚经济联盟和"丝绸之路经济带"。俄罗斯希望把欧亚大陆作为自己的势力范围，并经常把与中国的合作视为向西方挑战的一种方式。

海外恐怖：了解中国正在演变的反恐战略

Mathieu Duchâtel *

原文标题： Terror Overseas：Understanding China's Evolving Counter – terror Strategy

文章框架： 中国通过创建上海合作组织以及与中亚各国的双边合作渠道，大力推动了国际合作的发展；毫无疑问，中国人民解放军有能力为国际联盟在阿富汗、伊拉克和叙利亚进行的军事行动做出贡献；恐怖主义不是中国在上海合作组织框架下进行联合演习的唯一原因，其中还包含政治因素、对俄罗斯和中亚的外交考虑以及中国人民解放军的训练需求和其他目标；察哈尔学会研究员龙兴春通过强调"小团体"的灵活性，捍卫在上海合作组织之外以四边机制形式工作的想法，认为该机制不包括俄罗斯；对中国来说，上海合作组织框架内军事合作的进展也是一个重要的发展。

观点摘要：

1. 对中国安全服务关注的一个主要原因是，加入叙利亚和伊拉克圣战组织的维吾尔族人的数量有所增加。这种现象并不新鲜：在 20 世纪 90 年代，一小部分维吾尔族人加入了阿富汗和巴基斯坦的武装组织。这很快成为中国安全事务的优先事项，中国通过创建上海合作组织

---

* Mathieu Duchâtel，欧洲对外关系委员会亚洲和中国项目高级政策研究员，重点关注海洋事务、朝鲜半岛事务、中国的外交政策和中欧关系，在 2015 年 11 月加入欧洲对外关系委员会之前，曾任斯德哥尔摩国际和平研究所高级研究员（2011~2015 年），法国亚洲研究中心研究员（2007~2011 年），亚洲研究中心驻台北代表处副研究员（2004~2007 年）。来源：欧洲对外关系委员会（英国智库），2016 年 10 月 26 日。

（SCO）以及与中亚各国的双边合作渠道，首次大力推动了国际合作的发展。与中亚各国的双边合作包括与阿富汗塔利班政权的和解以及与巴基斯坦的密切合作。

2. 毫无疑问，中国人民解放军有能力为国际联盟在阿富汗、伊拉克和叙利亚进行的军事行动做出贡献。中国关于国防政策的白皮书在这个问题上一直保持沉默，只声明保护中国在海外的利益是中国人民解放军使命的一部分。然而《中国军事科学》（不那么权威，但由中国人民解放军军事科学院撰写）提到了中国人民解放军海军和空军在海外反恐打击中的作用。中国人民解放军海军和空军的现代化是由东亚领土争端和台湾问题所驱动的。在中国区域优先事项的背景下，包括航空母舰计划在内的设备决策已经被采纳。中国人民解放军海军可以永久性地在亚丁湾巡逻，以执行反海盗任务，并将很快得益于中国人民解放军驻吉布提保障基地。

中国军火工业有一个制造无人机的主要计划，而无人机是美国反恐战争的关键武器。无人机将具有执行各种任务的能力，包括侦察和精确打击。美国国防部估计，到 2023 年，中国人民解放军将部署数千架无人机，包括在反恐行动中。区域优先级、边境安全（在部署无人侦察机的情况下）和全球市场的商业机会说明了中国对无人机大量投资的原因，同时中国拥有这种能力会带来新的选择并影响政策决定。2014年，中国媒体报道了上海合作组织在执行和平任务期间首次成功打击了恐怖分子。

3. 中国化解海外恐怖风险的办法越来越军事化，这也体现在中国人民解放军与外国军队联合演习和训练的演变过程中。自 2002 年首次与吉尔吉斯斯坦进行军事演习以来，反恐已成为中国人民解放军走向国际化的有力途径。根据美国国防部最近向国会提交的《中国军力报告》，过去五年来，中国人民解放军三分之一以上的国际联合演习涉及恐怖主义。

联合演习的核心是边界安全，特别是中国西北边界的安全。中国最大的联合演习是在上海合作组织框架下举行的一年一度的"和平使命"联合军演。在中国内蒙古举行的"和平使命－2014"军演涉及 7000 余名士兵。这样的做法表明，恐怖主义不是中国在上海合作组织框架下进行联合演习的唯一原因，其中还包含政治因素、对俄罗斯和中亚的外交考虑以及中国人民解放军的训练需求和其他目标。印度军事分析人士指出，与中国人民解放军的联合演习是"象征性"的，主要目的是建立信任。

4. 中国人民解放军也在涉及反恐的外交层面发挥着独特作用，即跨越外交部促进情报和边界管制合作。例如，中国共产党中央军事委员会联合参谋部副参谋长孙建国于 2016 年 6 月在新加坡的一次会议间隙表达了中国"希望与法国在反恐问题上进行情报合作"。

察哈尔学会研究员龙兴春（Long Xingchun）通过强调"小团体"的灵活性，捍卫在上海合作组织之外以四边机制形式工作的想法，认为该机制不包括俄罗斯。到目前为止，上海合作组织已经通过其设在塔什干的地区反恐怖机构执行委员会开展了多边合作，而且也与中亚地区国家开展了双边合作。关于这个新的、仍在发展的机制的初步信息表明，该机构将集中加强边境控制。中国在 2015 年的上海合作组织峰会上表示，需要"加强上海合作组织成员在执行边境管制合作协定方面的协调沟通，加快签署《上海合作组织反极端主义公约》"。

5. 如果中国公民成为新的海外袭击受害者，那么中国应对国际恐怖主义正在进行的军事化有可能加速。以下因素前所未有的结合将决定中国领导人在海外使用军事力量的未来选择：一个新的法律框架，一个明确的保护海外中国公民的原则，以及中国人民解放军在远离中国海岸线的地方开展军事行动的能力。此外，上海合作组织框架内军事合作的进展也是一个重要因素。

回归根本：反恐合作和上海合作组织

Marc Julienne [*]

原文标题： Back to the Basics：Counterterrorism Cooperation and the Shanghai Cooperation Organisation

文章框架： 反恐合作已经成为上海合作组织自成立以来的一个存在理由；上海合作组织很早便开始进行年度会晤以促进区域合作；在 2009 年 6 月上海合作组织于叶卡捷琳堡首脑会议签署《上海合作组织反恐怖主义公约》后，反恐合作进一步发展；作为上海合作组织的两大强国，中国和俄罗斯对安全合作的发展至关重要；反恐联合训练演习还为促进中俄两国之间的相互了解、务实合作和军事交流提供了机会；阿富汗北部为"伊斯兰国"在中亚的扩张提供了另一个"天堂"；吉尔吉斯斯坦是"伊斯兰国"在中亚地区的主要目标；十多年来，上海合作组织已经逐渐对观察员国和对话伙伴国开放；中国和俄罗斯的关系不应受到上海合作组织扩员的影响。

观点摘要：

1. 反恐合作已经成为上海合作组织（SCO）自成立以来的一个存在理由。今天，由于"伊斯兰国"（ISIS）可能扩张到南亚和中亚，反恐合作变得更加重要，上海合作组织正面临着新的威胁。此外，该组织将从六个成员国扩大到八个成员国，印度和巴基斯坦的加入将对区域反

---

 * Marc Julienne，巴黎东方语言文化学院候选人以及法国战略研究基金会（FRS）研究员，研究重点是中国安全政策，尤其是恐怖主义、军事和外交政策。来源：欧洲对外关系委员会（英国智库），2016 年 11 月 2 日。

恐合作产生深远影响。

2. 上海合作组织成立于 2001 年，其前身"上海五国"会晤机制早从 1996 年初便开始进行年度会晤以促进区域合作。即便如此，在非传统安全问题上的合作也是会议的首要任务之一。2001 年 6 月 15 日，上海合作组织正式成立，其中包括上海五国以及乌兹别克斯坦。该组织的两个主要创始文件之一是《打击恐怖主义、分裂主义和极端主义上海公约》。在该文件中，成员国承诺在打击恐怖主义活动的措施和立法执行情况以及资金来源、武器、弹药和任何其他援助方面进行信息和经验交流。2002 年，上海合作组织成员国在圣彼得堡首脑会议期间签署了《关于地区反恐怖机构的协定》。在此之后，地区反恐怖机构执行委员会（RATS）于 2004 年在乌兹别克斯坦塔什干成立。该机构成为上海合作组织反恐合作机制的第一个制度化象征。

3. 在 2009 年 6 月上海合作组织于叶卡捷琳堡首脑会议签署《上海合作组织反恐怖主义公约》后，反恐合作进一步发展。与 2001 年 6 月 15 日在上海签署的《打击恐怖主义、分裂主义和极端主义上海公约》（在许多领域都缺乏具体的实施细则）相比，《上海合作组织反恐怖主义公约》的内容更为详细和完整。例如，2001 年签署的《打击恐怖主义、分裂主义和极端主义上海公约》只简要介绍了恐怖主义、分裂主义和极端主义的广义概念，而 2009 年签署的公约在法律上界定了"恐怖主义"、"恐怖主义行为"和"恐怖主义组织"的内涵。

4. 作为上海合作组织的两大强国，中国和俄罗斯对安全合作的发展至关重要，并且两国的双边关系对整个组织的运作效率具有重大影响。中国驻俄罗斯大使李辉（Li Hui）在 2015 年表示，双方都表现出了极大的合作意愿。中国和俄罗斯最近一直在讨论促使其区域经济项目之间实现一体化的问题，即中国主导的"丝绸之路经济带"和俄罗斯主导的欧亚经济联盟。2015 年 5 月，中国国家主席习近平和俄罗斯总统弗拉基米尔·普京（Vladimir Putin）签署了《中华人民共和国与俄罗斯联邦关于丝绸之路经济带建设和欧亚经济联盟建设对接合作的联合声明》和《中华人民共和国和俄罗斯联邦关于深化全面战略协作伙伴关系、倡导合作共赢的联合声明》。2016 年 6 月，两国签署了另一份关于加强全球战略稳定的联合声明。

5. 区域稳定是实施这些项目的先决条件。李辉强调，为了保证地区和世界的安全稳定，中国和俄罗斯应进一步加强合作，在打击恐怖主义方面形成合力，以"零容忍"态度严打恐怖势力，形成对恐怖主义的高压态势，并积极推动在打击跨国有组织犯罪、网络犯罪、毒品走私等方面的合作。推动这种合作的一种方式是进行联合反恐演习。联合反恐演习是指中俄两国反恐特种部队之间的双边联合训练计划。

6. 张玥和罗虎还强调，反恐联合训练演习还为促进中俄两国之间的相互了解、务实合作和军事交流提供了机会。这些演习也推动了更广泛的军事合作，一个例子是中国与俄罗斯的联合海军演习，这种联合海军演习自 2012 年以来一直在进行。在上海合作组织框架内，各国也举行了其他双边和多边军事演习。中国和吉尔吉斯斯坦在 2002 年举行了双边联合军事演习（这次联合军演在上海合作组织框架以及两国双边交流框架内进行），但上海合作组织真正的首次多边联合反恐军事演习在 2003 年 8 月举行，这发生在 2003 年上海合作组织莫斯科峰会签署了关于举行上海合作组织成员国武装力量联合反恐演习的备忘录后的第二个月。自那时以来，上海合作组织成员国几乎每年都参加和组织联合军事演习。上海合作组织最近的一次联合军事演习于 2016 年 9 月在吉尔吉斯斯坦举行（"和平使命 – 2016"）。所有这些演习的目的都是打击恐怖主义。

7. 经过 15 年不断加强的反恐合作，上海合作组织面临着新的挑战。其中最严重的是"伊斯兰国"。始于叙利亚和伊拉克，"伊斯兰国"正试图势力向新的地区传播，尤其是中亚。上海合作组织中的各国政府非常重视这一威胁。《凤凰周刊》的记者金锴（Jin Kai）表示，"伊斯兰国"在阿富汗和中亚的"迅速扩张"使得费尔干纳河谷（乌兹别克斯坦、塔吉克斯坦和吉尔吉斯斯坦的交界地区）成为恐怖组织一个有吸引力和易受攻击的目标。费尔干纳河谷是一个重要的经济和战略中心，但它的面积小，人口众多，土地和水资源不足。此外，宗教影响相当强烈，经济发展停滞不前。所有这些条件使其成为"伊斯兰国"一个更容易攻击的目标，所以该地区可能成为"欧亚大陆中心地带"的安全威胁，以及对中国和俄罗斯构成严重威胁。

8. 毗邻土库曼斯坦、乌兹别克斯坦和塔吉克斯坦的阿富汗北部，为"伊斯兰国"在中亚的扩张提供了另一个"天堂"。自2014年以来，土库曼斯坦一直在与阿富汗一起打击其边境地区的恐怖袭击。为了对付这种威胁，土库曼斯坦政府试图通过招募苏联时期的退伍军人和使高中学生参军来加强其安全部队。2015年，土库曼斯坦要求美国提供直接援助，但美国迄今都没有提供任何援助。

9. 金锴表示，中亚的"伊斯兰国"恐怖主义战斗人员不是直接在中亚国家招募的，相反，他们大多是在俄罗斯招募的。这是因为大多数移民到俄罗斯的中亚青年在获得平等待遇方面遇到困难，这使得他们很容易受到极端主义意识形态的影响。

10. 乌兹别克斯坦国家安全部估计，已有5000多名乌兹别克斯坦国民加入了"伊斯兰国"。塔吉克斯坦政府称，对"伊斯兰国"的兴趣正在塔吉克斯坦年轻人中迅速蔓延。2015年，4400名年轻的塔吉克斯坦人加入了"伊斯兰国"，其中120人死于中东。

11. 吉尔吉斯斯坦也是"伊斯兰国"在中亚地区的主要目标。2015年7月16日，吉尔吉斯斯坦内卫司法部门在比什凯克市中心逮捕6名"伊斯兰国"成员。吉政府公布的情报显示，这些极端分子准备在开斋节当天，待民众在比什凯克市中心广场欢庆时制造汽车爆炸事件，以及策划袭击俄罗斯驻吉的坎特空军基地。2016年8月30日，中国驻比什凯克使馆附近发生自杀炸弹汽车爆炸，车内司机死亡，至少三人受伤。吉尔吉斯斯坦国家安全部门发表声明指，发动袭击的是一名持有塔吉克斯坦护照的维吾尔族人，他于8月20日从伊斯坦布尔来到吉尔吉斯斯坦，并与突厥斯坦伊斯兰党（TIP）取得了联系。他可能已经在叙利亚花费了一些时间为"努斯拉阵线"组织（现在更名为"叙利亚征服阵线"）战斗。8月29日，吉尔吉斯斯坦反恐特种部队在比什凯克郊区射杀了一名所谓的"国际恐怖组织成员"。

12. 在哈萨克斯坦，官方统计表明，大约有1000名国民已前往叙利亚和伊拉克。"伊斯兰国"甚至发布了一个视频，要对一名哈萨克族人实行斩首。至于中国，金锴在报告中表示，一些土耳其组织一直在帮助激进的维吾尔族青年非法移民到泰国、马来西亚或印度尼西亚（他们可以在那里拿到土耳其签证），然后可能去叙利亚。然而，关于这一问题的信息并不多。

13. 十多年来，上海合作组织已经逐渐对观察员国和对话伙伴国开放。现在，随着印度和巴基斯坦被正式批准为成员国，上海合作组织现在正进入一个新的扩员阶段。中国国际问题研究所上海合作组织研究部主任、研究员陈玉荣（Chen Yurong）认为，扩员反映了该组织的吸引力；这将提升上海合作组织的国际地位和影响力，并扩大成员国间经济和安全合作。正如李进峰（Li Jinfeng）所指出的，扩员也将使上海合作组织从"双核"组织转变为"中俄印三国"互动机制。李进峰表示，上海合作组织扩员的主要动机是为了对抗美国在中亚的影响。他认为，自冷战后（正式在阿富汗打击恐怖主义）美国在中亚建立第一个美军基地以来，美国在该地区的真正目的就是阻止俄罗斯恢复其传统势力范围。金错说，例如，费尔干纳谷地不仅是一个潜在的恐怖威胁，也是大国的"天然竞技场"。在未来，该地区"极有可能"会成为"第二个乌克兰"，卷入美国和俄罗斯之间争夺势力范围的战斗中。

14. 然而，中国和俄罗斯的关系不应受到上海合作组织扩员的影响。李进峰认为，中国和俄罗斯之间的竞争主要集中在经济和软实力领域。在安全方面，两国的利益大体一致。反恐一直是上海合作组织的核心组成部分，已经有力地推进了该组织的制度化过程。因此，当前的威胁以及新成员国的加入可能会扩大上海合作组织的多边及双边合作范围。如李进峰所表示的那样，上海合作组织的反恐任务仍将是"防止三股势力"（暴力恐怖势力、民族分裂势力和宗教极端势力）从南亚和西南亚蔓延至中亚、中国和俄罗斯。

欧盟、欧亚经济联盟和"一带一路"倡议可以一起合作吗？

Ian Bond *

原文标题：The EU，the Eurasian Economic Union and One Belt，One Road
 Can They Work Together？

文章框架：目前，"一带一路"倡议自身的组织结构非常小，中国的许
 多部门和机构负责带动其发展；上海合作组织对"一带一
 路"倡议的支持力度与实际相比是被夸大的。

观点摘要：

1. 目前，"一带一路"倡议自身的组织结构非常小，中国的许多部
门和机构负责带动其发展。中国正在努力赋予该倡议更多的国际性质，
以摆脱其是中国一个单边倡议这样的认知。北京大学中国著名学者王缉
思（Wang Jisi）认为，如果中国不谨慎行事，那么它将面临其他国家将
其列为新殖民主义国家的风险。但与此同时，据中国专家的私下讨论，
中国并不希望创建一个有正式成员的新国际组织，中国将此视为一种可
能引起非成员国家担忧的举措，包括美国和（暗指的）俄罗斯。相反，
中国正在利用其他国际组织，如上海合作组织（俄罗斯以及除土库曼
斯坦之外的所有中亚国家都加入了该组织）。2016 年 6 月，上海合作组
织成员国政府首脑在塔什干峰会的宣言中，重申支持"丝绸之路经济
带"这一倡议，并承诺继续就落实这一倡议开展工作，将其作为创造
有利条件，推动区域经济合作的手段之一。2016 年 11 月，上海合作组
织各成员国总理表示，"丝绸之路经济带"将"有利于寻求开展国际合

 * Ian Bond，欧洲改革研究中心外交政策主任。来源：欧洲改革研究中心（英国
 智库），2017 年 3 月 16 日。

作的新模式,加强各国间伙伴关系,扩大投资规模,增加居民就业"。

2. 然而,上海合作组织对"一带一路"倡议的支持力度与实际相比是被夸大的,因为中亚国家不可能是"一带一路"项目的主要投资者,而它们中的一些可能是主要受益者。外国投资进入这些项目的主要方式可能是通过亚洲基础设施投资银行(AIIB,以下简称亚投行)。在习近平主席于印度尼西亚提议建设"21世纪海上丝绸之路"的同一次演讲中,他提出要成立亚投行。在某种程度上,这一提议表现了中国对包括美国和日本在内的国家阻止其加强在传统国际金融机构中影响力的失望,包括亚洲开发银行(ADB)。但亚投行(有1000亿美元的法定资本)的成立也是为了填补亚洲对更多基础设施投资的实际需求,因为亚洲开发银行无法单独满足这种需求。由于除美国之外,许多西方大国都是亚投行的成员,亚投行资助的项目容易受到尊重并获得国际支持。然而,亚投行只资助了九个项目,其中只有两个项目在原苏联国家,即阿塞拜疆和塔吉克斯坦。中国总规模达400亿美元的丝路基金,自2014年投入运营以来也在中亚和高加索地区进行了适度的投资,尽管其已持有在亚马尔半岛(在北冰洋)的俄罗斯液化天然气项目的股权。

宏伟设计：中国是否有"大战略"？

Angela Stanzel *

原文标题：Grand Designs：Does China Have a Grand Strategy？

文章框架：中国的目标是在降低别国对中国崛起的担忧和不引发别国反华的情况下实现一个"大战略"。

观点摘要：

20 世纪 70 年代末，随着邓小平同志在中国实行改革开放，关于中国战略的讨论发生了变化。邓小平同志认为，作为一个发展中国家，中国需要把重点放在经济发展和国内优先事项上，从而实行对外开放并积极参与多边机构。因此，邓小平主张"韬光养晦"。这是中国在相当长一段时间后提出的其他战略概念的基础。根据美国宾夕法尼亚大学政治学教授、美国费城外交政策研究所高级研究员金骏远（Avery Goldstein）的说法，在 20 世纪 90 年代中期中国领导人认为需要实施一个"大战略"。改革开放以来，中国的国内发展也激发了实施更广泛战略的需要。在金骏远看来，中国的目标是在降低别国对中国崛起的担忧和不引发别国反华的情况下实现一个"在战略"。因此，中国支持多边主义，着重改善与邻国的关系。中国的诸多外交努力，包括加强与东南亚国家联盟（ASEAN）成员的关系、于 2001 年建立上海合作组织（SCO），都体现了中国的这种意图。21 世纪初中国参与为解决朝核问题而进行的六方会谈也可能有其他目标，但总体上讲，参与会谈符合中国与邻国交往的整体格局。中国改善地区关系、参与多边论坛、参与世界经济论坛（2001 年加入世界贸易组织加速了这一进程）都被一些观察家视作中国在获得战略价值。

---

* Angela Stanzel，《中国分析》（*China Analysis*）主编，欧洲对外关系委员会亚洲与中国项目政策研究员。来源：欧洲对外关系委员会（英国智库），2017 年 10 月 18 日。

俄罗斯的《国家安全战略》和军事理论及其对欧盟的影响[*]

原文标题： Russia's National Security Strategy and Military Doctrine and Their Implications for the EU

文章框架： 俄罗斯活跃的外交活动间接证明了影响俄罗斯在境外投射军事能力并实施军事计划的限制因素依然存在；俄罗斯对叙利亚的政策是将军事行动与密集的外交行动相结合；俄罗斯还计划谴责西方特别是美国破坏国际游戏规则的行为，从而影响其信誉；在更具战略意义的层面上，俄罗斯对外战略的另一个要素是突出强调其与新兴"多极化国际体系"中所有主要大国发展紧密关系的能力。

观点摘要：

1. 尽管俄罗斯军方仍然面临着能力低下和士气低下的风险，但是有两个因素不应被忽略：一是俄罗斯感觉它面对着一个充满敌意的世界，只有可靠的军事装备才能保护国家安全；二是俄罗斯领导人决心利用一切手段来捍卫其所认为的国家战略利益。然而，尽管俄罗斯领导人以及西方国家领导人已经注意到了俄罗斯的军事力量，但是俄罗斯政府也追求两位欧洲学者所谓的"过度活跃的外交政策"（Hyperactive Foreign Policy）。俄罗斯活跃的外交活动间接证明了影响俄罗斯在境外投射军事能力并实施军事计划的限制因素依然存在。这些外交活动意在使俄

---

　*　来源：法国战略研究基金会（法国智库），2017 年 2 月 1 日。

罗斯作为新"影响力中心"之一的地位得到广泛认可，并传播西方国家在国际事务中影响力下降的观念。美国目前处于非常不确定的过渡时期，而且近年来欧盟由于遭受多重危机（希腊债务危机、欧洲难民危机和英国脱欧）而越来越关注内部事务，俄罗斯领导人认为这是一个不容错过的争取全球领导力的机会。

2. 俄罗斯显然已经把证明其不仅仅是一个区域大国作为优先目标（美国前总统奥巴马曾在 2014 年表示俄罗斯是一个威胁其他邻国的区域大国，这种威胁不是因为其强大，而是因为其软弱）。叙利亚一直是测试俄罗斯威胁性的重要实验场。事实上，俄罗斯对叙利亚的政策是将军事行动与密集的外交行动相结合。俄罗斯已经通过使用军事力量（毫无疑问，这是一个重要因素）和与有关各方对话的能力改善了叙利亚危机的政治格局。俄罗斯还没有达到最初的目标，即建立一个国际联盟，而这个联盟将建立在与西方国家（和主要地区大国）"平等的基础"上，这使得俄罗斯与美国之间关于叙利亚危机的讨论不可避免。

3. 俄罗斯还计划谴责西方特别是美国破坏国际游戏规则的行为，从而影响其信誉。例如，俄罗斯《国家安全战略》谴责国际安全体系和各种条约、协议在军控领域所发挥作用的弱化。除此之外，这也表达了俄罗斯长期以来（自 20 世纪 90 年代末以来）对未经联合国安理会同意的西方军事行动（科索沃战争、伊拉克战争）的批评和对美国单方面退出《限制反弹道导弹系统条约》（ABM）等行为的批评。西方国家已经指出俄罗斯自身在履行其具有法律约束力的国际承诺方面的模棱两可（直接参与原苏联国家的分裂冲突明显不符合《中程核力量条约》和乌克兰边界不可侵犯原则）。

4. 在更具战略意义的层面上，俄罗斯对外战略的另一个要素是突出强调其与新兴"多极化国际体系"中所有主要大国发展紧密关系的能力。俄罗斯努力表明，它得到了其他担忧西方国家干涉别国内政并不愿与新兴国家共享的国际大国的支持。20 世纪 90 年代后期以来，俄罗斯一直在发展这种战略：从与中国建立"战略协作伙伴关系"（这逐渐成为两国推动建立"多极"世界秩序的平台，其实质是为了平衡西方霸权）开始，到 1998 年由俄罗斯发起建立的俄印中"战略三角"机制

（该机制每年举行一次外长级会议，是多极化秩序的另一个体现）。从这个角度来看，上海合作组织和金砖国家对俄罗斯政府来说是特别有价值的。这两个组织的会议是其成员国表达对西方政策（单方面制裁）和西方国家不愿在国际组织（世界银行、国际货币基金组织）中分享权力不满的机会，这是"美元霸权"造成的后果。俄罗斯也认同二十国集团（G20）作为比七国集团更合理与更合适的论坛的重要性，它已经努力使世界其他国家相信这些组织或集团的影响力日益增强，特别是在需要反击西方国家认为乌克兰冲突孤立了俄罗斯的论断时。从这个角度来看，上海合作组织认为印度和巴基斯坦作为新成员的决定以及金砖国家在建立金融机构体系方面的进展，都是值得宣扬的"演变"。

俄罗斯在北非和中东寻求影响力[*]

原文标题： Russia's Quest for Influence in North Africa and the Middle East

文章框架： 叙利亚问题让俄罗斯能够在一个更公平的环境中与美国进行
互动，这是俄罗斯在中东和更广泛世界中的一个关键目标；
土耳其对加入上海合作组织的兴趣或伊朗（现为上海合作
组织的观察员国）成为正式成员的可能性表明该组织是有
用的"垫脚石"。

观点摘要：

1. 叙利亚问题让俄罗斯能够在一个更公平的环境中与美国进行互
动，这是俄罗斯在中东和更广泛世界中的一个关键目标。因此，俄罗
斯在叙利亚采取军事行动的主要目的是与美国一道成为叙利亚内部谈
判的"共同领导人"，并起草一项由两国支持的和平倡议。与此同时，
拯救正处于日益严重困境中的巴沙尔·阿萨德（Bashar al – Assad）也
很重要。当时，俄罗斯"叙利亚计划"的最后一步是组建一个由俄罗
斯、美国、欧洲国家、区域大国（伊朗、伊拉克、叙利亚）组成的庞
大联盟来对抗所谓的"伊斯兰国"。人们认为，这将有助于缓和俄罗斯
与西方国家之间的关系，使它们处于俄罗斯政府从未停止追求和宣称的
"平等地位"。因此，很少听到俄罗斯官员或触及政权的政治专家强调，
俄罗斯和美国"在许多区域危机和不稳定地区"中有共同利益。这些
地区包括叙利亚、伊拉克和阿富汗。同样地，当俄罗斯试图加强其在北
非的存在时，它认为这可能会为有兴趣参与区域局势演变的一些欧洲国
家提供互动和对话的机会。毫无疑问，这是俄罗斯目前在利比亚问题上

---

[*]　来源：法国战略研究基金会（法国智库），2017 年 7 月 15 日。

的关键议程之一。

2. 更广泛地说，俄罗斯在北非和中东的政策无疑是重要的。这种政策标志着对国际环境的一种反应，俄罗斯认为国际环境正在发生深刻变化，这种变化与西方世界领导人的感知或想象的衰退有关，而这无疑是俄罗斯所期望的。俄罗斯政府喜欢将区域权力吸引到其推动的组织中，以完善其对日益多极化的全球秩序的设想。这种对全球地缘政治的解读凸显出俄罗斯在实现这些目标方面的重要性。从这个角度来看，土耳其对加入上海合作组织的兴趣或伊朗（现为上海合作组织观察员国）成为正式成员的可能性表明，该组织是有用的"垫脚石"。此外，俄罗斯当然也意识到了阻碍其成为全球大国的自身弱点。因此，俄罗斯一直在寻求与区域大国建立新的伙伴关系，以提高其在整个中东和其他地区的国际知名度和信誉。在伊朗、以色列、埃及和摩洛哥等国，情况也是如此。

狂热的网络？在网络空间的法律、规范、犯罪和政治

Patryk Pawlak *

原文标题： A Wild Wild Web? Law, Norms, Crime and Politics in Cyber-space

文章框架： 欧盟在欧洲网络安全战略以及许多理事会决议中表达的立场是明确的——现行国际法适用于网络空间；俄罗斯在 2016 年 12 月通过的《国家信息安全学说》承认公认的国际法原则和规范构成了该学说的法律框架，但并未提及现行法律适用的网络空间。

观点摘要：

1. 欧盟在欧洲网络安全战略以及许多理事会决议中表达的立场是明确的——现行国际法适用于网络空间。迄今为止，欧盟致力于达成一项在适用现有国际法有关网络空间方面规定的国际共识（通过《塔林手册》和其他措施）——发展自愿的、非约束性的负责任国家行为规范，这些规范将建立在联合国专家组工作的基础上，并通过欧洲安全与合作组织（OSCE）、东盟地区论坛（ARF）和美洲国家组织（OAS）支持区域倡议建立信任措施。然而，欧盟委员会宣布推出"网络外交工具箱"的决定是欧盟不断发展的网络举措中的重要步骤。

2. 但并不是每个人都同意这种解读。俄罗斯在 2016 年 12 月通过的《国家信息安全学说》承认公认的国际法原则和规范构成了该学说的法律框架，但并未提及现行法律适用的网络空间。同样，中国的《网络

---

* Patryk Pawlak，在欧盟安全研究所负责网络相关问题。来源：欧盟安全研究所（法国智库），2017 年 7 月 12 日。

空间国际合作战略》（2017 年 3 月发布）只表示要推动国际社会就网络空间和平属性展开讨论，从维护国际安全和战略互信、预防网络冲突角度，研究国际法适用网络空间问题。这并不奇怪，因为自 2011 年以来，在中俄领导人的推动下，上海合作组织成员国一直在努力起草一份"信息安全国际行为准则"更新草案，该草案被广泛认为是对欧盟、美国和其他志同道合国家所推动愿景的直接挑战。上海合作组织的"信息安全国际行为准则"更新草案受到冷遇不仅是因为它的内容（例如，关注隐私权和其他基本自由），而且由于它可能会成为推动制定新的联合国谈判公约的出发点。

欧洲可以通过亚洲基础设施投资银行塑造中国的和平崛起吗?

Stephen Ranger [*]

原文标题：Can Europe Shape the Peaceful Rise of China? Working through the AIIB

文章框架：就像一句古老的格言所说，欧洲的过去将成为亚洲的未来，然而欧洲在该地区未来的角色却很少被考虑；要了解亚洲基础设施投资银行（AIIB，以下简称亚投行）作为一种"软平衡"背后的动机，人们应该在中美关系以及（在某种程度上）中日关系的背景下来看待亚投行；美国的"重返亚太"战略以及相关的政策可能被视为对中国的间接挑战；"软平衡"可以被看作一种短期的措施来表达对当前国际框架的不满并避免对未来国际框架做出正面回应；与上海合作组织不同，亚投行的未来可以被塑造并且其可以仿效欧洲来发挥作用。

观点摘要：

1. 就像一句古老的格言所说，欧洲的过去将成为亚洲的未来，然而欧洲在该地区未来的角色却很少被考虑。中国的崛起及其对东亚的影

---

* Stephen Ranger，首尔国立大学国际研究学院国际学硕士，欧洲国际政治经济研究中心助理研究员；2009 年至 2013 年，任韩国首尔东亚研究所麦克阿瑟亚洲安全计划项目研究员；研究领域为朝鲜、美中关系的主要趋势、韩国的政治问题和亚太地区的安全政策。来源：欧洲国际政治经济研究中心（比利时智库），2016 年 3 月 15 日。

响通常被置于中美力量对比中进行考量，并往往通过军事或经济视角来看待。近期亚洲基础设施投资银行（AIIB，以下简称亚投行）的建立以及欧洲的参与发出了欧洲在欧亚大陆扮演更积极角色的信号。这家由中国发起的开发性银行使其自身卷入了与当前金融体系的冲突当中。因此，自成立以来，亚投行就一直遭到美国的反对，并且英国最初也表达了对该银行的不满，其他欧洲国家随后也加入这一行列。该银行的成立甚至引发了一个问题，即曾经是经济发展主导模式的"华盛顿共识"是否已经"死亡"。在 2016 年 1 月 17 日亚投行的开幕日，卢森堡财政部部长皮埃尔·格拉美亚（Pierre Gramegna）在他的推特账户上表示，"亚投行的出现标志着中国作为全球经济的一员正充分发挥自己的作用，也标志着全球经济再平衡"。

2. 要了解亚投行作为一种"软平衡"背后的动机，人们应该在中美关系以及（在某种程度上）中日关系的背景下来看待亚投行。在奥巴马政府的领导下，美国于 2009 年启动了"重返亚太"战略。试图通过将资源重新转移到亚太地区，以将其注意力从唯一的关注点——中东转移开，美国政府认为这对未来至关重要。这自然遭到了中国的反对，中国领导层将此视为美国遏制本国经济增长的一种含蓄的努力。与此同时，由于钓鱼岛争端和历史问题，中国和日本之间的关系近年来已经达到了历史最低点。由于亚洲开发银行主要由日本和美国主导，亚投行可以被看作一个挑战亚洲开发银行的竞争对手。

3. 考虑到加拿大麦吉尔大学教授、著名安全问题专家 T. V. Paul 所列举的"二级大国"利用"软平衡"的动机，美国的"重返亚太"战略以及相关的政策可能被视为对中国的间接挑战。因此，如果我们承认中国还处于一个尚不能够挑战美国在世界上首要地位的阶段，并且中国并未被美国直接威胁，那么中国就不太可能采取传统的平衡措施，无论是通过建立军事联盟（外部平衡）还是通过增加大规模的军备（内部平衡）。由于缺乏"硬平衡"措施，"软平衡"成为中国表达反对或不满而没有直接挑战现有秩序的方法。

4. "软平衡"可以被看作一种短期措施来表达对当前国际框架的不满并避免对未来国际框架做出正面回应的方法。例如，上海合作组织

（SCO）被 T. V. Paul 称为"软平衡"的一个例子，该组织于 2001 年正式成立以回应美国对 1999 年科索沃危机的干预。然而，因为其议程局限于主办年度会议和开展联合反恐演习，它从未成为一个反对美国或北约的组织。

5. 无论是不是一种"软平衡"的方式，亚投行还处于起步阶段。与上海合作组织不同，它的未来可以被塑造并且其可以仿效欧洲来发挥作用。尚不清楚欧洲是否能在抗衡中国力量方面扮演有意义的角色，但很显然中国已经邀请欧洲共同走上一条有意义的道路。在这种前景中，欧洲在亚投行的作用可以使其通过遵从自己的利益并将此融入当前的国际政治环境，以促进中国的和平崛起。欧洲可以发挥重大作用，并且其可以通过几种方法对亚投行（和整个亚洲）产生影响。

伊朗核协议对中亚的影响

Roger Kangas *

原文标题： The Impact of the Iranian Nuclear Deal on Central Asia

文章框架： 毫无疑问，如果伊朗被接纳为上海合作组织（SCO）的正式
成员，那么这种安全架构将改变；自1996年其前身"上海
五国"会晤机制成立以来，上海合作组织在很大程度上是
具有欧亚特色的，哈萨克斯坦、吉尔吉斯斯坦、塔吉克斯坦
和乌兹别克斯坦都处于俄罗斯和中国之间。

观点摘要：

1. 本报告探讨了"联合综合行动计划"（JCPOA）对中亚的影响。
对哈萨克斯坦、吉尔吉斯斯坦、塔吉克斯坦、土库曼斯坦和乌兹别克斯
坦来说，这是否会带来意想不到的后果？从政治方面看，这些国家没有
敌对或领土争端的历史，除了在里海这一水域的划界问题上仍存在巨大
分歧之外。然而，由于里海也涉及阿塞拜疆、俄罗斯和哈萨克斯坦，其
他的边界争端也掩盖了其他一些观点。奇怪的是，在国际组织中，这种
变化是可以被察觉到的。毫无疑问，如果伊朗被接纳为上海合作组织
（SCO）的正式成员，那么这种安全架构将改变。接纳主要是一项政治
决定，根据上海合作组织的条款，被联合国安理会制裁的国家不得成为
该组织的正式成员国，伊朗在2001年被宣布不能成为上海合作组织的
正式成员国。也许这一较早的决定是减缓认可伊朗的一种方式；随着制
裁的解除，伊朗在上海合作组织的正式成员资格将成为一个值得期待的
讨论话题。再加上印度和巴基斯坦有望成为正式成员国，上海合作组织

---

* Roger Kangas，近东南亚战略研究学院中亚研究学教授、院长。来源：欧洲政
策研究中心（比利时智库），2016年5月25日。

正准备从根本上改变其关注焦点，或许还将改变其身份。

2. 自 1996 年其前身"上海五国"会晤机制成立以来，上海合作组织在很大程度上是具有欧亚特色的，哈萨克斯坦、吉尔吉斯斯坦、塔吉克斯坦和乌兹别克斯坦都处于俄罗斯和中国之间。考虑到潜在的经济力量，印度、巴基斯坦和伊朗的加入将使上海合作组织更具亚洲特色，从而使经济中心向南转移。在上海合作组织中，金砖国家的三个成员国以及重新整合的伊朗经济，都将改变每一个国家的贡献比例。这种扩员将削弱俄罗斯在上海合作组织中的"存在"，更不用说中亚四国的"存在"了。此外，吉尔吉斯斯坦和塔吉克斯坦的"存在"几乎可以忽略不计，而乌兹别克斯坦将很难跟上新的、更大的成员国。只有石油资源丰富的哈萨克斯坦才有能力在相对经济实力上独当一面。

2017 年的后苏联空间

Yulia Nikitina*

原文标题：The Post – Soviet Space in 2017

文章框架：俄罗斯会考虑将欧亚经济联盟、上海合作组织、东盟等联合在一起的可能性；随着唐纳德·特朗普当选美国总统，俄罗斯与美国（以及整个西方）之间的对峙可能会有所缓和。

观点摘要：

1. 俄罗斯在后苏联空间的外交政策，主要是为了寻求把各个区域项目联系起来的可能途径，特别是欧亚经济联盟（EEU）和中国的"一带一路"倡议。俄罗斯也会考虑将欧亚经济联盟、上海合作组织（SCO）、东盟（ASEAN）等组织联合在一起的可能性。这将主要涉及经济问题，但在某些时候安全问题也可能会被讨论，特别是确保汽车运输和铁路运输的安全。迄今为止，俄罗斯的外交政策主要是为了稳定与西方的关系，以及解决叙利亚危机。因此，如果不是叙利亚危机，后苏联空间在俄罗斯外交政策优先领域中占据的位置就会比预期要靠后。

2. 在这一背景下，乌克兰危机也应该被提及，因为就俄罗斯和西方的关系而言，乌克兰危机是与之相关的。随着唐纳德·特朗普（Donald Trump）当选美国总统，俄罗斯与美国（以及整个西方）之间的对峙可能会有所缓和。在这种情况下，乌克兰政府将更少有机会来利用这种对峙促进其利益，并将不得不在更大程度上依靠其自身的能力。俄罗

* Yulia Nikitina，世界政治进程学院副教授，莫斯科国立国际关系学院后苏联研究中心副研究员。来源：俄罗斯国际事务理事会（俄罗斯智库），2017 年 2 月 21 日。

斯在解决乌克兰顿巴斯地区局势方面将几乎不会取得任何突破；尽管该地区冲突仍处于半冻结状态，但称现有冲突已转化为"冻结"状态（类似于德涅斯特河沿岸和纳戈尔诺－卡拉巴赫的局势）还为时过早。因此，仍然有理由对这一局势进行政治决议，所有各方都需要利用这个机会。

俄罗斯在后苏联时代的政治议程

Irina Bolgova *

原文标题： Russia's Political Agenda in the Post – Soviet Space

文章框架： 俄罗斯的金融和经济危机对周边国家的经济产生了负面影响，这导致欧亚经济联盟（EEU）内部各国间的相互贸易大幅减少；俄罗斯直接或间接资助一体化伙伴的可能性正在降低，这促使在苏联时代多边形式内的伙伴国更加独立，并且俄罗斯鼓励它们追求自己的议程；在 2016 年 6 月于塔什干举行的上海合作组织（SCO）峰会上，俄罗斯试图将上海合作组织模式纳入欧亚经济联盟的合作框架内，并将欧亚经济联盟与中国的"丝绸之路经济带"结合起来；欧亚经济联盟从来都不是一个亲密的圈子，意识到这一点，俄罗斯在其外交政策议程上给予了其他多边组织更大的优先权；俄罗斯继续将上海合作组织视为其发展与美国和欧洲关系的一个形象支柱，以便重申其全球大国的地位。

观点摘要：

1. 俄罗斯的金融和经济危机对周边国家的经济产生了负面影响，这导致欧亚经济联盟（EEU）内部各国间的相互贸易大幅减少（2015年下降了 25%，2016 年的头几个月继续下降）。俄罗斯直接或间接资助一体化伙伴的可能性正在降低，这促使在苏联时代多边形式内的伙伴国更加独立，并鼓励它们追求自己的议程。因此，白俄罗斯将其对俄罗斯外交政策的重要性作为王牌，来寻求对其国民经济和政治体制的财政支持；

---

* Irina Bolgova，莫斯科国立国际关系学院后苏联研究中心历史学博士。来源：俄罗斯国际事务理事会（俄罗斯智库），2017 年 3 月 21 日。

亚美尼亚利用其对俄罗斯外交政策的重要性，以新经济举措和维持军事政治平衡来"敲诈"俄罗斯；哈萨克斯坦正在加强其在欧亚经济联盟中的领导地位，并在与中亚地区和中国的互动方面表现出更强的主动性。

2. 在这些条件下，俄罗斯寻求成为欧亚地区政治和经济互动多层次推进的领导者，部分是为了增加生产和消费市场，这将给一体化注入新动力。因此，在 2016 年 6 月于塔什干举行的上海合作组织（SCO）峰会上，俄罗斯试图将上海合作组织模式纳入欧亚经济联盟的合作框架内，并将欧亚经济联盟与中国的"丝绸之路经济带"结合起来。弗拉基米尔·普京邀请那些没有参与欧亚经济联盟的上海合作组织成员国（这些国家更希望加快本国的交通基础设施建设）加入俄罗斯－中国项目，这将对接欧亚经济联盟和"丝绸之路经济带"。普京说："在这个一体化进程中加入的所有上海合作组织成员国以及独联体国家，可能会拉开建设'更大的欧亚伙伴关系'的序幕。"他的提议凸显出俄罗斯希望掌控这一进程，创造一个"从里斯本到符拉迪沃斯托克"共有的经济空间，并以其自己的方式同步掌控尽可能多的多边项目。

3. 对俄罗斯来说，欧亚经济联盟从来都不是一个亲密的圈子。各成员国试图从削弱俄罗斯的影响力以及恶化俄罗斯与其西方伙伴的关系中获得政治红利和经济利益。俄罗斯在该组织内的影响力相对下降，部分原因是不断增加的成员国数目，这会增加其创始成员国之间在发展问题上的分歧，并使组织的整体效率降低。意识到这一点，俄罗斯在其外交政策议程上给予了其他多边组织更大的优先权：加强了有关复兴独联体的讨论，并对扩大后的上海合作组织给予了更多关注。俄罗斯继续将上海合作组织视为发展其与美国和欧洲关系的一个形象支柱，以便重申其全球大国的地位。因此，在有关上海合作组织的讨论过程中，俄罗斯认为它在一些重要区域内享有主动权，并为自己寻求道义上的支持。要想实现上述目标，俄罗斯的外交政策必须表明，它得到了有影响力的盟友的支持，并强调致力于加强上海合作组织的全球影响力。在所有这些多边形式中，俄罗斯的外交政策努力旨在降低成员国之间的紧张关系——可以先将敏感问题从多边议程转移到双边关系层面，如果这些关系已经变得较为棘手，则可以尝试通过"微观管理"的手法来解决。

2017 年的独联体：成就、挑战、前景

Vladimir Evseev *

原文标题：CIS in 2017：Achievements，Challenges，Prospects

文章框架：独联体国家希望在独联体框架内进行互动；独联体国家设法保持一个统一的经济空间，各国在统一的独联体市场内运作是非常有利的；独联体国家可以创建一个类似于上海合作组织地区反恐怖机构执行委员会的组织。

观点摘要：

1. 由于独立国家联合体（CIS，以下简称独联体）最初是作为"后苏联"国家和平解散的机制而设计的，但是这一组织能够生存至今似乎是其最重要的成就。在独联体中，"离心力"在某些时刻让位于"向心力"，换言之，独联体国家希望在独联体框架内进行互动。独联体国家间的联系是不断弱化还是不断加强主要受到外部因素和相对独立于俄罗斯的国家的意愿影响。

2. 独联体国家设法保持一个统一的经济空间是其另一个有价值的成就。而且，即使是离开独联体的国家，如格鲁吉亚，也仍然是独联体许多经济条约的成员。考虑到贸易壁垒的减少可以为加强双边、多边合作创造有利条件，所以各国在统一的独联体市场内运作是非常有利的。乌克兰似乎正在加快在独联体内的经济合作，以抵消由于其与俄罗斯合作终止而蒙受的损失。

3. 成立之初，独联体不仅参与经济活动，还积极参与维和行动，例如结束塔吉克斯坦内战和防止阿布哈兹再次发生战争等。虽然独联体

---

* Vladimir Evseev，独联体国家研究所欧亚一体化与上海合作组织负责人、高级研究员。来源：俄罗斯国际事务理事会（俄罗斯智库），2017 年 4 月 25 日。

在军政领域的某些职能随着时间的推移已经淡化，但独联体将在短期内和中期内继续发挥作用。独联体的大部分活动都将发生在经济领域。在上海合作组织框架内积累的经验可以用来进一步加强独联体的作用。上海合作组织已经建立了地区反恐怖机构执行委员会（RATS），该机构旨在交换有关恐怖分子的情报，并协调上海合作组织安全框架内的活动。独联体可以创建一个类似于上海合作组织地区反恐怖机构执行委员会的组织。在独联体框架内进行军政合作同样重要。这可能会鼓励独联体前成员土库曼斯坦加强与独联体的合作，以参与反恐怖主义和反激进主义的共同斗争。

2017 年的伊朗：大选和选举结果

Jahangir Karami [*]

原文标题： Iran 2017：Election Race and Outcomes

文章框架： 自 1989 年以来，伊朗和俄罗斯的关系就被各届政府视为战略问题；伊朗正在努力与俄罗斯就中亚和阿富汗、上海合作组织、区域稳定和安全以及与里海有关的问题进行合作。

观点摘要：

1. 自 1989 年以来，伊朗和俄罗斯的关系就被各届政府视为战略问题。尽管双方在利益和立场上存在一些分歧，但总的来说，两国的共同利益领域非常广泛。此前，哈桑·鲁哈尼（Hassan Rouhani）政府曾试图扩大与俄罗斯的关系。幸运的是，在过去 4 年中，伊朗在建立法律、司法和制度基础以发展与俄罗斯的双边关系方面取得了巨大成就。国际上的借口和障碍，如联合国安理会实施的经济制裁，不会影响两国发展关系。目前两国关系的发展趋势也很有"希望"。在新政府的领导下，这一趋势也将继续下去，鲁哈尼政府将继续在建设性交往政策框架内与世界各国，特别是俄罗斯和亚洲各国发展关系。伊朗新政府也决心扩大同俄罗斯在各种问题上的合作。

2. 伊朗正在努力与俄罗斯就中亚、阿富汗、上海合作组织、区域稳定和安全以及与里海有关的问题进行合作，也将继续进行两国对话和技术会议以就里海问题达成协议，并通过两年来应用于纳戈尔诺－卡拉巴赫冲突的三方机制就有关高加索地区的问题进行合作，最后，在南北走廊的交通运输领域开展合作。伊朗还将继续与俄罗斯就中东问题、停

---

[*] Jahangir Karami，德黑兰大学世界研究学院俄语系主任，伊朗－欧亚研究所高级研究员。来源：俄罗斯国际事务理事会（俄罗斯智库），2017 年 6 月 23 日。

火计划以及在叙利亚建立"冲突降级区"的计划进行合作。笔者认为，伊朗和俄罗斯的关系将比以往更加密切，两国在双边、地区和国际问题上有着广泛的利益。两国还在加强国际体系的多元化趋势方面保持一致。当然，我们不应该对两国之间存在的一些分歧视而不见，比如在叙利亚危机及其前景等问题上。

打造"大欧亚":来自俄罗斯、欧盟和中国的看法

Anna Kuznetsova *

原文标题: Greater Eurasia:Perceptions from Russia, the European Union, and China

文章框架: 俄罗斯面临的主要问题是在 21 世纪的全球经济和全球价值观体系中寻找新的经济增长点和新位置;俄罗斯联邦总统弗拉基米尔·普京在 2016 年圣彼得堡国际经济论坛期间提出了欧亚经济合作的新愿景:就打造"大欧亚伙伴关系",普京还宣布,这一项目对欧盟开放;2015 年 5 月,中俄共同发表《中华人民共和国与俄罗斯联邦关于丝绸之路经济带建设和欧亚经济联盟建设对接合作的联合声明》,有些人认为这一声明对俄罗斯和中国都有好处,但也有一些人对中俄上述声明表达了不同的看法。

观点摘要:

1. 欧盟与俄罗斯之间的对抗已成为新常态。俄罗斯与其欧洲邻国之间的关系正朝着一种"逐渐疏远"的模式发展。与此同时,俄罗斯面临的其他挑战与欧洲面临的挑战不相上下,甚至更大。俄罗斯面临的主要问题是在 21 世纪的全球经济和全球价值观体系中寻找新的经济增长点和新位置。与此同时,俄罗斯积极参与欧亚一体化进程,这显然已成为其最高优先项目。

此外,很显然,俄罗斯和欧盟有很多共同之处,多种因素将俄罗斯

---

* Anna Kuznetsova,俄罗斯国际事务委员会项目协调员。来源:俄罗斯国际事务理事会(俄罗斯智库),2017 年 9 月 1 日。

和众多欧洲国家"捆绑"在一起：共同的历史、邻近的地理位置、彼此间大量的贸易等。由于俄罗斯、欧盟间的关系错综复杂，在当下和可预见的将来都不可能将它们完全割裂。因此，认识两极对抗主义是很重要的，而且绝对有必要集中精力寻找相互和解的新途径。

俄罗斯和欧盟能在新的现实中进行合作吗？欧盟与俄罗斯合作的新机制又是什么？俄罗斯联邦总统弗拉基米尔·普京在2016年圣彼得堡国际经济论坛期间提出了欧亚经济合作的新愿景：打造"大欧亚伙伴关系"（常被称为"大欧亚"战略）。这将包括在欧亚经济联盟、中国、印度、巴基斯坦、伊朗、独联体成员国和其他有关国家之间建立双边和多边贸易协定网络。普京还宣布，这一项目对欧盟开放。

2. "大欧亚"一词是在俄罗斯和中国提出了"欧亚大陆伙伴关系"或"欧亚大陆共同体"的概念之后才形成的，其作为从上海到里斯本以及从新德里到摩尔曼斯克的经济、物流、信息合作、和平与安全的共有空间而存在。从地理上说，该项目几乎涵盖了参与欧亚经济联盟（EEU）、上海合作组织（SCO）、东南亚国家联盟（ASEAN）的国家以及参与"丝绸之路经济带"的国家，包括土耳其、伊朗、以色列和埃及。

3. 俄罗斯高等经济研究大学世界经济与国际关系学院院长、国际关系专家，同时也是欧亚一体化进程专家的谢尔盖·卡拉加诺夫（Sergey Karaganov）是这样描述欧亚经济联盟的：从组织上来说，"大欧亚"伙伴关系建立在多个经济和政治项目相融合的基础之上，如上海合作组织、欧亚经济联盟以及欧亚地区的其他组织和金融机构。上海合作组织可以作为打造"大欧亚伙伴关系"的"黏合剂"，因为该组织有着更多的观察员国，最重要的是，还基于贸易自由化、协调技术标准以及依据经济、金融和安全政策的需要而创建了常务委员会和协商论坛。

4. 欧亚经济联盟不应被低估。2015年5月，中俄共同发表《中华人民共和国与俄罗斯联邦关于丝绸之路经济带建设和欧亚经济联盟建设对接合作的联合声明》。这一声明是中俄双方相互妥协的结果——俄罗斯认可了中国在欧亚大陆的积极作用，中国接受欧亚经济联盟作为一个平等的谈判方。事实上，这一声明对俄罗斯和中国都有好处，因为它们的项目得到了彼此的支持，值得注意的是，一个大项目在其起步阶段能得到一个强有力伙伴的支持是至关重要的。

但是，也有一些人对中俄上述声明表达了不同的看法。一些中国专家认为，欧亚经济联盟和"丝绸之路经济带"的功能相互重叠，这可能会导致利益冲突。也有一些专家指出，欧亚经济联盟与上海合作组织之间存在冲突的可能性——当其中一个组织扩张时，另一个组织就很可能会被边缘化。甚至更有可能出现一个组织被另一个组织所吸收。只有在中俄两国密切合作的条件下，欧亚经济联盟与上海合作组织才有可能共存。否则，欧亚经济联盟就有可能会拖慢上海合作组织的一体化进程。

上海合作组织成员国政府首脑理事会会议：分析巴基斯坦的表现

Baber Ali Bhatti *

原文标题：SCO's Council of Heads of Government（CHG）Summit：An Analysis of Pakistan's Representation

文章框架：上海合作组织成员国政府首脑（总理）理事会会议于2017年11月30日至2017年12月1日在俄罗斯索契举行；巴基斯坦总理阿巴西认为，上海合作组织的未来取决于深层次的多边关系、加强沟通，以及通过各种途径实现互联互通；打击恐怖主义和极端主义，对区域和平、稳定和发展问题的真诚关切也是上海合作组织的目标；上海合作组织还可以在地缘经济和地缘战略领域为巴基斯坦提供机会；巴基斯坦似乎也希望通过利用上海合作组织在不同领域合作的建议，在和平、繁荣和经济发展方面为中亚地区提供服务，从而推动自己在该组织中的发展。

观点摘要：

1. 上海合作组织（SCO）成员国政府首脑（总理）理事会会议于2017年11月30日至2017年12月1日在俄罗斯索契举行。自巴基斯坦和印度在2017年6月举行的上海合作组织成员国元首理事会第十七次会议上被正式接纳为该组织的成员国以来，这是该组织举办的首次成员国政府首脑会议。这次会议的焦点是讨论上海合作组织发展合作的战略、前景和重点。

---

* Baber Ali Bhatti，伊斯兰堡战略研究所研究员。来源：俄罗斯国际事务理事会（俄罗斯智库），2017年12月19日。

2. 巴基斯坦总理沙希德·哈坎·阿巴西（Shahid Khaqan Abbasi）作为政府首脑参加了会议，并发表了精彩讲话。在会议上，阿巴西强调要和平解决政治问题，同时保证巴基斯坦为上海合作组织做出贡献。他坚持认为，巴基斯坦完全致力于消除各种恐怖主义，并指出恐怖主义不应与任何具体的宗教、国家或国籍相挂钩。他还表示，上海合作组织的未来取决于深层次的多边关系、加强沟通，以及通过各种途径实现互联互通。

在阿巴西总理的全面演讲中，不仅涵盖了上海合作组织的各项目标，他还通过阐述未来发展方向，提升了巴基斯坦的地位。考虑到上海合作组织的全部任务，他表明巴基斯坦决心对此做出重大贡献。最重要的是，恐怖主义被所有国家都视为迫在眉睫的威胁，而且对巴基斯坦的损害最大，也令人憎恶，并且无法确定其与任何具体的宗教、国家或民族有关。他间接地否定了恐怖主义与任何国家的联系。

3. 巴基斯坦的承诺也可以根据阿巴西提议的各个领域应加强多边关系的事实来衡量。他提议制定协调商品流通的法律。他还要求取消关税和非关税壁垒。这将有可能加强上海合作组织成员国之间的贸易。阿巴西在采取经济手段和谈论中亚地区的同时，主张通过现有手段在亚洲基础设施投资银行和区域稳定之间创造协同效应，并在体育、医药和教育领域加大投资，这对区域繁荣至关重要。这种方式暗示了巴基斯坦的区域政策不仅以安全为中心，而且以特殊的经济导向为基础，因为经济繁荣是解决人民问题的关键。

阿巴西总理全面介绍了巴基斯坦对上海合作组织目标的承诺，即共同努力确保该地区的和平与稳定；加强成员国之间的睦邻友好关系，促进政治、贸易、经济、文化、研究、技术、旅游和环境保护等领域的合作。此外，打击恐怖主义和极端主义，对区域和平、稳定和发展问题的真诚关切也是该组织的目标。上海合作组织希望通过其目标，建立互信、平等、尊重文化多样性的睦邻友好关系，并促进安全、经济、社会、贸易等领域的有效合作。

4. 此外，上海合作组织还可以在地缘经济和地缘战略领域为巴基斯坦提供机会。中亚地区为世界提供了大约11%的石油和其他能源，这一事实不容忽视。加入上海合作组织，巴基斯坦就有机会通过与中亚成员国进行区域合作来满足能源需求。巴基斯坦正在进行的能源项目，如土库曼斯坦－阿富汗－巴基斯坦－印度（TAPI）天然气管道项目，伊朗－巴基斯坦－印度（IPI）天然气管道项目，以及中亚－南亚1000电力项目（CASA－1000），到目前为止还没有完成，但这些项目可以通过上海合作组织得到相当大的推动。

5. 通过分析巴基斯坦领导人强有力的表现，可以得出一个公正的结论：巴基斯坦总理通过在上海合作组织会议上的发言，以及通过展示巴基斯坦对上海合作组织的承诺和贡献，为其正在进行的项目铺平了道路。毫无疑问，上海合作组织可以通过共同努力，确保该地区的和平与稳定。巴基斯坦期待着领导这样的努力。巴基斯坦还承诺落实阿巴西所提到的服务多边主义和该组织目标的各项建议。巴基斯坦似乎也希望通过利用该组织在不同领域合作的建议，在和平、繁荣和经济发展方面为中亚地区提供服务，从而推动自己在该组织中的发展。

上海合作组织的反恐努力以及对未来的展望

Baber Ali Bhatti *

原文标题： SCO's Anti – terrorism Efforts and Future Prospects

文章框架： 在积极和一贯地进行对话、外交交流和合作的情况下，上海合作组织成员国将严格恪守《联合国宪章》宗旨和原则以及其他公认的国际法准则；上海合作组织的整体结构是多边伙伴关系，以支持主权成员国之间协调解决持续不断的国际问题以及提出满足区域需求的战略和方法；上海合作组织成员国应对日益增长的极端主义威胁的共同反应是签署《上海合作组织反极端主义公约》；上海合作组织正致力于进一步发展其核心的常设机构——地区反恐怖机构执行委员会；值得注意的是，上海合作组织不是一个军事联盟。

观点摘要：

1. 上海合作组织坚持对外开放的原则，不会对任何主权国家采取行动。在积极和一贯地进行对话、外交交流和合作的情况下，上海合作组织成员国将严格恪守《联合国宪章》宗旨和原则，特别是关于国家平等、主权、不干涉内政、相互尊重领土完整、边界不可侵犯、不侵略他国、和平解决争端、不使用武力等原则，以及旨在维护和平与安全及政治、经济、社会和文化发展道路的权力等其他公认的国际法准则。

2. 上海合作组织的整体结构是多边伙伴关系，以支持主权成员国之间协调解决持续不断的国际问题以及提出满足区域需求的战略和方法。这也为其成员国提供了一个机会，使它们能够根据自愿合作的友好

* Baber Ali Bhatti，伊斯兰堡战略研究所研究员。来源：俄罗斯国际事务理事会（俄罗斯智库），2017 年 12 月 28 日。

原则以及公平的责任分配原则，集中在共同目标上。上海合作组织强烈主张通过外交手段解决冲突。该组织力求在支持联合国在国际事务中发挥更突出的协调作用方面持续发挥作用，并特别强调进一步发展同国际组织的密切合作。

3. 上海合作组织成员国应对日益增长的极端主义威胁的共同反应是签署《上海合作组织反极端主义公约》。该公约于 2017 年 6 月在哈萨克斯坦首都阿斯塔纳举行的首脑会议上通过。《上海合作组织反极端主义公约》旨在促进安全、加强有关部门之间的有效合作，以夯实这一领域的法律框架。这份文件在《打击恐怖主义、分裂主义和极端主义上海公约》的基础上加强了应对多重挑战和威胁的国际法律框架——联合国的核心文件：《联合国全球反恐战略》以及联合国安理会有关决议。上海合作组织在联合国的主持下开展了多项行动，以加强在应对共同挑战和安全威胁方面的国际合作。这方面的事例有：上海合作组织于 2016 年 11 月在纽约举行了主题为"联合国与上海合作组织：共同应对挑战与威胁"的高级别会议；名为"联合国与上合组织打击毒品——共面威胁与共同行动"的活动于 2017 年 3 月在维也纳举行，此次活动由上海合作组织与联合国毒品与犯罪办公室联合举办。

4. 上海合作组织正致力于进一步发展其核心的常设机构——地区反恐怖机构执行委员会（RATS）。该组织成员国政府在地区反恐机构计划阶段成功阻止了 21 次恐怖袭击，防止了 650 起恐怖主义和极端主义性质的犯罪活动，并在地区反恐怖机构执行委员会的协调下压制了 442 个恐怖主义训练营。超过 2800 名非法武装团体人员以及他们的同伙和涉嫌犯罪的人员被逮捕。最重要的是，与恐怖主义或极端组织有关的 215 人被引渡，其中许多人被判处长期监禁。此外，有 180 名嫌疑分子被列入通缉名单，600 个秘密武器基地被揭露，超过 3250 个简易爆炸装置连同 1 万件武器、大约 45 万件弹药以及 52 吨以上的炸药被没收。

5. 值得注意的是，上海合作组织不是一个军事联盟。然而，反恐斗争仍需要上海合作组织进一步发展和加强旨在彻底铲除恐怖主义活动的机制。因此，上海合作组织决心继续进行计划中的反恐努力。它还将加强在打击大众媒体和信息领域存在的激进宣传和恐怖主义、分裂主义和极端主义方面的合作，并在确保本组织成员国国际信息安全的基础上组织合作。上海合作组织在与联合国的合作下，将进一步有效应对共同挑战与安全威胁。这两个国际组织之间可以通过打击恐怖主义、网络恐怖主义、分裂主义、极端主义、跨国有组织犯罪和非法贩运毒品等方式，加强国际信息安全与应急反应，以确保全面安全。

巴基斯坦不能影响俄罗斯与印度的战略伙伴关系

Petr Topychkanov；Gleb Fedorov*

原文标题： Pakistan Cannot Influence Russia's Strategic Partnership with India

文章框架： 经过几十年的冷淡关系，俄罗斯终于开始向巴基斯坦伸出橄榄枝；俄罗斯与巴基斯坦的关系首先在政治层面上有所上升；彼得·托皮奇卡诺夫认为巴基斯坦和印度将加入上海合作组织；上海合作组织不会试图帮助印度和巴基斯坦找到解决克什米尔问题的办法；上海合作组织所做的最成功的事情之一就是成员之间的防务和反恐合作。

观点摘要：

1. 经过几十年的冷淡关系，俄罗斯终于开始向巴基斯坦伸出橄榄枝。这两个在冷战时期处于对立阵营国家间的经济、政治乃至防务关系日益紧密。国际媒体一直盛传，俄罗斯在将其与巴基斯坦的关系作为与其长期盟友中国讨价还价的工具。

2. 在接受《焦点新闻外的俄罗斯》（RBTH）的一次独家采访中，卡内基莫斯科中心核不扩散计划研究员及南亚问题专家彼得·托皮奇卡诺夫（Petr Topychkanov）试图打破最近有关俄罗斯接近巴基斯坦的无稽之谈。

3. 俄罗斯与巴基斯坦的关系首先在政治层面上有所上升。这意味着两国政治接触的次数在增加，并且两国之间的政治关系也比 15 年前活跃得多。在政治层面发生了一些重大事件，例如，俄罗斯全力支持巴

---

* Petr Topychkanov，卡内基莫斯科中心防扩散项目成员。Gleb Fedorov，《透视俄罗斯》作者。来源：卡内基莫斯科中心（俄罗斯智库），2016 年 5 月 25 日。

基斯坦加入上海合作组织（SCO）。至于防务合作，也取得一些进展，如两国于 2014 年签署了军事技术合作协议。虽然目前还没有任何武器采购，但关于四架运输直升机的谈判大多已完成。之后，两国将在山区进行小型联合军事演习。

4. 当被问及巴基斯坦和印度是否会加入上海合作组织以及他是否认为这会是一个积极的发展时，彼得·托皮奇卡诺夫表示，两国将加入上海合作组织，因为巴基斯坦和印度已经做出了加入的决定，就印度和巴基斯坦而言，它们目前只需要更多时间并为加入做好准备。当然，印度或巴基斯坦也可以决定不加入，但我几乎不相信它们中的任何一方会这样选择。所有加入的正式程序都已经开始。

5. 上海合作组织不会试图帮助印度和巴基斯坦找到解决克什米尔问题的办法。上海合作组织也不会推动印度和巴基斯坦解决核争端。因为这不是上海合作组织的问题。上海合作组织为它们提供了一个国际论坛，以表达它们对该地区国际问题和安全问题的立场。上海合作组织还将为它们提供一个双边讨论的论坛，不受任何来自第三方的干扰。上海合作组织还将帮助它们在军事力量和情报方面建立关系。

6. 上海合作组织所做的最成功的事情之一就是成员之间的防务和反恐合作。上海合作组织还将帮助它们开始参加联合军事演习。所有这一切对该地区以及俄罗斯在该地区的战略利益来说都是非常积极的。

俄罗斯正在开展"大欧亚"战略：会奏效吗？

Dmitri Trenin *

原文标题： Russia's Evolving Grand Eurasia Strategy：Will It Work？

文章框架： 在可预见的未来，鉴于中国庞大且不断增长的经济、人口和
军事实力以及不断扩大的地缘政治范围，俄罗斯与中国的关
系是最重要的，也是相当值得关注的；与此类似，俄罗斯选
择协调欧亚经济联盟与"一带一路"倡议，并建议将经济
合作延伸到东盟；目前，俄罗斯似乎有一个可以接受的中俄
关系的定律，即永远不要互相对抗，但也不能总是相互依存；
尽管美国及其盟国在阿富汗的军事存在和为其提供经济援助
超过了 15 年，但这已证明无法保障该地区的稳定局势，因此
管控阿富汗的局势将成为俄罗斯的核心安全挑战；为了最终
实现"大欧亚"战略，俄罗斯的战略需要在短期内奏效。

观点摘要：

1. 在可预见的未来，鉴于中国庞大且不断增长的经济、人口和军
事实力以及不断扩大的地缘政治范围，俄罗斯与中国的关系是最重要
的，也是相当值得关注的。俄罗斯一直在努力与中国的利益和目标相
协调，而不只简单地加入中国的"一带一路"之类的倡议。然而，调
整措辞比制定有效的策略要容易得多。俄罗斯需要说服中国政府，如
果中国的利益集中在所有大陆机构之内，包括俄罗斯在内的其他国家

---

* Dmitri Trenin，卡内基莫斯科中心负责人、研究委员会代表和卡内基莫斯科中
心外交政策和安全项目领导人，于 1993 年从俄罗斯军队退役，1993 ~ 1997 年
担任莫斯科欧洲研究所高级研究员，1993 年担任北约防务学院高级研究员。来
源：卡内基莫斯科中心（俄罗斯智库），2017 年 7 月 20 日。

可以发挥一定的影响力，中国的利益就将得到最好的保障。上海合作组织（SCO）就是这样一个机构，而另一个更无固定界限的机构是俄罗斯－印度－中国（RIC）三边对话。印度和巴基斯坦于2017年6月正式加入上海合作组织。俄罗斯还希望进一步扩大上海合作组织，将伊朗纳入其中。虽然这一扩容使上海合作组织内部达成共识更加困难，但在俄罗斯的思想中更为重要的是：组织一个涉及整个大陆范围的外交平台，并且淡化中国的优势。

2. 与此类似，俄罗斯选择欧亚经济联盟（EEU）与"一带一路"倡议对接，并建议将经济合作延伸到东盟（ASEAN）。虽然还处于起步阶段，但这一举措显然是为了通过利用东盟7.4万亿美元的经济总量以及中国近13万亿美元的经济总量。在东盟内部，俄罗斯将其苏联时代的伙伴越南视为通往该地区的门户，其经济规模达6000亿美元。关于中国在各种大陆安排中做出努力，俄罗斯认为中国政府的单方面努力将导致其余亚洲国家对中国进行限制或平衡。然而，目前还不清楚中国是否相信这样一条发展轨迹。即使中国政府看到了在整个大陆进行地缘政治建设的一些价值，比如由俄罗斯倡导以及中国是其最强大成员国的上海合作组织和"俄－印－中"三边对话，但考虑到成员国之间的利益冲突，这些建设工作也变得越来越困难。上海合作组织中的印度和巴基斯坦就是一个很好的例子：除非上海合作组织成员为该组织设定现实的目标，并且开始通过该组织来管理一些亚洲大陆的国际秩序，否则上海合作组织将变得不正常，它的作用将随着其扩大而降低。这同样适用于"俄－印－中"三边对话。这是俄罗斯"大欧亚"战略的主要挑战。

3. 目前，俄罗斯似乎有一个可以接受的中俄关系的定律，即永远不要互相对抗，但也不能总是相互依存。这一定律成功地将承诺与灵活性结合起来，可以成为大国关系的一种新模式。即使它确实成为一种模式，但对中印关系采取同样的模式将是困难的。俄罗斯可能需要缓和，而不是协调它在"大欧亚"的两个主要合作伙伴之间的关系。俄罗斯和印度都理所当然地认为双方关系长期以来是毫无问题的，现在两国关系却变得越来越复杂化。在印度总理纳伦德拉·莫迪（Narendra Modi）的领导下，印度已开始关注经济增长和发展，这导致其与美国的关系日益紧密。与此同时，俄罗斯越来越重视阿富汗的安全及其对中亚的影响，并且其已经向巴基斯坦伸出了援手。这些新因素要求加强俄印关系的基础，而这两国的关系在政府间的协议上被搁置太久，并且过分强调了武器贸易。

4. 尽管美国及其盟国在阿富汗的军事存在和为其提供经济援助超过了15年，但这已证明无法保障该地区的稳定局势，因此管控阿富汗的局势将成为俄罗斯的核心安全挑战。俄罗斯可以利用自己的国家资产与阿富汗、巴基斯坦、伊朗和其他地方直接接触，以解决这个问题；改善俄罗斯主导的区域安全协议，包括哈萨克斯坦、吉尔吉斯斯坦和塔吉克斯坦加入其中的集体安全条约组织；并与上海合作组织成员进行战略讨论，这有助于使该机构合法化。除了上海合作组织之外，俄罗斯还需要努力协调与亚洲和中东的许多合作伙伴关系，从日本、韩国到越南、印度尼西亚、伊朗、巴基斯坦和土耳其。俄罗斯需着眼于吸引日本的技术和投资，特别是俄罗斯东部省份，俄罗斯与日本的合作关系非常重要。同时，在与中国的协调下，为缓和朝鲜半岛局势而做出贡献，这将降低俄罗斯远东地区爆发战争的风险，并巩固俄罗斯作为防止（核）扩散守护者的作用。俄罗斯对中东（包括土耳其和伊朗）的战略，应该集中应对威胁俄罗斯的任何极端主义；增加俄罗斯的商业机会；并与包括埃及、沙特阿拉伯和以色列在内的所有相关国家保持联系，以保护和促进俄罗斯在动荡地区的利益。

5. 为了最终实现"大欧亚"战略，俄罗斯的战略需要在短期内奏效。一个可信的战略将集中发展中国"模式"的大国关系，并在中国、印度和俄罗斯之间制定一个大陆协议。俄罗斯的目标是将上海合作组织转变为一个持续的、涉及所有大陆的外交和谈判平台，并成为该地区建立共识的机构和合法性来源。俄罗斯将寻求与日本的关系正常化，并逐步缓和朝鲜半岛的紧张局势，与中国进行密切合作。最后，俄罗斯还必须优先考虑努力进行机构（包括欧亚经济联盟、集体安全条约组织、上海合作组织和"俄-印-中"三边对话）建设。对欧亚大陆西部来说，本质上是欧洲，建立信任和冲突管理相结合的机制可以为俄罗斯改善与欧盟成员国的关系打下基础。

对俄罗斯外交政策及其驱动因素的要求：展望未来 5 年

Dmitri Trenin [*]

原文标题： Demands on Russian Foreign Policy and Its Drivers：Looking out Five Years

文章框架： 俄罗斯未来几年外交政策的重点将在于巩固其在后苏联时代的大国地位以及减少对其的政治孤立；俄罗斯逐渐在非西方国家之中安定下来，但这一过程并不容易；印度和巴基斯坦正式加入上海合作组织（SCO）——这是俄罗斯长期以来支持的举措，俄罗斯还支持上合组织的扩张计划，即把伊朗纳入上海合作组织，使其成为正式成员国，但遭到塔吉克斯坦的反对。

观点摘要：

1. 俄罗斯未来几年外交政策的重点将在于巩固其在后苏联时代的大国地位以及减少对其的政治孤立。随着二十国集团、金砖国家取代了之前的八国集团（现在是七国集团，俄罗斯被排除在外），上海合作组织（SCO）取代了俄罗斯 – 欧盟峰会、北约 – 俄罗斯理事会在公众心目中的地位，俄罗斯逐渐在非西方国家中安定下来。然而，这一过程并不容易。俄罗斯与印度、巴西和南非的关系虽然很友好，但并没有进一步的发展，这主要是由于俄罗斯的经济疲软。油价下跌导致俄罗斯的出口

---

* Dmitri Trenin，卡内基莫斯科中心负责人、研究委员会代表和卡内基莫斯科中心外交政策和安全项目领导人，于 1993 年从俄罗斯军队退役，1993～1997 年担任莫斯科欧洲研究所高级研究员，1993 年担任北约防务学院高级研究员。来源：卡内基莫斯科中心（俄罗斯智库），2017 年 8 月 10 日。

额下降了约三分之一。俄罗斯武器销量的增加也并未弥补这一缺口。

2. 2017 年，印度和巴基斯坦正式加入上海合作组织（SCO）——这是俄罗斯长期以来支持的举措，目的是削弱中国在该组织中的主导地位。尽管印度方面有所担忧，但随着对伊斯兰国在阿富汗存在的担心程度的加剧，俄罗斯与巴基斯坦的关系变得愈发紧密。俄罗斯还支持上海合作组织的扩容计划，即把伊朗纳入上海合作组织，使其成为正式成员国，但这遭到塔吉克斯坦的反对，因为后者担心与伊朗的紧密联系可能会使上海合作组织内部产生不稳定因素。

印巴战争：1966 年签署的《塔什干宣言》

M. K. Bhadrakumar *

原文标题：India – Pakistan War：Tashkent Declaration – Then and Now

文章框架：人类目前正在进行对区域安全与稳定的深刻思考，随着极端
恐怖主义组织的崛起，南亚地区的稳定和安全对国际安全具
有重要影响；印巴两国应进行不间断的对话，同时在上海合
作组织的框架下开展区域合作项目。

观点摘要：

1. 人类目前正在进行对区域安全与稳定的深刻思考，随着极端恐
怖主义组织的崛起，南亚地区的稳定和安全对国际安全具有重要影响。
与此同时，美国已经抛弃了对印度的偏见，并且印度与俄罗斯和中国的
关系也在冷战后发生了变化。同样，印度作为一个新兴大国的出现、印
度和巴基斯坦在综合国力上的巨大差距，以及两国皆是核大国的事实，
将抑制战争的爆发。在这种情况下，任何关于印巴问题的第三方调解都
是不切实际的，所以当务之急是要做出改变。印度和巴基斯坦在不久将
加入上海合作组织（SCO），与俄罗斯和中国"并肩作战"。上海合作
组织的进程不可避免地会影响印巴关系。

2. 印巴两国应进行不间断的对话，同时在上海合作组织的框架下
开展区域合作项目。虽然上海合作组织过去的主要优先事项是区域安
全与稳定，但在俄罗斯最近担任轮值主席国期间，其工作重点还包括

---

* M. K. Bhadrakumar，《印度先驱报》专栏作家，曾在印度驻俄罗斯大使馆担任
外交官，研究兴趣包括印度外交政策、俄印关系、巴基斯坦、阿富汗和中亚、
能源安全、亚太和中东地区，就俄罗斯、中亚、中国、阿富汗、巴基斯坦、伊
朗和中东以及能源问题和地区安全问题发表了大量文章。来源：瓦尔代国际辩
论俱乐部（俄罗斯智库），2016 年 1 月 25 日。

贸易和经济合作。这对促进印度和巴基斯坦之间彼此的信任很有帮助。俄罗斯和中国可以在上海合作组织中发挥积极作用。在印巴《塔什干宣言》发表五十周年之际，当2016年6月举办上海合作组织成员国元首理事会时，"丝绸之路"上的"古老客栈"再次为该会议创造氛围。

欧亚经济联盟、上海合作组织以及东盟之间的经济伙伴关系

Stanislav Voskresensky *

原文标题：Economic Partnership between the EEU，SCO and ASEAN

文章框架：俄罗斯长期以来都试图与所有亚太国家进行公平和透明的合作，共同开拓新的市场；上海合作组织成员国以及东盟国家都是处于不断发展中的大型市场，因此，俄罗斯有充分的理由与这些国家开展合作；中俄两国的关系可被描述为大规模、多层次的互动，这种互动基于中国国家主席习近平与俄罗斯总统普京签署的联合声明以及欧亚经济联盟与"一带一路"倡议的协同发展。

观点摘要：

1. 俄罗斯长期以来都试图与所有亚太国家进行公平和透明的合作，共同开拓新的市场。基于这一目标，俄罗斯政府已经制订了一个扶持俄罗斯出口的计划，并撤销了阻碍亚太地区贸易和投资的壁垒。俄罗斯总统弗拉基米尔·普京已经在着手筹建欧亚经济联盟、上海合作组织以及东盟之间的经济伙伴关系。在初始阶段，构建三者之间的经济伙伴关系需要相关国家签署一个全面的贸易和投资保护协议，该协议将把俄罗斯与全球发展速度较快的市场之间的关系提升到一个新水平。另外，还需要采取专门措施来规范新市场，并对高科技领域的合作进行协调。这项议程将对未来全球贸易的发展造成巨大影响。专家和企业家正在就建立这一经济伙伴关系进行常规性讨论。

---

   * Stanislav Voskresensky，俄罗斯联邦经济发展部副部长。来源：瓦尔代国际辩论俱乐部（俄罗斯智库），2016 年 3 月 22 日。

2. 上海合作组织成员国以及东盟国家都是处于不断发展中的大型市场，在中长期内，这些国家的中产阶级规模将迅速扩大，其对高品质产品和服务的需求也会不断增加。因此，与这些国家开展深层次对话和合作具有充分的理由。

3. 中俄两国的关系可被描述为大规模、多层次的互动，这种互动基于中国国家主席习近平与俄罗斯总统普京签署的联合声明以及欧亚经济联盟与"一带一路"倡议的协同发展。中俄开展合作面临的一个问题是双方通过简化边境程序确保投资和贸易的便利化。欧亚经济委员会已经在着手准备中俄就制定非优惠性贸易协议展开对话。协议达成后，一系列阻碍俄罗斯商品进入中国市场的壁垒将被消除。

转向亚洲、一体化与跨区域战略，
平衡俄罗斯的亚太地区政策

Dmitry Suslov *

原文标题： A Pivot towards Asia，Integration and Mega – regions Balancing Russia's APR Policy

文章框架： 俄罗斯在东盟首脑会议上率先提出的最具突破性和最具战略意义的举措是探讨如何在上海合作组织和区域全面经济伙伴关系的体制支持下协调欧亚经济联盟和"一带一路"倡议进行更加密切的合作；普京总统认为欧亚经济联盟、东盟、上海合作组织间的伙伴关系与中国的"丝绸之路经济带"构想相契合。

观点摘要：

1. 俄罗斯在东盟首脑会议上率先提出的最具突破性和最具战略意义的举措是探讨如何在上海合作组织和区域全面经济伙伴关系的体制支持下协调两个新兴的大型跨区域举措——欧亚经济联盟和"一带一路"倡议进行更加密切的合作。早在 2015 年的俄罗斯联邦会议上，弗拉基米尔·普京（Vladimir Putin）就提出了建立"经济伙伴关系"的构想，这个"经济伙伴关系"将包括欧亚经济联盟、上海合作组织和东盟，侧重于"保护投资、优化商品流通跨境手续、联合制定下一个技术时代产品的工艺标准、促进服务和资本市场相互开放"。

2. 在俄罗斯 – 东盟峰会后的新闻发布会上，俄罗斯总统普京又进

---

* Dmitry Suslov，瓦尔代国际辩论俱乐部项目主任，俄罗斯国立高等经济研究大学欧洲和国际综合研究中心副主任。来源：瓦尔代国际辩论俱乐部（俄罗斯智库），2016 年 6 月 9 日。

一步补充表示，协调欧亚经济联盟、东盟、上海合作组织和"丝绸之路经济带"的前景很好。普京总统认为欧亚经济联盟、东盟、上海合作组织间的伙伴关系与中国的"丝绸之路经济带"构想相契合，不会被中国视为一种企图绕开中国的举措。尤其是考虑到中国也是上海合作组织成员，这种假设实际上更无可能性。无论如何，整合欧亚经济联盟、东盟、上海合作组织与"一带一路"倡议的计划已经势在必行。

中国关于建立欧亚经济空间的观点

Li Xin[*]

原文标题：Chinese Perspective on the Creation of a Eurasian Economic Space

文章框架：在东盟与俄罗斯峰会上通过的《索契宣言》指出，有必要"探索东盟、欧亚经济联盟和上海合作组织之间互利合作的可能性"；尽管存在一些缺点，但上海合作组织自成立以来的 15 年中，在促进区域经济合作方面发挥了重要作用。

观点摘要：

1. 许多国家以成员国、观察员国或对话伙伴国的身份加入欧亚经济联盟（EEU）和上海合作组织（SCO）。这些国家还积极支持和参与中国的"一带一路"倡议（"丝绸之路经济带"和"21 世纪海上丝绸之路"）。2015 年 5 月，俄罗斯总统弗拉基米尔·普京（Vladimir Putin）表示，需要将"丝绸之路经济带"和欧亚经济联盟对接起来，在此基础上形成横跨整个欧亚大陆的共同经济空间。在 2015 年 12 月的一次演讲中，他提出与欧亚经济联盟成员国、上海合作组织成员国和东盟成员国，以及将要加入上海合作组织的国家举行磋商。普京总统在 2016 年 6 月圣彼得堡国际经济论坛发表讲话时也提出了建立更大的欧亚经济伙伴关系的倡议。在同一天举行的同一论坛上，俄罗斯第一副总理舒瓦洛夫呼吁建立一个以欧亚经济联盟和上海合作组织为基础的全面欧亚经济伙伴关系。普京还建议将欧亚经济联盟、东盟、上海合作组织和"丝绸之路经济带"联系起来。普京在与东盟成员国新加坡、泰国、柬埔寨、印度尼西亚和马来西亚代表团举行的单独会晤中就在东盟与欧亚经

---

* Li Xin，俄罗斯和中亚研究中心主任。来源：瓦尔代国际辩论俱乐部（俄罗斯智库），2016 年 11 月 17 日。

济联盟之间建立自由贸易区达成共识。越南也于 2015 年 5 月与欧亚经济联盟签署了自由贸易协定。此外，在东盟与俄罗斯峰会上通过的《索契宣言》指出，有必要"探索东盟、欧亚经济联盟和上海合作组织之间互利合作的可能性"，并考虑俄罗斯的提案：对在东盟与欧亚经济联盟之间建立全面自由贸易区进行联合可行性研究。

2. 2016 年 3 月，中国、俄罗斯、哈萨克斯坦、吉尔吉斯斯坦、塔吉克斯坦经济部部长在莫斯科会晤，讨论了从上海合作组织框架内过渡到经济伙伴关系的机会和机制。部长们一致认为有必要研究在该组织内建立自由贸易区的可行性。因此，在不到一年的时间里，俄罗斯的"更大的欧亚大陆"这一概念已经超出了苏联所提类似概念的范围，涵盖了整个欧亚大陆，并可能最终促使在该地区建立一个共同的经济空间。在 2015 年乌法峰会上，上海合作组织启动了扩容进程，而且 2016 年在塔什干举行的上海合作组织峰会上，印度和巴基斯坦签署了加入上海合作组织义务的备忘录。上海合作组织致力于区域经济合作。尽管存在一些缺点，但上海合作组织自成立以来的 15 年中，在促进区域经济合作方面发挥了重要作用。

欧亚经济联盟和土耳其

Yaşar Yakış *

原文标题： Eurasian Union and Turkey

文章框架： 欧亚经济联盟是一个很有希望的组织，在土耳其获得多数民众的认可；上海合作组织（SCO）是土耳其与欧亚国家合作的另一个潜在领域；在目前情况下，土耳其可能不适合欧亚经济联盟。

观点摘要：

1. 土耳其对欧亚经济联盟的看法，一方面促使了泛突厥主义思潮的形成；另一方面促进了突厥语国家合作委员会的成立。既然哈萨克斯坦是欧亚经济联盟（EEU）和突厥语国家合作委员会（创始成员国包括阿塞拜疆、哈萨克斯坦、吉尔吉斯斯坦和土耳其）的成员国，那么土耳其也能加入欧亚经济联盟吗？欧亚经济联盟是一个很有希望的组织，在土耳其获得多数民众的认可。

2. 上海合作组织（SCO）是土耳其与欧亚国家合作的另一个潜在组织。上海合作组织覆盖了欧亚经济联盟涉及的大部分地理区域。土耳其表示有兴趣与上海合作组织进行合作或成为其一部分。目前还不清楚土耳其和上海合作组织之间可能建立哪种隶属关系。从土耳其的角度来看，上海合作组织并不是其加入欧盟进程的替代品，但如果土耳其加入欧盟的进程被搁置，那么其将不得不寻找替代品。

3. 在目前情况下，土耳其可能不适合欧亚经济联盟。不过，土耳其和俄罗斯有充分的理由继续巩固其目前强有力的经济联系。土耳其近

---

* Yaşar Yakış，土耳其前外交部部长。来源：瓦尔代国际辩论俱乐部（俄罗斯智库），2017 年 1 月 10 日。

60％的天然气来自俄罗斯。当由俄罗斯建造的 Akkuyu 核电站的第一个机组在 2022 年完工时，这种过度依赖将达到新高度。这是相互信任的标志。经济相互依存有助于政治稳定。土耳其将依赖俄罗斯的天然气，而俄罗斯将依靠销售天然气的收入。此外，即使土耳其不符合现行的欧亚经济联盟加入标准，但国际舞台也仍处于不断变化的状态。土耳其和俄罗斯所在地区都有动态变化。预测未来的权力平衡以及现有参与者在这种平衡中的相对作用将是不容易的。决定目前权力平衡的范式可能会演变，土耳其和俄罗斯将需要得到对方的支持。近年来土耳其与俄罗斯关系的波动表明了这一点。

就阿富汗问题在莫斯科举行六方会谈：
没有美国和北约？

Alexei Fenenko [*]

原文标题： Six – Party Conference in Moscow on Afghanistan：Without US and NATO？

文章框架： 2016 年 2 月 15 日，俄罗斯、阿富汗、巴基斯坦、中国、伊朗和印度的高级代表就阿富汗问题在莫斯科进行了磋商；此次莫斯科会议的目的是确定阿富汗政府与上海合作组织、集体安全条约组织的合作战略；此次会议只是试图将阿富汗与上海合作组织的对话和互动联系起来，这不是一个快速的过程，至少需要两年时间。

观点摘要：

1. 2016 年 2 月 15 日，俄罗斯、阿富汗、巴基斯坦、中国、伊朗和印度的高级代表就阿富汗问题在莫斯科进行了磋商。与会者同意不断努力，促进阿富汗内部的和解，同时保持现任阿富汗政府的领导作用。根据俄罗斯科学院国际安全问题研究所首席研究员阿列克谢·费年科（Alexei Fenenko）的说法，俄罗斯在阿富汗的安全问题上一直扮演着重要角色，主要基于三方面原因。首先，如果阿富汗存在真正的不稳定因素，那么将意味着塔吉克斯坦和乌兹别克斯坦会有内部政治动荡，而后两个国家是俄罗斯在中亚的主要盟友。即使乌兹别克斯坦现在不是该组织的一个成员，其内部动荡也将成为集体安全条约组织（CSTO）的主

---

* Alexei Fenenko，俄罗斯科学院国际安全问题研究所首席研究员，莫斯科国立大学世界政治系副教授。来源：瓦尔代国际辩论俱乐部（俄罗斯智库），2017 年 2 月 16 日。

要挑战。其次是北约在俄罗斯南部边境地区的存在。费年科说："对我们来说，这是一个特别重要的问题，因为北约将利用阿富汗来证明其在俄罗斯南部的存在。"最后，费年科指出印度所存在的问题。自 2011 年以来，在"阿富巴"（阿富汗和巴基斯坦）的长期项目框架内，美国人试图将印度与阿富汗问题的解决进程联系在一起。美国需要依靠由北约和印度保证的阿富汗－巴基斯坦共同空间。费年科说："事实上，在解决阿富汗冲突的幌子下，美国人打算把印度变成其一个重要区域合作伙伴。"

2. 此次莫斯科会议的目的是确定阿富汗政府与上海合作组织、集体安全条约组织的合作战略。鉴于目前阿富汗政府对安全问题信心不足（这是基于 2014 年夏天签署的相当不可靠的一揽子协议），其与俄罗斯和集体安全条约组织建立更牢固的关系是很重要的。俄罗斯正在成为阿富汗危机解决进程中的主要调解者之一。到目前为止，美国几乎控制了阿富汗所有的协议项目，其试图邀请中国，但没有邀请俄罗斯参与。现在，俄罗斯正试图解决这一问题。由于上海合作组织成员不包括美国，美国不参加这次会议也是很正常的。美国对阿富汗的任何直接或间接项目都是针对上海合作组织和集体安全条约组织的。

3. 目前，阿富汗和上海合作组织正在寻找接触点。费年科说，自然地，这样的一个接触可以是反美的。费年科强调特别令人感兴趣的是印度参加了此次会议。俄罗斯、集体安全条约组织与印度在阿富汗问题上的对话对美国人在过去五年里建立起的结构来说是一个严重打击。会议结束后，达成好的协议或"响亮"的声明的可能性很小。此次会议只是试图将阿富汗与上海合作组织的对话和互动联系起来。这不是一个快速的过程，至少需要两年时间。费年科总结道，美国人这次将与这种模式背道而驰。

上海合作组织成立 15 年之际：
提出新区域主义

Nivedita Das Kundu *

原文标题： Fifteen Years of Shanghai Cooperation Organization：Initiating New Regionalism

文章框架： 与其他组织不同，上海合作组织是为区域合作而设立的，目的是促进各成员国之间的联系；尽管中亚成员国中没有一个国家曾质疑过它们在上海合作组织的成员资格，但哈萨克斯坦、乌兹别克斯坦、吉尔吉斯斯坦和塔吉克斯坦对该组织"存在"的看法大相径庭；自 2001 年 6 月 15 日上海合作组织成立以来，各成员国认真努力使本组织成为一个成功的机制；但在相当长的一段时间内，中国并不是上海合作组织多边区域合作项目的积极参与者；中国与上海合作组织成员国加强了经济合作，俄罗斯强调了政治和安全方面的多边合作；印度和巴基斯坦长期以来一直在努力成为上海合作组织的正式成员；俄罗斯一直大力支持伊朗加入上海合作组织并成为正式成员国；印度与上海合作组织各成员国之间保持着良好关系，因此，未来合作的前景非常光明。

---

* Nivedita Das Kundu，印度贾瓦哈拉尔·尼赫鲁大学国际关系专业博士、美国伍德罗·威尔逊独立研究中心博士后，印度外交政策分析专家、"一带一路"倡议研究专家，现任职于印度区域研究中心，曾任国防分析研究所（IDSA）副研究员，主要研究地缘政治与地缘战略、印度周边地区战略问题及多边机制，著有《俄罗斯及其周边地区：战略动态与影响》，编撰《印俄战略伙伴关系面临的挑战与发展前景》。来源：瓦尔代国际辩论俱乐部（俄罗斯智库），2017 年 6 月 7 日。

观点摘要：

1. 上海合作组织（SCO）在过去 15 年里在该地区发挥了重要作用。与其他组织不同，上海合作组织是为区域合作而设立的，目的是促进各成员国之间的联系。尽管上海合作组织已经取得了一些成就，但各国在上海合作组织的区域主义方面的意见不尽相同。尽管一些人相信上海合作组织可以为该区域带来稳定和预见性，但另一些人认为该组织是一个维护威权政权和鼓动反西方措施的机制。当前关于区域主义的论述已经意识到区域合作机构应对跨国挑战和威胁反映了其所具有的相关性及时效性。上海合作组织各成员国将继续加强在安全、政治、经济方面的合作和在促进区域稳定方面的努力。尽管上海合作组织最初是一个区域组织，专注于一些具体的地区问题，但现在它的活动甚至扩大到宏观的区域范围。上海合作组织目前也致力于区域网络外交，以建立地区友好关系。如今，上海合作组织当然有可能在该地区发挥更大的作用。

2. 上海合作组织峰会于 2017 年 6 月在阿斯塔纳举行。哈萨克斯坦总统指出，加强区域安全、发展经济合作以及在过境和运输走廊方面进行合作，将是哈萨克斯坦在本组织的主要工作重点。尽管中亚成员国中没有一个国家曾质疑过它们在上海合作组织中的成员资格，但哈萨克斯坦、乌兹别克斯坦、吉尔吉斯斯坦和塔吉克斯坦对该组织"存在"的看法大相径庭。哈萨克斯坦是欧亚主义最积极的倡导者之一，普遍支持所有可行的区域合作形式。哈萨克斯坦也认为自己是该地区的"创意领袖"。即将到来的上海合作组织阿斯塔纳峰会的重点将是加强区域连通性，很明显大多数上海合作组织成员国现在都赞同中国的"一带一路"倡议——一项沿着"古丝绸之路"，途经该组织成员国，来连接贸易伙伴的重要政策。

3. 自 2001 年 6 月 15 日上海合作组织成立以来，各成员国认真努力地使该组织成为一个成功的机制。上海合作组织的主要规范性文件将上海合作组织描绘为一个促进对话、重视地区和平与安全的组织。2002年，《上海合作组织宪章》概述了其合作的主要领域，包括区域安全和建立信任措施；在外交政策问题上达成共识；共同打击一切形式的恐怖主义、分裂主义和极端主义，打击非法贩卖毒品和其他跨国犯罪活动等。

4. 但在相当长的一段时间内，中国并不是上海合作组织多边区域合作项目的积极参与者。但如今，中国和俄罗斯同其他成员国一道，保持了更密切的政治和经济交往，共同参与了一系列地区活动。中国力求通过上海合作组织实施的战略打击恐怖主义、极端主义和分裂主义，维护边境安全、地区稳定，参与经济发展活动并获取区域能源资源。中国还启动了上海合作组织多个成员国参与其中的"一带一路"倡议。

5. 中国在上海合作组织的领导地位被认为基于三大支柱。第一支柱是"上海精神"，也就是形成上海合作组织发展概念框架的原则。"上海精神"的原则是由当时的中华人民共和国国家主席江泽民制定的。"上海精神"包括互信、互利、平等、协商、尊重多样文明、谋求共同发展。中国领导地位的另外两大支柱包括：支持上海合作组织继续推进其制度化和多边项目。上海合作组织大多数成员国都在呼应中国的术语，并表示反对"三股势力"，即宗教极端势力、暴力恐怖势力和民族分裂势力。在过去 15 年里，有目共睹的是，上海合作组织内部在有关该组织的进一步发展方面取得了平衡。中国与上海合作组织成员国加强了经济合作，俄罗斯强调了政治和安全方面的多边合作。上海合作组织成员国如哈萨克斯坦、乌兹别克斯坦、吉尔吉斯斯坦和塔吉克斯坦都支持这两种做法，同时表示关切。

6. 印度和巴基斯坦长期以来努力成为上海合作组织的正式成员。上海合作组织决定批准印度和巴基斯坦加入，这会促进区域一体化进程，并加强上海合作组织的决定性作用。预计上海合作组织的正式成员国身份将使印巴两国在促进地区稳定方面发挥更有效的作用。2017 年 6 月在阿斯塔纳举行的峰会上，两国很可能成为上海合作组织的正式成员。这将使它们能够与上海合作组织其他成员国一道，加强政治、经济合作，建立"共同政策"。

7. 俄罗斯一直大力支持伊朗加入上海合作组织并成为正式成员国。然而，目前只有印度和巴基斯坦获得正式成员资格。由于印度和巴基斯坦都是涉及历史冲突的核大国，人们对它们的正式成员国身份感到担忧。一些人认为，这些新成员国可能会把它们的争端带到上海合作组织，使该组织效率降低。然而，反对的理由是目前上海合作组织成员之间也存在争议，但这并没有妨碍上海合作组织的效率。根据《上海合作组织宪章》，印度和巴基斯坦都符合上海合作组织法律文件中提到的标准，并在阿斯塔纳举行的上海合作组织成员国理事会上获得正式成员资格。上海合作组织的这一历史性决定将提升该组织的形象，并显著增强其在各个方面的能力。

8. 印度与上海合作组织各成员国之间保持着良好关系，因此，未来合作的前景非常光明。印度作为正式成员加入该组织将成为重要的一步。印度一直希望在上海合作组织中发挥更有建设性和更有意义的作用。印度的经济增长、潜在的年轻人口结构以及日益"增长"的政治倾向，可能成为上海合作组织发展的有利条件。上海合作组织正在逐步实现其经济一体化议程，包括建立自由贸易区，并为成员国的商品、服务和技术的自由流动制定规则。中印两国的强大关系将带来重要的贸易和投资机会。上海合作组织和印度有着共同的兴趣，即在阿富汗和周边地区捣毁恐怖主义网络。印度和其他成员国都认为阿富汗是一个至关重要的战略挑战。印度对与上海合作组织有关的安全表示关切，并与其他成员国在阿富汗问题上密切合作。上海合作组织多数成员国与阿富汗有着共同边界，这是上海合作组织维护阿富汗和平稳定的关键所在。因此，在这方面，上海合作组织期待与印度合作。印度是阿富汗重建和援助方面的主要捐助国。阿富汗政府也希望与上海合作组织成员国加强合作。印度可以通过成为上海合作组织的正式成员，降低政策壁垒，从而加强与其他国家的联系，活跃贸易氛围。从长远来看，印度通过与上海合作组织对话和更好的合作，或许能够实现自身在该地区的利益。

印度和巴基斯坦的加入凸显了
上海合作组织的外交潜力

Timofei Bordachev *

原文标题： Accession of India and Pakistan to SCO Highlights Organization's Diplomatic Potential

文章框架： 瓦尔代国际辩论俱乐部欧亚计划主任蒂莫菲·博尔达乔夫表示，相互之间存在强烈敌意的国家同时加入上海合作组织表明了该组织所具有的外交潜力。印度和巴基斯坦加入上海合作组织具有深刻的象征意义，该组织会成为印度和巴基斯坦进行对话的平台。

观点摘要：

1. 2017 年 6 月 9 日，上海合作组织成员国六位领导人在阿斯塔纳举行的首脑会议上签署了关于接纳印度和巴基斯坦加入上海合作组织的协议。根据瓦尔代国际辩论俱乐部欧亚计划主任蒂莫菲·博尔达乔夫的说法，相互之间存在强烈敌意的国家同时加入上海合作组织表明了该组织所具有的外交潜力。印度和巴基斯坦加入上海合作组织具有深刻的象征意义。蒂莫菲·博尔达乔夫接受瓦尔代国际辩论俱乐部采访时说，"这些国家处于强烈的敌对状态。两国同时加入这个既定的区域组织，显示出该组织的外交潜力。由于双方同意加入上海合作组织，一些人希望两国之间的对话可以采取更加系统的形式"。

2. 在过去 12 年中，印度在上海合作组织中拥有观察员地位。据纳

---

* Timofei Bordachev，瓦尔代国际辩论俱乐部项目主任，俄罗斯高等经济研究大学欧洲和国际事务研究中心主任。来源：瓦尔代国际辩论俱乐部（俄罗斯智库），2017 年 6 月 9 日。

伦德拉·莫迪（Narendra Modi）总理介绍，印度加入该组织有助于将它与其他国家的关系提高到一个新高度。博尔达乔夫表示，印度加入上海合作组织主要有助于其进一步融入欧亚地区。印度和中国之间的关系令人不安。博尔达乔夫说，"我认为重要的是，让这些参与者坐到谈判桌前，讨论积极的、具有前瞻性的议程，而不是讨论抑制双边互动的障碍"。上海合作组织会成为印度和巴基斯坦建立对话的平台。博尔达乔夫强调，"这是上海合作组织能为两国做的最重要的事情。印度和巴基斯坦不太可能受到双边议程的限制，并将共同参与更广泛的问题讨论"。他认为，上海合作组织成立的目的是就安全问题进行合作，避免成员国之间的潜在冲突。这个目标已经或多或少成功完成了。他还表示，"我相信，在印度和巴基斯坦加入安全问题和外交对话之后，上海合作组织将脱颖而出"。印度和巴基斯坦加入后，上海合作组织包括八个国家：中国、哈萨克斯坦、吉尔吉斯斯坦、俄罗斯、塔吉克斯坦、乌兹别克斯坦、印度、巴基斯坦。

上海合作组织的未来

Muratbek Imanaliev *

原文标题： What is the Future of the SCO?

文章框架： 如今，上海合作组织面临两个极其重要的战略问题，第一个问题是扩员，第二个问题是如何利用上海合作组织来对接欧亚经济联盟和"丝绸之路经济带"；某些成员国正在逐渐但很确定地对上海合作组织失去兴趣，并且不愿寻求新方式去为上海合作组织谋发展；近年来，中国经济影响力的增长使其成为上海合作组织的非正式领导者，在一些成员国中引起了政治和外交上的不安；根据上海合作组织的规定，接受新成员的决定是经协商一致而做出的，磋商持续了很长一段时间，但实际加入被无止境地延期；在主要成员国看来，上海合作组织新成员的地位以及它们所做出的承诺都很重要；随着印度和巴基斯坦的加入，上海合作组织具有一些独特的、前所未有的特点；鉴于不同的国际问题和经济合作方式，上海合作组织需要一个与现有发展理念截然不同的全新发展理念；上海合作组织具有作为合作伙伴、地理实体和信息资源供应地的必备能力；上海合作组织正处在一个十字路口，需要进行全面性和观念性的机构改革，但这样的改革观念必须在上海合作组织成员国之间达成一致。

观点摘要：

1. 如今，上海合作组织（SCO）面临两个极其重要的战略问题，

---

* Muratbek Imanaliev，上海合作组织前秘书长，吉尔吉斯斯坦公共政策研究所所长。来源：瓦尔代国际辩论俱乐部（俄罗斯智库），2017 年 6 月 16 日。

直到在最近的多边外交中才得以解决，同时在解决过程中各国之间的分歧也间接证明了这些问题的棘手性。然而，外交上的妥协和手段总是会使我们有可能找到一些令人满意的解决办法。第一个问题是扩员。事实上，上海合作组织的扩员已经发生，现在的任务是监督印度和巴基斯坦的和谐（或尽可能和谐），将两国内部和地区间的所有疑难问题纳入上海合作组织的结构、程序、规则和政策之中。第二个问题是如何利用上海合作组织来对接欧亚经济联盟和"丝绸之路经济带"。第一个问题似乎已得到了解决，但是更多的问题可能会接踵而至。而第二个问题也会变得更加复杂，但如此多的问题似乎在经过成员国协商一致决策之后就都轻而易举地解决了。总的来说，某些成员国正在逐渐但很确定地对上海合作组织失去兴趣，并且不愿寻求新方式去为上海合作组织谋发展。

2. 近年来，中国经济影响力的增长使其成为上海合作组织的非正式领导者，在一些成员国中引起了政治和外交上的不安。许多经济势力、财政力量和项目都被中国吸引，在某些方面这是一种非暴力、自然、合理的过程。独联体国家也许会得到政治和安全利益方面的补偿，但就这一点而言，上海合作组织的表现还不够，而且这些补偿还主要由集体安全条约组织提供。根据上海合作组织的规定，接受新成员的决定是经协商一致而做出的。磋商持续了很长一段时间，但实际加入被无止境地延期，不论候选国（特别是巴基斯坦和伊朗）是多么极力地推进这一进程。上海合作组织外交部部长们却只要求它们耐心等待，还声称两国的相关文件不够详尽，或者根本就没有递交。上海合作组织秘书长还讲述了加入该组织的具体程序和规则，但加入进程最终也没有取得任何进展。

3. 但就在同一时间两个重要事件迅速推进。首先，俄罗斯启动欧亚经济联盟项目，中国启动了"丝绸之路经济带"项目，并最终提出了打造"大欧亚"的理念（包括欧亚经济联盟、上海合作组织、丝绸之路经济带、东盟，有可能的话，欧亚经济联盟与上海合作组织的候选国也会参与其中），这是一项地缘政治任务。其次，候选国越来越倾向于暂缓加入该组织的进程，因为它们厌倦了漫长的等待。这对上海合作组织成员国来说是一种令人不快的迹象，因为该组织一再声明它的开放、透明。而这则属于地缘战略问题。印度和巴基斯坦的加入，以及伊朗的加入计划，将丰富上海合作组织的地缘政治资源和提升其潜在的经济地位。一方面，这将促使出现就领土、人口、文化和文明多样性方面而言历史上最大的国际组织（在不考虑国内生产总值的情况下）；另一方面，这将削弱本已低效的后勤和行政机构。这并不可怕，因为大多数国际组织都以同样的方式运作，只有极少数国际组织才称得上有所不同。

4. 在主要成员国看来，上海合作组织新成员的地位以及它们所做出的承诺都很重要。这是许多公关问题以及地缘政治、政策、经济和其他方面差异产生的原因。为了避免这些问题，许多紧迫的议题必须从议程和有关文件中删除。印度的加入将提高俄罗斯－印度－中国三边倡议（会偶尔或持续地讨论上海合作组织的问题）的重要性，这使得它们之间达成共识至关重要。在这个三角关系中，俄罗斯与印度、俄罗斯与中国之间的关系似乎比中国和印度之间的关系更有利也更友好。考虑到中印之间存在分歧，俄罗斯能否发挥调解作用？或者，这个任务会由其他国家承担吗？这将取决于中国和印度如何相处。最棘手的问题是，印度加入上海合作组织后，印美关系将如何发展。这将带来新的麻烦还是新的选择？随着印度和巴基斯坦的加入，上海合作组织具备了一些独特的、前所未有的特点。第一，该组织是一个由拥有不同政治制度的国家组成的共同体。第二，所有成员国，特别是主要成员国，都处于不同的经济发展水平。第三，各成员国有着不同的信仰。第四，各成员国存在文化差异，当然还有其他不同之处。上海合作组织过去将各国不同的特性结合在一起，但现在看来它们明显"水火不容"。欧盟、北约、东盟和任何其他国际组织也都有类似的情况。但是这种差异性能让我们更好地理解各个国家在国际上扮演的不同角色。同时，这些因素也影响着各国的外交和政策走向。所有这一切必将影响上海合作组织成员国的地位。这到底是好还是坏？其实都不是，真正起作用的是各成员国间的和谐共处，而非取决于上海合作组织内部的一些因素和情况。

5. 世界上的一些国家当然希望，上海合作组织能在促进政治和经济新秩序的出现，遏制极端主义、恐怖主义和其他跨境犯罪，向发展中国家和落后国家提供经济援助，设计新的或改进旧的国际经济事务的规则和标准等方面发挥作用。但在有所行动之前，上海合作组织应该好好地分析一下是什么让这些因素结合在一起。不太可能是反美主义，也许是为了打击宗教极端主义和恐怖主义，最可能的还是为了创造一个共同的经济空间。鉴于这些不同的国际问题和经济合作方式，上海合作组织需要一个与现有发展理念截然不同的全新发展理念。

6. 另一个严重的问题是未来与欧盟的合作以及与"丝绸之路经济带"的连通性。总体而言，上海合作组织具有作为合作伙伴、地理实体和信息资源供应地的必备能力。上海合作组织是一个国际公认的合作伙伴，具有管理和执行机构的职能。而它真正需要的也正是作为合作伙伴的地位。问题是，欧盟是否需要这个合作伙伴，特别是在欧亚经济委员会与中国达成合作协议之后。"大欧亚"当然会为上海合作组织留有一席之地，但该组织很可能也只是一个被动的观察者。上海合作组织的地理因素非常吸引人。首先，这个空间是显而易见的。其次，上海合作组织的空间，特别是中亚地区，都被由外国投资和技术支持的经济发展项目所覆盖。最后，上海合作组织的安全性基本上是令人满意的，但仍有必要建立一个由欧洲安全理事会和上海合作组织共同创建的区域集体安全体系。实际上，作为沟通想法和倡议的信息资源供应地，上海合作组织由于其成员国间的分歧并没有那么具有建设性。

7. 上海合作组织正处在一个十字路口。随着欧亚项目的推进、新成员的加入，上海合作组织不断面临来自其新成员国所带来的不利环境、消极因素等方面的挑战，该组织需要进行全面观念性和机构性的改革，但这样的改革观念必须在上海合作组织成员国之间达成一致。

一个没有霸权的体制？西方的教训 以及欧亚合作

Timofei Bordachev *

原文标题： A Regime with No Hegemon? Lessons from the West and Cooper-
ation in Eurasia

文章框架： 美国对俄经济制裁不仅会让俄罗斯企业遭受损失，也会殃及
与俄罗斯进行能源合作的欧盟国家；尽管上海合作组织正在
经历艰难时期，但其为地区参与国缩小分歧、开展外交对话
提供了一个平台。

观点摘要：

1. 2017 年夏，美国国会批准通过了一份由美国总统唐纳德·特朗
普签署的法案，该法案提出对俄罗斯、伊朗以及朝鲜实施经济制裁，并
将这一举措纳入美国外交政策当中。然而，这次制裁不仅会让上述三个
国家的企业遭到惩罚，也会使其他与上述三国进行合作的经济部门
"遭殃"。以俄罗斯为例，与俄罗斯开展能源生产合作的欧盟国家也会
受到影响。

2. 欧洲国家当然会向美国妥协。但是，美国对一些战略性问题随
心所欲的处理方式表明其正在试图退出全球领导地位，而这可能会有损
西方社会的团结。在这样的背景下，中国和俄罗斯必须推动两国关系在
欧亚大陆的发展，并将其他地区参与者纳入它们的合作框架中。因此，
重点是要比较各个地区参与者的表现和策略，并将这些策略转化为体制

---

* Timofei Bordachev，瓦尔代国际辩论俱乐部项目主任，俄罗斯高等经济研究大学
欧洲和国际事务研究中心主任。来源：瓦尔代国际辩论俱乐部（俄罗斯智库），
2017 年 8 月 29 日。

机制。具体而言，上海合作组织（SCO）正在经历艰难时期。尽管如此，该组织为影响欧亚地区安全和经济发展的关键国家提供了一个外交平台。上海合作组织面临的主要问题是，中国、印度和巴基斯坦这三个成员国之间冲突不断。在上海合作组织框架内改善与中国、俄罗斯以及周边国家关系的主要外交手段是确保它们之间不存在任何较大的分歧。出于上述原因，上海合作组织成为通过外交对话解决冲突的平台。潜在的地区参与者对许多国际关系指导性原则表示认同，这些原则对于在地区层面上建立国际体系也是必不可少的。

欧亚大陆：是否注定要分裂

Timofei Bordachev *

原文标题： Eurasia：Doomed to Division？

文章框架： 在过去两三年里，世界对欧亚大陆的兴趣空前高涨；一些专家认为，将整个世界分裂为一些大区域可能会拯救全球化；中国和印度之间的军事和外交冲突长期以来影响着上海合作组织的运转。

观点摘要：

1. 在过去两三年里，世界对欧亚大陆的兴趣空前高涨。与西方国家的冲突推动俄罗斯转向东方，俄罗斯的这一举措与中国新的地缘经济倡议不谋而合。2013 年，中国提出了重振"丝绸之路"的大型合作计划。从政治上来说，欧亚大陆这一概念从将欧亚经济联盟（EEU）与中国的"一带一路"倡议对接起来转变为形成全面的欧亚伙伴关系。欧亚地区的其他国家，包括提出"现代欧亚"概念的哈萨克斯坦正在将关注点放在地区合作的务实性方面。中国也是如此。与俄罗斯不同，中国提出的倡议在政治层面上更加抽象，而在物质层面上则更加充足。俄罗斯在欧亚事务上的政治热情是很容易被理解的。过去几年的政治事件表明俄罗斯似乎摆脱了矛盾情绪，将自身视为一个独立的发展中心，而不是欧洲或亚洲无关紧要的一部分。但是，俄罗斯必须把不断增长的自我认同感与地区性合作机制结合起来，把俄罗斯的国家利益与欧亚大陆的整体利益结合起来。换句话说，俄罗斯必须走欧洲国家的老路，像

---

* Timofei Bordachev，瓦尔代国际辩论俱乐部项目主任，俄罗斯高等经济研究大学欧洲和国际事务研究中心主任。来源：瓦尔代国际辩论俱乐部（俄罗斯智库），2017 年 9 月 7 日。

20世纪下半叶的德国和法国一样，寻求联合发展与和平。

2. 全球和地区发展趋势表明，在这个历史性时刻，欧亚大陆的概念可能会超越政治言论的层面，也不仅仅是一种美好的愿景。一些专家认为，将整个世界分裂为一些大区域可能会拯救全球化。处于这些大区域中的国家将更容易减少由全球政治恶化（主要是为了实现狭隘的国家目标而不断增加的民族利己主义以及对共同利益的忽视）所带来的危害。世界分裂为大区域的普遍趋势与过去几年间欧亚国家提出的一些倡议是一致的。中国是欧亚大陆上最大的国家之一。从人口特征来看，中国能够实现自给自足，而且其似乎不需要融入更广泛的国家联盟。但是，中国不能回到因闭关锁国引发民族灾难的时代。因此，中国实行了开放政策，不断融入世界，尽管在欧洲国家看来，中国仍然缺乏融入世界的外交经验。从俄罗斯的人口特征来看，其无法实现自给自足。因此，俄罗斯必须依靠更加先进的行为准则和共同价值来建立国际社会。蒙古国以及中亚国家正在制定自身的发展目标，它们正在美国和欧洲国家的帮助下与地区内外更多的国家开展合作，并试图与强大的邻国即中国和俄罗斯在国力上实现对等。

3. 欧亚大陆是世界上最大的、人口最多的大陆。如果把欧亚大陆看作一个同心圆，那么该大陆包含一个中心和三个外围地区。中心（也就是第一个同心圆）以中亚国家、中国、俄罗斯和蒙古国为代表。第二个同心圆包含土耳其、印度、巴基斯坦、阿富汗、伊朗和韩国，其他的外围地区分别是欧洲、东南亚和中东地区。规划欧亚大陆未来的一个主要任务是欧亚各国如何在开放和普适的前提下开展合作。遗憾的是，总的来说这方面的经验是不足的。上海合作组织就是一个生动的例证：开放导致了合作危机。中国和印度之间的军事和外交冲突长期以来影响着上海合作组织的运转。在2017年上海合作组织扩员之前，该组织成员国推动合作升级的能力依旧受限。但上海合作组织的扩员并没有消除二分法的重要性，即对内合作，对外开放。

伊朗加入上海合作组织的前景

Nandan Unnikrishnan [*]

原文标题： Iran's Prospects in Joining the SCO

文章框架： 伊朗加入上海合作组织对双方都有好处；随着伊朗的加入，
上海合作组织将能够解决阿富汗问题，并发展战略运输走
廊；就区域安全而言，伊朗的参与可能有助于稳定阿富汗
局势。

观点摘要：

1. 瓦尔代国际辩论俱乐部专家、观察家研究基金会副主席兼高级
研究员南丹·乌尼克瑞希南（Nandan Unnikrishnan）表示，伊朗加入上
海合作组织对双方都有好处。随着伊朗的加入，上海合作组织将能够解
决阿富汗问题，并发展战略运输走廊。作为上海合作组织的成员国之
一，伊朗将提高其作为区域合作伙伴的地位。伊朗长期以来一直在上海
合作组织中享有观察员地位，但由于与伊朗核计划有关，其加入上海合
作组织的申请数年来一直未被考虑。现在这些问题解决了，但我们应该
记住，上海合作组织新成员加入的所有决定都是通过协商一致的方式做
出的。南丹·乌尼克瑞希南在接受瓦尔代国际辩论俱乐部的电话采访时
说，"伊朗加入上海合作组织是一个悬而未决的问题，但毫无疑问，这
将是一个积极的举动。这在很大程度上将取决于其他在中东有影响力的
国家的政策，这些国家不想让伊朗加入上海合作组织，因为那样将立即
提高伊朗作为地区参与者的声誉。现在与伊朗对抗的国家都会尽全力阻

---

* Nandan Unnikrishnan，瓦尔代国际辩论俱乐部专家、观察家研究基金会副主席
兼高级研究员。来源：瓦尔代国际辩论俱乐部（俄罗斯智库），2017 年 12 月
13 日。

止这种情况的发生"。这个问题首先是关于沙特阿拉伯的。专家说，"总之，其在中东的政治活动将发挥作用。沙特阿拉伯和伊朗之间仍然存在对抗。沙特阿拉伯在中亚一些国家有相当强的影响力"。根据南丹·乌尼克瑞希南的说法，如果伊朗成为上海合作组织的成员国，那么这将使该组织和伊朗双方都受益，使得该组织成为真正的地区性组织。伊朗的加入将有助于运输走廊的发展。专家表示，国际南北运输走廊的不同分支可以将阿富汗和中亚连接到从东南亚经过印度到圣彼得堡和欧洲的干线运输走廊上。

2. 就区域安全而言，伊朗的加入可能有助于稳定阿富汗局势。专家表示，"随着伊朗的加入，上海合作组织包含了与阿富汗接壤的所有国家（土库曼斯坦除外），无论是中国、俄罗斯、巴基斯坦还是印度，所有在阿富汗有一定影响力或利益的国家都是上海合作组织的成员。所以它们之间的协议实际上将保证解决阿富汗问题"。

3. 此外，由于伊朗加入上海合作组织，中国的"一带一路"倡议将有一个替代方案，从而给印度带来某些担忧。南丹·乌尼克瑞希南总结道，"对所有其他国家来说，这是一个小而有战略意义的空间，它们可以与中国进行合作"。上海合作组织成立于2001年，最近一次大规模扩容是在2017年6月9日，当时印度和巴基斯坦加入。

联合区域主义：全球治理中缺失的一环

Yaroslav Lissovolik [*]

原文标题：Syndicated Regionalism：The Missing Link in Global Governance

文章框架：如果有人企图通过一种更加协调的方式将地区主义灌输至机构和融资安排，那么这似乎可以在欧亚大陆实施；事实上，可能存在这样的情况，即将区域发展银行和中国的发展机构进行多边联合；上海合作组织追求的首要任务是协调欧亚大陆三大发展中国家的一体化推动因素和优先事项；当前全球治理体系中缺少的是区域安排之间更大的协调，即通过一个"联合区域主义"（区域主义组织）系统来填补区域经济合作的空白。

观点摘要：

1. 如果有人企图通过一种更加协调的方式将地区主义灌输至机构和融资安排，那么这似乎可以在欧亚大陆实施，因为欧亚大陆正见证一系列大规模的一体化项目的开展，如"一带一路"倡议。随着中国创建了众多机构来支持这种一体化努力，其中包括亚洲基础设施投资银行

---

* Yaroslav Lissovolik，哈佛大学经济学学士，莫斯科国际关系研究所国际经济关系专业硕士，伦敦政治经济学院经济学硕士，还拥有经济学博士学位；现任欧亚发展银行首席经济分析师、俄罗斯瓦尔代国际辩论俱乐部项目主任；2015 年加入欧亚开发银行，担任首席经济学家，负责宏观经济分析与预测，以及宏观经济研究；2001~2004 年，在国际货币基金组织工作，曾任华盛顿俄罗斯联邦执行董事顾问；2004 年加入德意志银行，担任首席经济学家；2009 年，担任俄罗斯公司研究主管，并在 2011 年担任德意志银行管理委员会成员；担任外交和国防政策理事会以及布雷顿森林体系委员会成员。来源：瓦尔代国际辩论俱乐部（俄罗斯智库），2018 年 1 月 12 日。

（AIIB）、由中国国家开发银行与金砖国家新开发银行（NDB）支持的"丝路基金"，以及在欧洲和亚洲的区域发展机构，欧亚开发银行在通过一种协调的方式追求"一带一路"倡议连通性和基础设施发展目标时，极有可能会带来巨大好处。

2. 事实上，可能存在这样的情况，即将区域发展银行和中国的发展机构进行多边联合，这将寻求在现有沿丝绸之路的欧亚机构之间的合作中产生协同效应，即从西部的欧洲开发银行到东部的中国国家开发银行和中国－东盟投资合作基金（CAF）。好处包括：在欧亚大陆的各个部分发展联合融资项目的可能性；共享基础设施开发方面专业知识的可能性；在一般管线工程建设中，发展更长期战略的能力；以及增强在欧亚大陆上的互补性而不是否定或重复彼此的努力。

3. 上海合作组织（SCO）可以充当一个类似的平台，该组织追求的首要任务是协调欧亚大陆三大发展中国家（即俄罗斯、中国和印度）的一体化推动因素和优先事项。在各个区域发展机构之间，上海合作组织这一共同的合作平台有助于减轻这三大发展中国家之间东西向和南北向重点运输走廊可能产生的摩擦。关于设立上海合作组织开发银行的讨论将有可能加强本组织的这种协调能力。

4. 总之，当前全球治理体系中缺少的是区域安排之间更大的协调，即通过一个"联合区域主义"系统（区域主义集团）来填补区域经济合作的空白。协调过程的制度化可以通过各自的开发银行和其他机构之间更强的合作来实现，而在区域范围上，更强的协调包括欧亚大陆的上海合作组织和"一带一路"倡议之间的合作，以及在非洲和拉丁美洲类似的区域和大陆联合。这种协调还可以包含全球治理中的跨大陆因素，如"金砖国家＋"的形式，或建立一个可以将最大区域一体化组织汇聚在一起的南北合作机制。

用"雷鸣般的力量""严打"新疆恐怖主义：
中国对新疆恐怖主义动用武力

Michael Clarke *

原文标题： "Striking Hard" with "Thunderous Power"：Beijing's Show of Force
in Xinjiang

文章框架： 中国决心用"剑拔弩张，重拳出击"等"雷鸣般的力量"
对该地区恐怖分子实行"严打"；面临新疆恐怖主义的威
胁，中国在上海合作组织内进一步推进安全议程，深化与阿
富汗和巴基斯坦的双边安全合作。

观点摘要：

1. 2017 年 2 月，中国派出数千名配备军事装备的安保人员在新疆
维吾尔自治区进行了一次大规模游行。《环球时报》将这次游行称为在
新疆维吾尔自治区南部主要城市喀什与和田以及首府乌鲁木齐举行的反
恐"宣誓游行"。据新疆维吾尔自治区党委副书记朱海仑介绍，此次集
会表明中国决心用"剑拔弩张，重拳出击"等"雷鸣般的力量"对该
地区恐怖分子实行"严打"。一些观察家认为，由于新疆地区的恐怖袭
击事件增加，中国此举标志着其将对该地区实行新的"焦土"反恐政
策。马克（Marc Julienne）和鲁道夫（Moritz Rudolf）汇编的 2010 年至
2014 年的数据显示，在新疆地区和其他"疆独"分子活动地区发生的
恐怖主义袭击已造成 468 人死亡，548 人受伤，虽然新疆地区的暴力冲
突数量有所上升，但是中国的相关举措和言辞不应被视为"新"反恐

---

* Michael Clarke，澳大利亚国立大学国家安全学院副教授。来源：洛伊国际政策
研究所（澳大利亚智库），2017 年 2 月 22 日。

战略的开始，而应被视为打击恐怖主义分裂分子政策的加强。

2. 面临新疆恐怖主义的威胁，中国在上海合作组织（由中国、俄罗斯、哈萨克斯坦、吉尔吉斯斯坦、塔吉克斯坦和乌兹别克斯坦组成）内进一步推进安全议程，深化与阿富汗和巴基斯坦的双边安全合作。在上海合作组织中，中国通过巩固聚焦于"三股势力"的"跨地区安全威胁的共同话语"成功地嵌入了尼克尔·杰克逊（Nicole J. Jackson）所谓的"国家多边主义"架构，将"主权、国家边界不可破坏与政权安全"视为优先事项以保护成员国的政治制度、国家地位和利益。这一议程在上海合作组织的实践中得到了充分体现，上海合作组织专注于定期举行联合军事与反恐演习，加强针对引渡疑似"恐怖分子"的司法合作和信息共享。这一议程也渗透到中国在上海合作组织之外的维和恐怖主义斗争中，比如最近中国与阿富汗、巴基斯坦和塔吉克斯坦达成协议，建立"四国机制"，在反恐形势研判、线索核查、情报共享、反恐能力建设、反恐联合训练、人员培训方面开展协调行动并提供相互支持。尽管中国尽了最大的努力反对恐怖主义，但在这方面仍然面临一个困境，即中国越努力团结新疆维吾尔族人民，新疆地区恐怖主义分裂组织在国内外所构成的威胁就越大。

重塑印度在中亚的参与：从象征到实质

Bhavna Dave [*]

原文标题：Resetting India's Engagement in Central Asia：From Symbols
to Substance

文章框架：2015 年 7 月，印度总理纳伦德拉·莫迪先后访问了 5 个中亚
共和国，随后到达俄罗斯乌法出席上海合作组织（SCO）峰
会、金砖国家（巴西、俄罗斯、印度、中国和南非）峰会
以及欧亚经济联盟（EEU）的非正式会议；作为上海合作
组织的"新成员"，印度在寻求与欧亚经济联盟建立合作伙
伴关系的同时，也有可能在很长一段时间内成为一个公正的
第三载体；上海合作组织乌法峰会通过了接受巴基斯坦和印
度成为正式成员国的决议，这是印度作为一个地区和全球大
国的一次新亮相；作为唯一一个即将成为上海合作组织成员
国的民主国家，印度的加入可以消除上海合作组织的"反
西方"形象，或者成为中国的外交政策工具；2004 年，上
海合作组织在乌兹别克斯坦首都塔什干建立了地区反恐怖机
构执行委员会（RATS），以分享有关伊斯兰跨境恐怖活动
的情报；2016 年上海合作组织塔什干峰会上印度和巴基斯

* Bhavna Dave，美国锡拉丘兹大学政治科学博士，伦敦大学亚非学院政治与国际
研究系高级讲师，目前的研究与写作内容主要集中在欧亚地区的劳动力迁移以
及迁移过程，特别关注俄罗斯和哈萨克斯坦、俄罗斯远东地区的移民和发展、
欧亚大陆的地缘政治和联盟以及印度 – 中亚关系。来源：拉惹勒南国际研究院
（新加坡智库），2016 年 1 月 15 日。

坦签署了加入上海合作组织义务的备忘录；由于缺乏成为保护伞的手段、能力和共识，引用印度毛派的话说，上海合作组织现在正在"两条腿走路"（意指俄罗斯和中国）；上海合作组织可以为巴基斯坦提供一个额外的外交论坛，尽管莫迪政府与前几任政府类似，但迄今为止，它更加倾向于通过直接的双边渠道和巴基斯坦对话。

观点摘要：

1. 2015 年 7 月，印度总理纳伦德拉·莫迪（Narendra Modi）先后访问了 5 个中亚共和国，随后到达俄罗斯乌法出席上海合作组织（SCO）峰会、金砖国家（巴西、俄罗斯、印度、中国和南非）峰会以及欧亚经济联盟（EEU）的非正式会议，为新阶段印度在该地区的全面参与做出了保证。在数十年的不作为和惰性之后，印度在中亚地区的角色重新发挥了作用，其间穿插着善意和热忱。由于缺乏与中亚的物理联系和运输联系，印度正在开发可通过伊朗和阿富汗访问中亚的替代渠道。印度显而易见的目标是扩大其经济活动，特别是与中亚的贸易，但也有必要提升印度的能源安全和战略地位。印度正在以邻国、地区大国和全球参与者的身份，在中国的经济进入新常态，俄罗斯的地缘政治主导地位以及西方影响力和可信度下降的过程中，发挥其在中亚地区的战略作用。

2. 虽然印度是"大器晚成者"，但印度的优势在于在该地区发挥其软实力并树立中立但有利的形象以加强在以下领域的双边关系：信息技术、知识迁移、企业发展、创新、医药卫生、文化旅游、交通互联互通、能源安全、战略合作等。印度希望成为一个引人注目的战略参与者的努力取决于它能否与中亚共和国建立紧密的战略双边伙伴关系，能否通过与俄罗斯的紧密关系加强双边安全合作，并与中国在中亚的基础设施发展倡议加强合作。印度也需要加强其对巴基斯坦的关注。作为上海合作组织的"新成员"，印度在寻求与欧亚经济联盟建立合作伙伴关系的同时，也有可能在很长一段时间内成为一个公正的第三载体。印度可以通过此举巩固其作为一种规范性力量的地位，使其能够在能源和运输基础设施以及促进安全安排方面进行必要的技术和金融投资，推动规范和国际治理机制的转变，增强其在全球舞台上的地位。

3. 2015 年 7 月，印度总理纳伦德拉·莫迪访问所有 5 个中亚共和国，这是一个决定性的转变，从"陈词滥调"的历史联系和友好关系转变为印度与该地区新的经济和战略合作。这是印度总理在 P. V. 纳拉辛哈·拉奥（P. V. Narasimha Rao）总理于 1993 年和 1995 年对中亚共和国进行友好访问之后进行的首次全面访问。莫迪在此次为期 6 天的访问之后，到达俄罗斯乌法参加了上海合作组织峰会以及金砖国家领导人峰会。上海合作组织乌法峰会通过了接受巴基斯坦和印度成为该组织正式成员国的决议，这是印度作为一个地区和全球大国的一次新亮相，国际媒体也注意到了这一点。"德国之声"指出，此次访问是印度与该地区关系的新篇章，而《每日电讯报》则将其描述为挑战中国的主导地位。莫迪的中亚任务是实现重要的突破。这种突破使印度在中亚的政治版图上更加引人注目。这次访问的第一个主要目标是采取具体步骤加强经济和贸易联系，重点强调能源和交通互联互通。第二个主要目标是通过建立更紧密的双边关系以及多边伙伴关系加强和深化印度与中亚地区的战略接触，促进阿富汗的稳定和发展。此次访问的两个关键过程为印度全面参与的前景提供了支持。首先，取消对伊朗的国际经济制裁，伊朗是印度发起的通过印度建造恰巴哈尔港以与中亚各国建立联系的主要渠道。其次，在乌法举行的上海合作组织峰会宣布启动接纳印度、巴基斯坦加入上海合作组织的程序，并且莫迪出席了欧亚经济联盟非正式会议，这奠定了其欧亚大陆坚定参与者的地位。

4. 作为唯一一个即将成为上海合作组织成员国的民主国家，印度的加入可以消除上海合作组织的"反西方"形象，或者成为中国的外交政策工具。1996 年，中国与俄罗斯、哈萨克斯坦、吉尔吉斯斯坦和塔吉克斯坦共同创建了"上海五国"会晤机制，这是一种保护中国西部边境和促进该地区边境安全的"工具"——它打击了中国所谓的"暴力恐怖势力、民族分裂势力和宗教极端势力'三股势力'"。在乌兹别克斯坦加入"上海五国"会晤机制之后，该组织更名为上海合作组织，继续扩大其作用、成员范围以及目标。2005 年，印度寻求在俄罗斯的帮助下加入上海合作组织，然而 2006 年，巴基斯坦则在中国的鼓励下申请加入上海合作组织。尽管俄罗斯积极推动印度加入上海合作组织，但随后的讨论让印度和巴基斯坦达成共识。

5. 从阿富汗撤出的以美国为首的北约部队也向上海合作组织施压，要求其扩大"安全保护伞"。与一些称上海合作组织是"远东版北约"的描述相反，中国反对上海合作组织在该地区进行任何可能的军事行动。2004年，上海合作组织在乌兹别克斯坦首都塔什干建立了地区反恐怖机构执行委员会（RATS），以分享有关伊斯兰跨境恐怖活动的情报。地区反恐怖机构执行委员会还寻求在该区域进行安全合作，打击毒品贩运和恐怖主义。然而，成员国之间缺乏信任，对恐怖主义模糊且政治化的定义，以及成员国对不同议程的追求都限制了通过地区反恐怖机构执行委员会进行多边安全合作的进程。

6. 2016年上海合作组织塔什干峰会上印度、巴基斯坦签署了加入上海合作组织义务的备忘录。随着印度和巴基斯坦成为上海合作组织正式成员国，上海合作组织的重点可能会转向地区安全问题，特别是在稳定阿富汗问题，以及应对"伊斯兰国"对该地区的威胁上。俄罗斯和中国被称为"教父"，在上海合作组织内部保持战略平衡的同时追求各自的利益，如果上海合作组织将成为一个可行的战略合作框架，那么印度需要明确表明其优先事项。

7. 目前，俄罗斯领导的集体安全条约组织（CSTO）是该地区唯一一个表面上的"安全提供者"，它的使命是授权在其成员国领土内部署快速反应部队，以应对任何外部或内部威胁。尽管俄罗斯在过去几年里加强了在塔吉克斯坦的军事存在，以打击这个脆弱国家的毒品贩运和叛乱，但是集体安全条约组织的实际部署能力仍然有限。与此同时，俄罗斯仍反对美国和北约部队在阿富汗的任何长期军事存在。相比之下，中国表示愿意在安全问题上进行合作，并不反对美国在阿富汗的长期存在，这有助于保障中国在阿富汗的巨额投资。截至目前，上海合作组织仍然是一个共同的框架，是战略与经济合作的松散组织，以促进共同安全利益为主，共同造福于本地区。由于缺乏成为保护伞的手段、能力和共识，引用印度毛派的话说，上海合作组织现在正在"两条腿走路"（意指俄罗斯和中国）。印度有可能成为上海合作组织的第三大支柱，这将有助于更好地协调美国为稳定阿富汗与欧亚大陆地区所做的努力。

8. 作为一个有抱负的全球参与者和一个已确立的区域大国，寻求与该区域建立更深入的联系并为区域安全与发展做出贡献，印度还需要超越其对巴基斯坦的偏见和对中国的焦虑，同时与所有中亚国家进行深度战略合作。上海合作组织可以为巴基斯坦提供一个额外的外交论坛，尽管莫迪政府与前几任政府类似，但迄今为止，它更加倾向于通过直接的双边渠道和巴基斯坦对话。

中国和中东：冒险进入旋涡

James M. Dorsey [*]

原文标题：China and the Middle East：Venturing into the Maelstrom

文章框架：中国在中东日益重要的经济和安全利益产生了一定的影响；
　　　　　除了需要保护其投资和公民外，中国在稳定整个欧亚大陆方
　　　　　面有着战略意义；成立于 2001 年的上海合作组织（SCO）
　　　　　旨在增强中国的软实力和硬实力。

观点摘要：

1. 中国在中东日益重要的经济和安全利益产生了一定的影响。中
国不仅影响了该地区的能源安全，还影响其区域姿态，以及与地区大国
关系和美国的关系等。这些利益主要是由中国的"一带一路"倡议推
动的，该倡议旨在通过相互关联的基础设施、投资和扩大的贸易关系，
将亚欧大陆整合起来。保护其迅速增长的利益正迫使中国重新调整其在
该地区的政策和关系。

2. 随着中东和北非的动荡（往往是暴力的政治过渡），中国感到压
力并意识到不能再对中东和北非的多重冲突无动于衷。中国长期坚持不
干涉别国内政，拒绝增加其外国军事存在，它坚持自己的首要目标是发
展互利的经济和商业关系，但这些已经不足以维护其切身利益。在可预
见的未来，中国将越来越多地成为与美国进行竞争性合作的区域参与
者，这是基于重新审视长期以来的外交和国防政策原则的压力，也由于
中国在中东和北非的主要利益已经远远超出了狭隘的能源范畴（尽管
其一半石油进口依赖该地区）。除了需要保护其投资和公民外，中国在

＊　James M. Dorsey，拉惹勒南国际研究院高级研究员。来源：拉惹勒南国际研究
　　院（新加坡智库），2016 年 3 月 18 日。

稳定整个欧亚大陆方面有着战略意义。对中国政策界的许多人来说，这提高了中国与美国合作的必要性。

3. 成立于2001年的上海合作组织（SCO）旨在增强中国的软实力和硬实力。对"一带一路"建设来说非常重要的两个国家都与上海合作组织有关：在上海合作组织中，伊朗作为观察员国，而土耳其作为对话伙伴国。中国表示将支持伊朗加入上海合作组织。此外，填补欧亚大陆的空白将使中国处于这样的位置：在稳定中东方面，美国将需要中国的支持。

上海合作组织：冒险寻求新平衡

Aidar Amrebayev *

原文标题：Shanghai Cooperation Organization：Risky Search for New Balance?

文章框架：最近在塔什干召开的上海合作组织峰会不仅是该区域格局的转折点，而且会影响世界秩序。

观点摘要：

1. 2016 年 6 月 23 日至 24 日，乌兹别克斯坦首都塔什干主办了上海合作组织领导人峰会。这是一个重大事件，不仅可以成为区域格局的转折点，而且会影响世界秩序。有趣的是，上海合作组织是苏联解体之后，在打击所谓"三股势力"（暴力恐怖势力、宗教极端势力和民族分裂势力）的背景下，为解决新独立的中亚国家与中国之间的跨界问题而成立的。上海合作组织显然希望在当今世界中扮演更重要的角色。尽管这一趋势是一种扩张，但其发展并非没有风险。

2. 上海合作组织在印度和巴基斯坦的扩张是此次首脑会议议程上的主要议题。在过去的上海合作组织协议中，这两个国家的领导人对上海合作组织表示支持。在批准之后，印度和巴基斯坦在 2017 年成为上海合作组织正式成员。此外，伊朗也可能在解除联合国对其制裁后加入该组织。在塔什干峰会上，除了地区安全问题外，各国元首还讨论了俄罗斯总统普京提出的评估欧亚经济联盟（EUU）、上海合作组织和东盟三个区域集团相互作用对全球影响的建议。中国领导人习近平也试图推动上海合作组织成为实施"丝绸之路经济带"的平台。塔什干峰会在

---

* Aidar Amrebayev，拉惹勒南国际研究院中国项目资深访问学者。来源：拉惹勒南国际研究院（新加坡智库），2016 年 9 月 29 日。

上海合作组织成立15周年之际通过的联合声明，体现了上海合作组织国际定位的新视角。印度和巴基斯坦之间非常复杂的关系可能会导致紧张局势。直到最近，上海合作组织只有一个"主要博弈"——中国和俄罗斯之间的权力争夺对中亚国家的影响。如今，上海合作组织内部的紧张局势将更加复杂，与印度和巴基斯坦即将进入的局面相当。上海合作组织的传统重点是中亚的区域安全、经济合作和人道主义互动。与该地区没有直接共同边界的新成员可能会转移上海合作组织对中亚的注意力，增加新的影响因素。此外，传统的"非西方"政治制度在该地区盛行。但随着印度和巴基斯坦的加入，上海合作组织可能会因两国民主政治体制以及与美国持久的良好关系而发生重大变革。

3. 一些专家认为，如今的印度可能代表着西方的"声音"，其整体观点可能破坏上海合作组织目前的一致性。上海合作组织以所谓的"上海精神"为基础，以协商一致的方式做出决策。在中印动态发展和相互竞争的经济关系间很难预料会形成明确的"共识"。这将大大降低上海合作组织中中亚国家的权重。它们将更加依赖包括新成员印度和巴基斯坦在内的不同外部力量。"大玩家"将在这个项目中推行自己的策略和利益。例如，俄罗斯正谋求巩固在其战略利益所在之处中亚地区的地位。俄罗斯旨在协调上海合作组织与欧亚经济联盟之间可能的合作项目，以符合自身的石油利益。虽然中国希望上海合作组织补充其以"西进"为口号的"一带一路"倡议，但是印度和巴基斯坦希望重启土库曼斯坦－阿富汗－巴基斯坦－印度（TAPI）项目，这是一条连接土库曼斯坦、阿富汗、巴基斯坦和印度的天然气管道。可以肯定的是，上海合作组织将受到来自南亚和中东的极端主义组织的密切关注，因此需要与美国和涉及阿富汗问题的西方联盟国家建立积极的关系。

4. 伊朗的加入会给上海合作组织带来更大的复杂性。伊朗最近从制裁中解脱出来，并在地区事务中提升自己的利益，因此不太可能遵循"上海精神"。更重要的是，伊朗在中亚拥有最直接的利益，它的加入可能会引发与上海合作组织一些成员国的冲突。上海合作组织扩大其国际影响力的另一个潜在风险是，该组织在"反对阵营"（俄罗斯和中国）与西方国家的针锋相对中受到了削弱。上海合作组织的主要参与者——俄罗斯和中国的政治经济政策就是反对跨太平洋伙伴关系协定（TPP）。它们认为，尽管上海合作组织拥有发展自己的贸易组织的巨大潜力，但跨太平洋伙伴关系协定直接抑制了上海合作组织所有国家的经济发展机会。简而言之，上海合作组织在已确立的全球秩序中正在成为新的外交因素。虽然它有潜力与其他区域组织进行竞争或补充，但长期而言，如果上海合作组织能够克服扩张带来的风险，其就可能会促进国际秩序实现新平衡。

俄罗斯在亚洲：应对时代变化[*]

原文标题：Russia in Asia：Responding to Changing Times

文章框架：深刻的地缘政治变化正在从根本上改变全球格局；亚洲的地缘政治变化已经成为现实，预计在未来几年里将更加显著；俄罗斯不断加强深化政治和经济合作以及促进亚洲一体化方面的努力；亚洲需要一个确保公平合作、真正的权力平衡和利益协调的制度；亚洲完全有理由把俄罗斯视为军事和政治稳定以及可持续发展的关键因素；俄罗斯与东盟的关系有进一步发展的巨大潜力；俄罗斯的另一个当务之急是加强与中国的关系；俄罗斯与印度的关系也至关重要。

观点摘要：

1. 深刻的地缘政治变化正在从根本上改变全球格局。在这种背景下，亚太地区正在成为一个重要的地区，很可能在不久的将来影响国际发展。俄罗斯在亚太地区的政策是经过深思熟虑的，它的目标是保持稳定的权力平衡，并制定一个有凝聚力的区域议程。俄罗斯认为有必要在该地区建立一个强大的国际关系环境以促进多边贸易和投资合作，共同努力应对安全挑战，防止出现新的威胁，并创建一个整合亚太地区政治和经济空间的平台。

2. 亚洲的地缘政治变化已经成为现实，预计在未来几年里将更加显著。亚洲是大型利益相关者和主要多边机构的利益交叉地区。亚洲是俄罗斯外交政策的关键载体之一，俄罗斯是该区域的有机组成部分。事实上，俄罗斯在一定程度上可以被描述为亚洲国家，因为其大约60%的领土延伸到乌拉尔山脉东部。从历史上看，俄罗斯与该地区的许多国

---

* 来源：南亚研究所（新加坡智库），2017 年 10 月 16 日。

家有着不可分割的联系。俄罗斯的支持是促成亚洲民族解放运动胜利的主要因素之一。

3. 俄罗斯不断加强深化政治和经济合作以及促进其在亚洲一体化方面的努力。无论俄罗斯如何处理与西方的关系，这都是一项长期且系统的政策。俄罗斯的明确承诺是确保亚洲的稳定、安全与繁荣，发展与区域合作有关的双边和多边关系。这些目标在俄罗斯总统弗拉基米尔·普京于 2016 年 11 月批准的俄罗斯联邦新外交政策概念中明确表现出来。在这份文件中，新加坡被列为亚太地区的重要合作伙伴。俄罗斯与许多区域国家有着久经考验的友谊和多方面的合作。俄罗斯与中国、印度和越南的关系已升级为战略伙伴关系。俄罗斯与东盟国家、日本和韩国关系的不断发展是建立在牢固的互利基础上的。俄罗斯是区域多边和跨区域论坛的重要参与者，例如东亚峰会（EAS）、东盟地区论坛、东盟国防部长会议、亚洲相互协作与信任措施会议、亚洲合作对话、上海合作组织（SCO）、金砖国家（巴西、俄罗斯、印度、中国和南非）以及俄罗斯 - 印度 - 中国三边论坛等。进一步扩大多层次网络外交，并在该地区建立多边伙伴关系，符合俄罗斯的利益。俄罗斯在亚洲的外交政策逻辑是，需要在该地区建立一个高速发展的国际关系环境，这将有助于促进多边贸易和投资合作，通过共同努力应对安全挑战，防止出现新的威胁等。

4. 亚洲需要一个确保公平合作、真正的权力平衡和利益协调的制度。每个亚洲国家无论大小都必须在起草区域议程方面拥有发言权。俄罗斯提倡一种非歧视性的区域秩序，不采取单边行动。各国之间的交流是完全建立在信任和相互尊重的基础上的。2010 年 9 月，俄罗斯和中国共同提出了加强亚太地区国家安全的联合倡议：尊重主权、独立和领土完整，不干涉内政；重申对平等和不可分割的安全原则以及军事政策防御性质的承诺；不使用或威胁使用武力，不采取或支持任何旨在推翻政府或破坏其他国家稳定的行动；以和平的政治和外交手段解决分歧，以共同了解和愿意寻求妥协的原则为基础；加强合作，应对非传统安全威胁；在军事领域进行双边和多边合作，而不是针对第三国；促进跨境合作和人员往来。在这一倡议的指导下，俄罗斯、中国和文莱提议为亚太地区建立新的安全与合作架构。这一建议在 2013 年 10 月举行的第 8 届东亚峰会上得到支持。到目前为止，东亚峰会成员国已经分别在斯里巴加湾市、莫斯科、雅加达、金边、北京和曼谷举行了六次磋商，以达成各方都能接受的关于该地区"游戏规则"的安排。俄罗斯在该地区没有隐藏的议程。俄罗斯不会制造威胁任何人安全的秘密军事同盟。相反，它期待着与表现出这种意愿的所有国家加强多样化的政治和经济合作。最后，确保和平、稳定、共同繁荣的合作是指导俄罗斯在亚洲发展的关键原则。

5. 亚洲完全有理由把俄罗斯视为军事和政治稳定以及可持续发展的关键因素。俄罗斯与该地区的国家之间没有意识形态上的分歧，也没有一些无法通过建设性对话解决的棘手问题。在没有俄罗斯的情况下，在打击国际恐怖主义，应急反应，能源、交通和科学技术合作方面的区域努力是不可想象的。俄罗斯监督在亚太地区建立自由贸易协定（FTA）的努力，包括跨太平洋伙伴关系协定（TPP）和东亚全面经济伙伴关系（CEPEA）。这些自由贸易协定应根据世界贸易组织的原则，并尽可能开放。如果它们忽视了其他国家的利益，特别是地区邻国的利益，那么发展自由贸易区就会适得其反。这是俄罗斯、白俄罗斯、哈萨克斯坦、亚美尼亚和吉尔吉斯斯坦作为欧亚经济联盟（EEU）成员国所采取的方式。欧亚经济联盟是拥有 1.8 亿人口的市场，国内生产总值为 4.2 万亿美元。欧亚经济联盟能够建立欧洲与亚太地区的联系。2016 年，欧亚经济联盟和越南之间启动了自由贸易协定。此外，欧亚经济联盟正在与新加坡谈判类似的协定。第一轮会谈于 2017 年 8 月举行。和跨太平洋伙伴关系协定不同，欧亚经济联盟旨在建立一个更广泛、更民主的经济伙伴关系，包括欧亚经济联盟、上海合作组织和东盟国家，而跨太平洋伙伴关系协定只有一小部分创始成员国，虽然其他国家可以加入，但必须遵守那些没有参与制定的规则。欧亚经济联盟的开放性质将确保效率，并符合所有参与国的利益。

6. 在 2016 年 5 月 19 日和 20 日于索契举行的第三届俄罗斯－东盟峰会上，俄罗斯提出了基于平等和考虑共同利益的自由贸易协议，以纪念建立对话伙伴关系 20 周年。这一重要会议开启了把俄罗斯－东盟合作提升到战略伙伴关系水平的通道。自 1996 年 7 月俄罗斯成为东盟全面对话伙伴以来，双边关系日趋成熟，达到了新的高度。2004 年 7 月，俄罗斯加入《东南亚友好合作条约》。3 年后，俄罗斯 – 东盟对话伙伴联合金融基金成立，以支持联合项目。2009 年，6 名俄罗斯常驻东盟代表的地位得到确立。俄罗斯与东盟有着密切的友好关系，并在索契峰会上通过的"俄罗斯与东盟 2016～2020 年发展合作综合行动计划"中确立了明确的战略伙伴关系议程。双方正在努力落实这些文件，旨在促进高级别政治对话、贸易、投资、交通、能源、农业、紧急应对、研究、技术、教育、旅游和文化等领域的合作。俄罗斯与东盟的关系有进一步发展的巨大潜力。

7. 俄罗斯的另一个当务之急是加强与中国的关系。两国关系已发展为"全面战略协作伙伴关系"，致力于确保国际和地区安全与稳定，建立一个解决时代紧迫问题的全球治理架构。两国之间的关系从来没有像现在这样密切。事实上，这一双边关系可以成为 21 世纪国家与国家之间合作的典范。俄罗斯对尚未达成一致意见的各种问题并不熟视无睹，而是本着坦诚、友好和诚意的精神讨论这些问题，以达成相互接受和有益的协议。密切的外交政策协调是中俄战略伙伴关系的重要组成部分。两国在当前全球和区域问题上的大多数做法要么是一致的，要么是非常接近的。两国坚决主张以规则为基础的秩序，反对勒令和勒索、单方面制裁、双重标准以及干涉主权国家事务的企图。中国是俄罗斯的重要经济伙伴，2016 年双边贸易额超过 400 亿美元。这一数额在未来 3～7 年内将扩大到 2000 亿美元。尽管有人可能会说，这个数字在目前的经济环境中太高了，但俄罗斯相信这个目标是可以实现的。欧亚经济委员会正在制定一项贸易和经济合作协议，并为中欧和中国之间的优先一体化项目制定路线图。能源（包括核领域）合作在俄罗斯与中国的伙伴关系中发挥着非常重要的作用。俄罗斯已经与中国启动了主要的石油和天然气项目。

8. 俄罗斯与印度的关系也至关重要。2017 年是俄罗斯与印度建交 70 周年。俄罗斯和印度的伙伴关系具有真正的战略性质。2017 年 6 月，印度总理纳伦德拉·莫迪出席了第 21 届圣彼得堡国际经济论坛，这是讨论全球经济和金融问题以及挑战的主要对话场所之一。俄罗斯和印度在联合国、金砖国家和二十国集团等多边组织中密切合作，并共同努力促进印度洋和太平洋地区的安全与稳定。俄罗斯欢迎印度加入上海合作组织，该组织于 2017 年 6 月在阿斯塔纳举行了峰会。俄罗斯和印度之间进行了全面的务实合作，已经在国防、贸易、工业、农业和人员交流领域形成了强有力的联系。此外，俄罗斯希望印度和巴基斯坦进一步约束自己，继续改善两国关系。2017 年，巴基斯坦同印度一道，成为上海合作组织的正式成员。这一进程将大大提高该组织应对日益增长的区域挑战和威胁的能力及效力。随着印度和巴基斯坦的加入，上海合作组织内部一体化进一步深化的前景将明显扩大。除此之外，上海合作组织似乎将通过合作来减少两国之间的分歧。

重新设想欧洲能源安全

Ellen Scholl；Kirsten Westphal *

原文标题： European Energy Security Reimagined

文章框架： 上海合作组织是一个基于共同利益的安全组织，致力于打击
　　　　　　"恐怖主义、极端主义和分裂主义"；区域倡议即"一带一
　　　　　　路"倡议和欧亚经济联盟（EEU）之间合作的可能性，为
　　　　　　欧亚大陆能源的进一步融合提供了真正的支持；在加强中
　　　　　　亚、中东和欧洲能源贸易和互联互通的计划中，多边参与、
　　　　　　通过现有机构的合作以及遵守游戏的共同规则（行为准则）
　　　　　　变得越来越重要。

观点摘要：

　　1. 俄罗斯是 2001 年成立的上海合作组织（SCO）的成员国，该组
织是一个基于共同利益的安全组织，致力于打击"恐怖主义、极端主
义和分裂主义"。上海合作组织的成立是为了在包括能源在内的许多领
域促进成员国之间的信任与合作，并在建立共同的欧亚经济空间和对抗
西方影响方面做出了努力。该组织由中国、俄罗斯、哈萨克斯坦、吉尔
吉斯斯坦、塔吉克斯坦、乌兹别克斯坦组成，计划在 2020 年前建立一
个集产品、资本、技术和服务于一体的自由贸易区，这引发人们猜测其
经济影响可能会远远超越最初的安全目的。2006 年，普京总统正式提
议成立一个能源俱乐部，上海合作组织各成员国的能源部部长同意

---

　　*　Ellen Scholl，德国国际与安全事务研究所全球事务部门助理研究员。Kirsten
　　　Westphal，德国国际与安全事务研究所全球事务部门高级助理。来源：德国国际
　　　与安全事务研究所（德国智库），2017 年 3 月 4 日。

"形成一个统一的区域能源空间"。上海合作组织能源宪章侧重于基础设施建设、能源运输发展、联合和多边能源项目融资、技术研究与发展合作。能源俱乐部包括每个国家的政府，商业、科学和研究团体的成员。由于其成员包括能源生产者和消费者，能源俱乐部的重要性可能是巨大的，但能源生产成员和能源消耗成员之间的利益分歧也表明，能源问题可能与区域集团的结盟不一致。上海合作组织成员国之间的许多能源交易，如中亚－中国天然气管道，都是在上海合作组织框架之外进行的，而且中国对中亚日益浓厚的兴趣将其直接置于俄罗斯的传统势力范围内。

2. 区域倡议即"一带一路"倡议和欧亚经济联盟（EEU）之间合作的可能性，为欧亚大陆能源的进一步融合提供了真正的支持。有报道称，欧亚经济联盟和上海合作组织正在致力于建立"大陆经济合作伙伴关系"，同时在 2015 年 5 月中国国家主席习近平访问莫斯科期间，中俄双方签署了《关于丝绸之路经济带建设与欧亚经济联盟建设对接合作的联合声明》。该声明有效地讨论了欧亚经济联盟与"丝绸之路经济带"的一体化，希望在欧亚大陆建立共同的经济空间。无论如何，俄罗斯和中国正在形成一个由互联互通和基础设施项目构成的灵活的能源架构，这可能会使该地区发展成为一个具有协调规则和规范的能源区域。欧盟和中国将"一带一路"倡议作为 2015 年中欧峰会建立战略伙伴关系的新维度，并在 2016 年进一步发展为中欧互联互通平台。鉴于在加强互联互通方面的共同利益，特别是在中亚的能源基础设施方面，欧盟和中国有可能进行富有成效的合作。

3. 在加强中亚、中东和欧洲能源贸易和互联互通的计划中，多边参与、通过现有机构的合作以及遵守游戏的共同规则（行为准则）变得越来越重要。中国引入了基于基础设施的互联互通框架（"一带一路"倡议），表达了对上海合作组织能源宪章进程的兴趣，并签署了《国际能源宪章》，这些事情并非巧合。对一个向外寻求贸易、经济机会和能源的国家来说，中国必须跨越欧亚大陆上的诸多障碍，即哪些规则适用于跨越欧盟和欧亚经济联盟的项目，这一问题以及涉及上海合作组织参与和应对"一带一路"的相关问题对欧盟来说至关重要。

非西方外交文化与全球外交未来

Sophie Eisentraut；Volker Stanzel*

原文标题：Non – Western Diplomatic Cultures and the Future of Global Diplomacy

文章框架：第二次世界大战后出现了许多主导当今多边外交的组织和论坛；以上海合作组织和亚洲基础设施投资银行为典型代表的由非西方国家成立的现有国际多边机构的竞争对手通常存在一个问题，即这些新成立机构都是现存机构的模仿者。

观点摘要：

1. 第二次世界大战后出现了许多主导当今多边外交的组织和论坛。虽然这些组织和论坛的成员准入规则和发展目标具有普遍意义，但是也在一定程度上反映了这些组织在创建时的权重分配，这可能体现在特权（例如永久成员身份）或决策权（更大的投票权或否决权）方面。全球金融治理的架构只是其中一个例子：世界银行虽然成员众多，但一直以美国为首，而国际货币基金组织（IMF）的负责人总是来自欧洲。

2. 国际组织和论坛一直偏向西方国家令一些非西方国家倍感挫折。随着这些非西方国家经济实力的增强，它们的不满情绪进一步加剧。非西方国家对西方国家的倡议支持度降低，国际机构内僵局反复出现以及非西方国家反制度化的尝试都证明了这一点。理查德·高恩（Richard Gowan）和弗朗兹斯卡·布兰特纳（Franziska Brantner）收集了大量资

---

* Sophie Eisentraut，美国智库德国马歇尔基金会跨大西洋项目研究员。Volker Stanzel，德国前外交官，德国国际与安全事务研究所高级杰出研究员，"21 世纪外交"项目负责人。来源：德国国际与安全事务研究所（德国智库），2017 年 10 月 21 日。

料以证明非西方国家对欧洲人权声明的支持水平降低：仅仅二十年，欧盟就失去了大约四分之一联合国成员国对欧盟人权声明的支持。正如联合国安理会改革或多哈发展回合谈判所体现的那样，制度僵局证明了传统的全球外交机构不足以应对新的挑战。但是，以上海合作组织（SCO）和亚洲基础设施投资银行（AIIB）为典型代表的由非西方国家成立的现有国际多边机构的竞争对手通常存在一个问题，即这些新成立机构都是现存机构的模仿者。

丝绸之路经济带

Richard Ghiasy；Jiayi Zhou [*]

原文标题： The Silk Road Economic Belt

文章框架： 在理论分析层面，学者们已经提出了在"丝绸之路经济带"的发展中与其他国家进行安全互动的新范式；在 2000 年前，中亚对于中国的战略优先级较低，但目前其在中国对外关系中的地位显著上升；就中国的安全利益而言，特别需要关注的是新疆恐怖主义分裂分子的存在；从长远来看，生态问题将日益加剧政治、社会和经济风险；中国日益增长的资源需求以及石油、天然气和矿产资源开采项目带来了对相关环境、发展和健康的影响；中亚国家对提高能源效率和促进可再生能源发展感兴趣，因为它们具有商业潜力；从本质上讲，印度对中巴经济走廊（CPEC）有着事实和概念上的反对；欧盟和中国之间通过多边机构不断加强对话可能会成为其维护自身利益的补充手段。

观点摘要：

1. 在理论分析层面，学者们已经提出了在"丝绸之路经济带"的发展中与其他国家进行安全互动的新范式，包括新的全球安全预警和预防机制，以及在反恐等非传统安全问题上进行国际安全情报合作。成立于 2004 年的上海合作组织地区反恐怖机构执行委员会（RATS）就是现有的一个此类机制，但中国实际上也追求新的多边合作关系，如中国、

---

* Richard Ghiasy，斯德哥尔摩国际和平研究所武装冲突与冲突管理项目主任。Jiayi Zhou，气候变化与风险项目研究员。来源：弗里德里希·艾伯特基金会（德国智库），2016 年 12 月 28 日。

巴基斯坦、阿富汗和塔吉克斯坦的武装力量之间于 2016 年 8 月建立的"四国军队反恐合作协调机制"。除了实际的合作外,一些著名的学者,如清华大学的赵可金(Zhao Kejin)认为保证"一带一路"倡议的安全还将需要在"一带一路"相关国家间建立新的安全规范。

2. 在 2000 年前,中亚对于中国的战略优先级较低,但目前在中国对外关系中的地位显著上升,原因如下:中亚是中国保证其西部省份新疆安全的战略利益区,对中国有着重要的商业和资源利益,是中国外交活动(包括多边制度建设)的"试验场"。中国已成为该地区最大的贸易伙伴和主要的能源客户。通过上海合作组织(SCO)这一平台,中国通过双边和联合军事演习以及信息共享加强了其与中亚国家的安全关系,而这些在很大程度上是围绕打击"三股势力"进行的。中国还与五个中亚国家建立了战略合作伙伴关系,并在最近几年开始加紧军事援助以及防御领域的双边交往。

3. 就中国的安全利益而言,特别需要关注的是新疆恐怖主义分裂分子的存在。通过双边和多边渠道,中国已经成功说服中亚政权打击这些激进分子,但这些激进分子在 2016 年 8 月对位于吉尔吉斯斯坦首都比什凯克的中国驻吉尔吉斯斯坦大使馆的攻击表明,中国在该地区的资产和人员可能仍然是激进分子带有政治动机的攻击目标。事实上,反恐已成为中国自 20 世纪 90 年代以来在该地区安全和政治参与的动力:先通过"上海五国"会晤机制,后来通过上海合作组织平台。然而,中国已加紧与当地国家在反恐领域的双边交往,部分原因是为了保护在这些国家越来越多的中国投资。最近,中国与塔吉克斯坦、阿富汗和巴基斯坦建立了"四国军队反恐合作协调机制"。虽然不能具体追溯到"丝绸之路经济带",但中国在中亚不断增加的资产和人员数量要求其采取更多的安全措施。

4. 从长远来看,生态问题将日益加剧政治、社会和经济风险。再加上环境管理不善、恶化以及对稀缺自然资源的低效利用,可能会对农业造成特别严重的影响。值得注意的是,由于基础设施问题和低效的利用率,中亚"丧失"了三分之二的水电发展潜力。这不仅影响到能源安全和国民收入,而且影响到粮食安全和农村生计。贫穷和生态不安全之间的正反馈循环将产生社会政治问题,并可能加剧国内争端。因此,本地和区域资源管理效率低下对更广泛的稳定性构成威胁。然而，它们也可能为合作提供一个潜在的机会。

5. 在这一图景中，与"丝绸之路经济带"相关的基础设施项目，中国日益增长的资源需求以及石油、天然气和矿产资源开采项目带来了对相关环境、发展和健康的影响。中亚尤其如此，在那里，"丝绸之路经济带"项目在传统采掘行业和所谓的污染工业中占据重要地位。然而，这一政治敏感性较小的安全议题也带来进行合作的机会。中国对"丝绸之路经济带"的既定目标是"加快推动基础设施绿色低碳循环发展"和"加强生态环境、生物多样性和应对气候变化合作"。

6. 中亚国家对提高能源效率和促进可再生能源发展感兴趣，因为它们具有商业潜力。与发展密切相关，"丝绸之路经济带"还可作为技术问题、农业生产力和粮食安全工作的一把"保护伞"（通过农业合作基金和示范中心等形式）。事实上，中国与中亚国家在绿色农业技术和生态安全方面进行的"一带一路"倡议双边合作已经在开展。中国领导层提议上海合作组织建立一个粮食安全合作机制，突出了中国的利益。

7. 从本质上讲，印度对中巴经济走廊（CPEC）有着事实和概念上的反对。事实上的反对是印度不希望其与巴基斯坦的克什米尔争端国际化。中国在有争议地区的活动使其成为争端中的利益攸关方。然而，在印度眼中，中国只是一个不公平的利益相关者。在概念层面上，中巴经济走廊允许中国直接穿过阿拉伯海在印度洋占据一个立足点。人们仍然十分担心，这可能会在某个阶段发展到军事层面，同时也有更积极的进展，这可能会使中国和印度在亚洲治理中更加紧密合作。这些进展包括美国新政府可能会减少美国对亚洲事务的干预，以及印度和巴基斯坦加入上海合作组织。

8. 欧盟和中国之间通过多边机构（通过可能的观察员身份）不断加强对话，欧洲安全与合作组织（OSCE）或上海合作组织可能会成为欧盟在合作性区域主义基础上推进自身利益的补充手段。亚洲相互协作与信任措施会议（CICA）包括巴基斯坦以及五个中亚国家中的四个，这可能是另一个制度性平台。然而，鉴于地缘政治现实，国家内部紧张局势的政治和解可能仍然是国家间进行区域经济合作的先决条件，更不用说安全层面的议题了。

欧亚经济联盟和"丝绸之路经济带"

Anna Gussarova；Farkhod Aminjonov；Yevgeniy Khon *

原文标题： The Eurasian Economic Union and the Silk Road Economic Belt

文章框架： 2015 年 5 月 8 日，在莫斯科，俄罗斯决定开始与中国就缔结贸易和经济合作协议进行谈判；与欧亚经济联盟不同的是，中国的倡议没有"实体机构"——创建区域共同能源市场和制定法规的体制机制；目前上海合作组织内部的能源合作，以及当前的"丝绸之路经济带"，并没有像中亚国家所期待的那样发展；在"丝绸之路经济带"倡议中，中国通过建设基础设施和加强贸易交往来促进互联互通，这也意味着要整合各国的发展战略；2007 年 7 月 17 日，在土库曼斯坦总统库尔班古力·别尔德穆哈梅多夫访华期间，中土双方签署了"阿姆河右岸气田产品分成合同"。

观点摘要：

1. 2015 年 5 月 8 日，在莫斯科，俄罗斯决定开始与中国就缔结贸易和经济合作协议进行谈判，这是将欧亚经济联盟（EEU）和"丝绸之路经济带"项目联系起来的一个起点。这些项目的共同发展使所有参与国在促进双边贸易、扩大产业合作、深化投资和金融合作等领域都具有共同利益和广泛机会。欧亚经济联盟各成员国认为，对中国来说，穿越各成员国领土的陆上路线可以成为一种替代海运航线（其货物运往

---

* Anna Gussarova，中亚战略研究所联合创始人和主任，专注于研究跨国安全。Farkhod Aminjonov，中亚战略研究所联合创始人和副主任，专注于研究能源安全。Yevgeniy Khon，中亚战略研究所副主任，专注于研究国际政治经济。来源：弗里德里希·艾伯特基金会（德国智库），2017 年 7 月 15 日。

欧盟国家）的更快选择。此外，由于欧亚经济联盟实行统一关税，所以中国与欧盟市场间的交往现在只涉及一次海关边境检查，这是跨欧亚经济联盟走廊的另一个明显优势。因此，中国在经济上不可避免地接近中亚，同时欧亚经济联盟在保持其投资吸引力的同时，还可以被视为中亚市场的有效保护工具。一些专家认为，"丝绸之路经济带"只是"上合组织自由贸易区"概念的一个更漂亮的包装，这个自由贸易区遭到俄罗斯和中亚国家的拒绝。从这个意义上讲，该贸易区的本质是创造最有利的条件，促进中国商品、服务和资本在该地区的发展。因此，欧亚经济联盟成员国对中国的建议采取统一立场，保护成员国本国市场免受中国廉价商品冲击。但是，可以考虑在中国和欧亚经济联盟之间非优惠贸易和经济协定框架内合作，该协定设想了各种贸易发展形式和对实施具体投资项目的支持。这种支持可以包括协助寻找合作伙伴及市场准入机制；消除行政障碍；为投资者进入中国市场提供透明条件；保护知识产权；以本国货币进行支付等。

2. 与欧亚经济联盟不同的是，中国的倡议没有"实体机构"——创建区域共同能源市场和制定法规的体制机制。新推出的"丝绸之路经济带"倡议仅仅是一项旨在加强沿线国家之间联系的方案，而不是单一的组织结构。中国政府可以利用上海合作组织的体制机制，将参与者凝聚到区域合作中。然而，即便是在上海合作组织成员国内部，也缺乏有效的执行机制来确保能源关系的可靠性。中国对中亚地区能源资源的兴趣始终是由能源需求决定的。在 20 世纪 90 年代后期经历了对石油的强烈需求之后，中国开始对哈萨克斯坦的石油领域表现出更大兴趣。当 2000 年天然气消费水平超过国内生产水平时，中国也将中亚地区视为其潜在的供应地区。然而，在过去 20 年中，专门为处理能源关系而设立的唯一机构是"能源俱乐部"。能源俱乐部于 2013 年正式成立，当时成员国签署了备忘录。在没有有效执行机制的情况下，中国和中亚各国制定了目标，这些目标预计将在能源领域的合作中实现：在亚洲能源战略中为满足参与国的人口和经济需要提供稳定可靠的能源供应，在稳定的条件下提供充足的能源供应，在紧急情况下提供最低能源供应；可再生能源（RES）的开发（促使化石燃料和可再生能源之间的平衡);能源多样化(减少对单一能源的广泛依赖);尊重环境;提高能源使用效率和能源节约;发展经济,以确保向国内外市场提供最具成本效益的能源,并使能源出口结构合理化;发展上海合作组织成员国能源领域的创新技术。

3. 然而,分析显示,目前上海合作组织内部的能源合作以及当前的"丝绸之路经济带",并没有像中亚国家所期待的那样发展。各国间谈判主要以双边形式进行,中亚领导层试图利用中国的倡议和计划,分散其对俄罗斯的依赖,而此时中国正致力于获得该地区的资源,并获得稳定的进口能源。俄罗斯能源部副部长阿纳托利·亚诺夫斯基(Anatoliy Yanovskiy)说,能源俱乐部是唯一的能源机构,它的主要目标是就如何在发生动态变化的区域能源市场中采取行动,向该组织成员国提出建议。俱乐部的决定没有执行力。"丝绸之路经济带"也只是一个将单个国家项目联系起来的倡议。因此,对一些中亚国家来说,"丝绸之路经济带"可能比欧亚经济联盟更有吸引力,因为它不在该组织中施加影响力。

4. 在"丝绸之路经济带"倡议中,中国通过建设基础设施和加强贸易交往来促进互联互通,这也意味着要整合各国的发展战略。区域平台和体制机制可以促进减少互惠贸易中的正式和非正式壁垒。中国一直在发展对独立后的中亚国家实施的外交政策。然而,在能源进出口关系方面,中亚国家并非边缘国家,而是中国重要的能源供应国。不过,中国经常与有着不同期望的中亚国家进行对话。这使它们无法就若干问题达成共识,并无法发展能源战略以及制订进一步实施区域能源项目的行动计划。2007年,在中国西安举行的欧亚经济论坛第二届会议上,上海合作组织秘书长博拉特·努尔加利耶夫(Bolat Nurgaliev)表示,"目前,上海合作组织成员国在共同战略能源的概念上没有统一的立场"。在会议期间进行的一轮谈判后,所有成员国的能源部部长都未能制定出一项上海合作组织能源政策。成员国同意通过专家讨论来制定一个对所有人都有利的战略。中国和中亚各国在水能源关系、生产国的能源安全、进出口平衡、中国与中亚能源的其他客户所存在的潜在竞争等问题上仍然没有统一的立场。中国正试图获得尽可能多的能源,并可能会收回投资，而中亚国家则力求以尽可能高的价格确保其能源要求。如果不就这些问题达成共识，就不可能制定一个共同的能源战略，并对其进行贯彻落实，建立执法机制确保能源供应的可靠性。与俄罗斯不同，中国寻求稳定和大规模的进口能源，以满足其国内能源需求。中国对促进中亚能源市场的自由化和一体化也不感兴趣，除非它能帮助中国确保能源供应的稳定。中国政府将能源视为一种战略商品。能源行业占据了中国在中亚的大部分投资。但这些投资不能达到开放能源市场和提高中亚能源安全水平的目的。

5. 2007 年 7 月 17 日，在土库曼斯坦总统库尔班古力·别尔德穆哈梅多夫（Gurbanguly Berdymukhamedov）访华期间，中土双方签署了"阿姆河右岸气田产品分成合同"。中国有义务发展这一领域，建设基础设施和天然气加工厂。这是两年后建设土库曼斯坦 – 中国天然气管道的重要前提。2011 年，中国为发展南约洛坦气田提供了 8 亿美元的贷款，并持续支持建设世界上最长的管道基础设施。根据官方声明，各国元首达成了一项全面协议，即宣称"能源领域的可靠性和互利伙伴关系加强了上海合作组织地区的安全与稳定"。然而，这种伙伴关系（在生产国、运输国和消费国之间）仅限于确保将能源从该地区转移到中国的稳定性。分析表明，双边和三边协定在中亚五国与中国或俄罗斯的六方会谈中占上风。一系列双边协定能够在多大程度上构成一个有效的区域机制，这是值得怀疑的。除非成员国就能源安全和能源政策重点达成统一的立场，否则将能源部门纳入欧亚经济联盟或"丝绸之路经济带"中都是相当困难的。

从"施兰根巴德会谈"看德俄关系二十年

Evgeniya Bakalova；Vera Rogova *

原文标题： Twenty Years of German – Russian Relations through the Prism of
the Schlangenbad Talks

文章框架： 由于欧洲不愿和（或）无法摆脱其与美国建立的对自身有
利的安全协议，俄罗斯开始寻找潜在的盟友，致力于世界其
他地区的多极化；大多数俄罗斯与会者所持的立场仍然是，
俄罗斯和欧洲之间的合作首先应以国家利益为基础，因为寻
找共同价值观可能在不久的将来阻止双方正常关系的发展。

观点摘要：

1. 由于欧洲不愿和（或）无法摆脱其与美国建立的对自身有利的
安全协议，俄罗斯开始寻找潜在的盟友，致力于世界其他地区的多极
化。2008 年关于金砖国家和上海合作组织（SCO）的讨论表明，在众
多旁观者的眼中，这些组织确实有野心，甚至有可能成为新兴的多极世
界秩序中的重要参与者。然而，这些组织中的参与国除了追求独立的外
交政策之外，几乎没有共同目标和共同利益。在这种情况下，"独立"
显然意味着独立于西方，或者更确切地说，独立于美国。除此之外，
在很大程度上还不清楚这些组织的经济、军事、文化或意识形态具有
什么共同基础，或什么特征，使其能够成为独立的权力中心，以制衡
"西方"。

---

* Evgeniya Bakalova，法兰克福大学博士研究生，法兰克福和平研究所研究助理。
Vera Rogova，法兰克福和平研究所研究助理和博士生，研究兴趣包括俄罗斯国
家和国际经济政策、经济思想和区域发展。来源：弗里德里希·艾伯特基金会
（德国智库），2017 年 7 月 27 日。

2. 大多数俄罗斯与会者所持的立场仍然是，俄罗斯和欧洲之间的合作首先应以国家利益为基础，因为寻找共同价值观可能在不久的将来阻止双方正常关系的发展。2008 年，俄罗斯议员谢尔盖·马尔可夫（Sergey Markov）表示赞成与欧洲在经济、教育或人道主义援助等不同"领域"的一体化；后来，亚历山大·格鲁什科（Alexander Grushko）批评说，正是欧盟坚持的一项全面且具有法律约束力的协议，阻碍了欧盟与俄罗斯建立新伙伴关系和签署合作协议的谈判。俄罗斯方面的这种声明暗示，合作不一定是"政治性的"，其前提是德国或欧洲不应过分关注国内的政治发展以及俄罗斯的人权和公民权利。随着德国或欧洲对俄罗斯缺乏改革的逐渐失望，这一立场在过去几年中变得越来越"普遍"。合作的规范性日益受到批评，而在欧洲以外的国家看来，这一立场并不是俄罗斯独有的。因此，在 2008 年上海合作组织会议上，来自上海合作组织研究中心的张建荣称赞上海合作组织具有合作性质的"上海精神"：追求共同利益，"尊重合作伙伴的传统"，即互不干涉内政。相比之下，德国参与者对纯粹的务实合作的观念持怀疑态度，这基于德国或欧洲规范性的自我认知和对俄罗斯的预期影响。因此，2007 年德国议员安德烈亚斯·朔肯霍夫（Andreas Schockenhoff）表示，虽然西方伙伴对俄罗斯的友好关系很感兴趣，但它们不愿意与一个公然反对它们核心价值的国家合作。

为什么欧盟要与欧亚经济联盟谈判？

Alexandra Vasileva[*]

原文标题：Why the European Union Should Talk with the Eurasian Economic Union

文章框架：自第二次世界大战结束以来，经济合作一直是欧洲和平的关键所在；上海合作组织（SCO）在很大程度上展示了单边政策的提出是如何以牺牲多边形式为代价的。

观点摘要：

1. 自第二次世界大战结束以来，经济合作一直是欧洲和平的关键所在。1950 年，法国外交部部长罗伯特·舒曼（Robert Schuman）提议成立欧洲煤钢共同体（ECSC），以防止法国和德国之间的潜在战争。欧洲煤钢共同体成为欧洲一体化进程的第一步，该组织使越来越多的成员国比以往更加繁荣稳定。在欧洲大陆的东部，苏联代表着一种一党制经济和政治形式。冷战结束后，人们希望欧洲分裂结束，前东欧集团的国家将发展自由民主和市场经济。这一集团中的一些国家最终加入了欧盟，而另一些国家则与俄罗斯保持着紧密联系。目前，冷战结束 25 年之后，欧洲联盟（EU）和欧亚经济联盟（EEU）两大一体化组织出现了新分歧。欧盟成员国或欧亚经济联盟成员国不能与其他伙伴建立双边贸易关系。一些东欧国家既不是欧盟成员国，也不是欧亚经济联盟成员国，如乌克兰、格鲁吉亚、阿塞拜疆和摩尔多瓦，而这些国家似乎需要选择是否加入欧亚经济联盟。此外，如果欧洲人不想与俄罗斯和邻国接触，那么欧盟就应该主动与欧亚经济联盟展开对话。欧盟应开始与欧亚

---

[*] Alexandra Vasileva，欧洲区域合作与和平办事处研究助理。来源：弗里德里希·艾伯特基金会（德国智库），2017 年 9 月 28 日。

经济联盟进行谈判。

2. 上海合作组织（SCO）在很大程度上展示了单边政策的提出是如何以牺牲多边形式为代价的。俄罗斯和中国都是上海合作组织成员国。中国一直在推动更强的一体化，并主张建立一个多边投资机构以在中亚进行投资。而俄罗斯强烈反对这一进程，其担心中国在该地区的影响力会增加。中国最终决定扩大双边关系，以中亚国家为核心，推进其"一带一路"倡议的建设，该倡议独立于任何多边框架并为中国利益服务。此外，为了避免俄罗斯主导该地区并只与欧盟进行双边谈判且无视其邻国的利益，欧洲将与俄罗斯进行接触，使其作为欧亚经济联盟多边框架的一部分。此外，将俄罗斯作为欧亚经济联盟的一部分并与其打交道将使欧盟有机会向俄罗斯政府提出建设性意见。

上海合作组织：东方版"北大西洋公约组织"的崛起？

Adam C Castillo *

原文标题：SCO：Rise of NATO East？

文章框架：根据俄罗斯和中国合作的程度，上海合作组织有可能成为美国在中亚发挥影响力的支柱；上海合作组织不是防御组织，其成员国最近在俄罗斯发起的"和平使命"反恐演习中展开合作，强调该组织承诺打击恐怖主义、分裂主义和极端主义的威胁；从西方的角度看，上海合作组织是一个战略联盟，其主要目的是结束美国对传统上由俄罗斯和中国所主导地区的"侵占"；上海合作组织的影响力似乎在短期内不会减弱；由于俄罗斯和中国之间的争端，上海合作组织可能无法充分发挥其全球影响力。

观点摘要：

1. 根据俄罗斯和中国合作的程度，上海合作组织（SCO）有可能成为美国在中亚发挥影响力的支柱。许多西方观察家对上海合作组织的发展持谨慎态度，上海合作组织是包括中国和俄罗斯在内的 8 个国家的联盟。自 2001 年成立以来，该组织一直被视为抵消美国在该地区日益增长的影响力的制衡机制。许多人认为，尽管上海合作组织章程中使用的语言具有"非针对性"政策的良性性质，但其意图限制美国在中亚

---

* Adam C Castillo，外交信使。来源：苏黎世联邦理工学院安全研究中心（瑞士智库），2017 年 9 月 3 日。

的存在性是不言而喻的，并可能对全球政治产生深远影响。

2. 在乌兹别克斯坦于 2001 年获得正式成员资格之前，哈萨克斯坦、中国、吉尔吉斯斯坦、俄罗斯和塔吉克斯坦组成了"上海五国"会晤机制，这是一个在 1996 年成立的组织，旨在解决该地区的边界问题，并促进成员国之间的合作。自乌兹别克斯坦加入以来，上海合作组织一直坚持其前身"上海五国"会晤机制所达成协议的主要内容。与北大西洋公约组织不同的是，上海合作组织不是一个共同防御条约组织，它的目标是加强睦邻关系，促进在政治、科技、社会发展和贸易等各个领域的开放和有效合作。

3. 上海合作组织虽然不是防御条约组织，但其成员国最近在俄罗斯发起的"和平使命"反恐演习中展开合作，强调该组织承诺打击恐怖主义、分裂主义和极端主义的威胁。各国的军队和政府机构继续在中亚和非洲部分地区开展紧急救助活动，并采取边防安全措施相互配合，以遏制非法贩运人口、毒品和武器。上海合作组织在坚持政府间合作承诺的同时，也坚持不干涉和不结盟外交政策。然而，过去似乎很明显的是，某些决定，尤其是乌兹别克斯坦坚持认为美国 2005 年撤出乌兹别克斯坦的汉纳巴德（Karshi Khanaba）空军基地的决定，受到上海合作组织承诺阻止美国所谓的"垄断世界事务"的影响。

4. 从西方的角度看，上海合作组织是一个战略联盟，其主要目的是结束美国对传统上由俄罗斯和中国所主导地区的"侵占"。中国和俄罗斯不但保证了从这个联盟获得中亚资源的机会，还建立了一个重要的投票集团，这个集团有能力影响国际政治，有利于进行反对扩大联合国安理会常任理事国席位的投票。很明显，俄罗斯和中国在审视美国参与该地区事务时持犹豫不决的态度。美国的民主化运动通过破坏俄罗斯与其邻国乌克兰和格鲁吉亚之间的关系而激怒了俄罗斯。中国认为美国不明确的存在性是为了遏制美国面临的中国影响力日益增长的主要威胁。

5. 然而，上海合作组织的影响力似乎在短期内不会减弱。一方面，上海合作组织观察员国包括蒙古国和伊朗，这些国家在人口和土地面积方面都占据了欧亚大陆的一部分，但蒙古国对成为上海合作组织的正式成员热情不高。另一方面，伊朗表达了极大的兴趣，并提出申请获得永久性成员资格。专家们认为，伊朗将从与中国和俄罗斯的"结盟"中获得未来的安全保障，同时上海合作组织将能够对伊朗的外交政策产生积极影响。然而，一些人认为，伊朗获得成员资格将使该国免受国际社会对其核野心的批评。俄罗斯总统普京公开表示他相信所有国家（包括伊朗），有权致力于和平的核研究，这表明在这个联盟中，伊朗不会因被阻止核研究活动而气馁，但在武器发展方面，伊朗必须遵守一定的国际行为准则。把伊朗纳入上海合作组织，也将使中国和俄罗斯在伊斯兰世界得到认可，这是它们不断寻求能源资源和致力于在本国与伊斯兰极端主义做斗争的一个重要因素。

6. 由于俄罗斯和中国之间的争端，上海合作组织可能无法充分发挥其全球影响力。该组织成员国对如何应对能源危机有着截然不同的看法，因为各国都面临不同的问题，一个是大型石油进口国，另一个是高成本出口国。甚至各国对美国的立场也不同。俄罗斯和美国之间的关系仍处于紧张状态，但中国在这个经济增长的关键时刻还无法疏远美国。

丝绸之路经济带：安全影响与中欧合作前景

Richard Ghiasy；Jiayi Zhou *

原文标题： The Silk Road Economic Belt：Considering Security Implications and EU – China Cooperation Prospects

文章框架： 这一年的案头工作及实地调查工作从安全角度考察了"一带一路"倡议的组成部分；"一带一路"倡议是欧亚基础设施建设、互联互通、经济合作的长期发展愿景；欧盟应寻求与上海合作组织（SCO）以及亚洲相互协作与信任措施会议（简称亚信会议，CICA）进行合作或建立对话机制。

观点摘要：

1. 这一年的案头工作及实地调查工作从安全角度考察了"一带一路"倡议的组成部分。这个报告由三个部分组成：第一部分分析了"一带一路"倡议的本质是什么，是什么促使中国提出这一构想以及它与中国国家安全利益之间的关系；第二部分探讨了"一带一路"倡议在欧亚大陆（在本报告中"欧亚大陆"指中亚和南亚）重要地区所产生的安全影响及面临的安全风险；第三部分根据上述所有研究，详细阐述了"一带一路"倡议是否能够像欧盟（EU）一样发挥作用，并向欧盟提出相应的政策建议。

2. "一带一路"倡议是欧亚基础设施建设、互联互通、经济合作的长期发展愿景。在欧亚大陆的大部分地区存在巨大的关键基础设施空

---

* Richard Ghiasy，斯德哥尔摩国际和平研究所武装冲突与冲突管理项目主任。Jiayi Zhou，气候变化与风险项目研究员。来源：斯德哥尔摩国际和平研究所（瑞典智库），2017年2月4日。

白，许多相关国家即使在现有多边发展银行的帮助下也无法填补这一空白。"一带一路"倡议旨在填补这一空白，尽管其实施的时间和实施效果仍有待观察，但它仍受到欧亚大陆许多地区的热烈欢迎。从官方角度来讲，这一倡议被认为是一种基于互惠互利原则、相对利他的倡议。它对参与成员、方式或规范没有任何限制，并且允许最大限度的灵活性。在这方面，该倡议有潜力成为欧亚地区双边和多边经济合作的主导模式。然而，许多利益攸关方对其可行性表示怀疑，尤其是在提到整个欧亚大陆的安全挑战方面时。对"一带一路"倡议的地缘政治基础还有其他担忧，即该倡议实际上并不完全具有多边性，而且其将有助于中国扩大在各参与国之间的政治和经济影响。中国官方对其政治动因的论述很少，因此导致了这种猜测。但显而易见的是，这一倡议的动机是多方面的，包括通过促进全球经济增长，特别是提高金融影响力，减少安全威胁以获得战略空间从而维护中国国内经济安全。

3. 更具体地说，这份报告建议欧盟考虑以下问题。从短期目标来看，欧洲对外行动局（EEAS）和其他相关机构应该分配更多人力资本，以监测"一带一路"倡议所带来的安全影响。从中期目标来看，欧盟应寻求与上海合作组织（SCO）以及亚洲相互协作与信任措施会议（CICA）达成合作或建立对话机制，这些机制可能会在有关"一带一路"倡议安全态势的讨论中发挥越来越重要的作用。就上海合作组织而言，其现有的安全策略与相关活动也将发挥重要作用。此外，欧盟还可以通过欧洲安全与合作组织（OSCE）或亚欧会议（ASEM）寻求与中国加强安全对话。

印度对阿富汗的政策

V. Mahalingam [*]

原文标题：India's Afghanistan Policy

文章框架：印度需要意识到中国、俄罗斯、伊朗和中亚国家都对阿富汗
局势的恶化感到担忧，并说服这些国家参与阿富汗安全与经
济发展相关事务；因为阿富汗安全局势的恶化将影响到该地
区稳定，尤其是会影响上海合作组织成员国的发展，所以印
度需要开展必要的外交活动以说服上海合作组织参与维护阿
富汗的和平稳定。

观点摘要：

1. 中国、俄罗斯、伊朗和中亚国家都对阿富汗局势的恶化感到担
忧，因为阿富汗局势恶化可能会进一步影响到这些国家，并对区域安全
和这些国家的国内安全造成不利影响。印度需要意识到这一现实，并说
服这些国家参与阿富汗安全与经济发展相关事务。尽管中国与巴基斯坦
关系密切，但是撇开经济利益不谈，中国对新疆维吾尔自治区的安全局
势和"东突厥斯坦伊斯兰运动"（ETIM）的活动深感忧虑，"东突厥斯
坦伊斯兰运动"是一个长期在巴基斯坦部落区盘踞并进行训练的恐怖
组织。印度需要在这方面做出努力以加强中印在阿富汗问题上的合作，
并说服中国施压巴基斯坦以令其不再干涉阿富汗事务。

2. 因为阿富汗安全局势的恶化将影响到该地区稳定，尤其是会影

※　V. Mahalingam，国防和安全分析师。来源：地面战争研究中心（印度智库），
2016 年 2 月 6 日。

响上海合作组织（SCO）成员国的发展，所以印度需要开展必要的外交活动以说服上海合作组织参与维护阿富汗的和平稳定。印度支持的"伊斯坦布尔进程"（也称"亚洲中心"国家倡议）是为了吸引世界各国对阿富汗投资，该倡议是朝着正确方向迈出的一步并值得继续发展以协助阿富汗发展经济。印度也需要支持阿富汗加入上海合作组织和亚洲基础设施投资银行。印度需要建立体制机制，协调并处理阿富汗安全与发展存在的所有相关问题，同时密切关注印度在阿富汗的利益。

印度成为上海合作组织正式成员的意义

Sumit Kumar[*]

原文标题：The Significance of the SCO's Full Membership for India

文章框架：由于中俄这两个经济和军事大国以及一些油气大国——哈萨克斯坦和吉尔吉斯斯坦都是该组织成员，所以上海合作组织被认为能够在塑造中亚未来方面发挥主导作用；吸纳印度会由于各种原因而增强上海合作组织的作用；中亚地区对印度来说具有巨大的经济、安全和能源重要性，因此作为正式成员加入上海合作组织将极大地帮助印度实现其重要的国家利益；印度可以通过与上海合作组织就安全问题进行合作而受益；虽然吸纳印度将进一步提升上海合作组织的组织能力，但印度将进一步抓住机遇，提升其在21世纪的大国地位。

观点摘要：

1. 2016年6月，印度总理莫迪对塔什干进行了为期两天的访问，同时出席了上海合作组织峰会，印度媒体和外交政策专家都十分关注莫迪总理与中国国家主席习近平的会面，此次会面意在争取中国支持印度加入核供应国集团（NSG）。上海合作组织成立于2001年，当时，成立于1996年的"上海五国"会晤机制（中国、哈萨克斯坦、吉尔吉斯斯坦、俄罗斯、塔吉克斯坦）在乌兹别克斯坦加入后更名为上海合作组织。该组织的主要目标之一是促进成员国在安全领域的合作，特别是在应对恐怖主义、分裂主义和极端主义方面。上海合作组织成立十五年来，确实没有取得太大的进展。然而，由于中俄这两个经济和军事大国

---

* Sumit Kumar，印度本地治里大学南亚研究中心博士研究员。来源：地面战争研究中心（印度智库），2016年7月12日。

以及一些油气大国——哈萨克斯坦和吉尔吉斯斯坦都是该组织成员，所以上海合作组织被认为能够在塑造中亚未来方面发挥主导作用。

2. 事实上，在2016年6月举行的塔什干峰会上，上海合作组织领导人注意到了该组织的目标和局限性，并明确了印度作为该组织正式成员的最后程序。反过来，吸纳印度也会由于各种原因而增强该组织的作用。在全球经济发展速度放缓的时刻，印度作为经济增长最快的经济体可以帮助改善该组织成员国的经济状况。由于印度石油消费的80%都依赖进口，所以它可能成为俄罗斯、哈萨克斯坦和吉尔吉斯斯坦石油出口的主要目的地。随着印度成为上海合作组织的一部分，俄罗斯将成功地阻止中国利用上海合作组织来发展其自身的经济利益。印度凭借长期打击恐怖主义势力的经验，可以与其他上海合作组织成员国分享如何应对恐怖主义威胁的专业知识。自被西方国家制裁以来，俄罗斯一直面临着其全球大国身份不被承认的危机。由于俄罗斯认为上海合作组织是恢复其国际合法性的平台，所以印度的加入将进一步提高俄罗斯在国际舞台上的地位。世界上最大的民主国家印度的加入也会提升上海合作组织的合法性。与此同时，中国也希望印度参与"一带一路"倡议。

3. 对印度来说，中亚不仅仅是一个远邻。事实上，中亚地区对印度来说具有巨大的经济、安全和能源重要性，因此作为正式成员加入上海合作组织将极大地帮助印度实现其重要的国家利益。中亚地区拥有丰富的天然气资源和矿产资源。除了拥有巨大的油气田外，这个地区还拥有世界约4%的天然气储量以及约3%的石油储量。这些资源大部分来自哈萨克斯坦和乌兹别克斯坦。当然，各国之间正在进行油气运输基础设施建设，以确保它们获得这些资源。印度急需能源来维持和促进经济增长，它认为中亚地区是石油、天然气和其他自然资源的重要来源。上海合作组织还可以为土库曼斯坦－阿富汗－巴基斯坦－印度（TAPI）天然气管道的建设提供便利。

4. 印度可以通过与上海合作组织就安全问题进行合作而受益。印度安全专家认为，由于与中亚地缘战略位置接近，因此中亚地区的不安全局势将危及印度的和平与安全。事实上，印度的安全担忧随着"伊斯兰国"等"圣战"组织的兴起，以及这些"圣战"组织与阿富汗和巴基斯坦塔利班等恐怖组织取得联系而不断增加。由于上海合作组织已经设立了旨在遏制恐怖主义的地区反恐怖机构执行委员会（RATS），所以印度可以从该机构中获取有关恐怖活动的情报信息。成员国之间的年度联合军事演习也将提供宝贵的作战分析意见。上海合作组织还将帮助印度有效地处理海盗、网络安全、贩毒控制等问题。阿富汗局势继续对印度安全构成巨大挑战。由于北约从阿富汗撤军，而阿富汗又是上海合作组织的重点关注对象，所以印度认为上海合作组织可以在促进阿富汗和平、安全和建设方面发挥积极作用。

5. 作为上海合作组织的正式成员，印度将有能力制定有效应对中国的"一带一路"倡议和中巴经济走廊（CPEC）项目的政策。在这方面，国际南北运输走廊（INSTC）的建设对印度来说可能是非常重要的，因为这将有利于印度、俄罗斯、伊朗、欧洲和中亚之间的海路、铁路和公路运输。鉴于俄罗斯外交政策专家和战略家们越来越担心印度更加注重与美国建立双边关系而不是俄罗斯，加入上海合作组织将有助于印度进一步巩固与俄罗斯的关系，俄罗斯是一个经得起时间考验的朋友。同时，加入上海合作组织也将进一步加强印度作为多边全球秩序推动者的地位。印度在中亚市场的地位不断提升，印度在银行业、食品加工业、建筑业等领域仍有巨大的商业发展前景。上海合作组织被视为加强印度与中亚地区经济联系的门户。目前，显而易见的是，虽然纳入印度将进一步提升上海合作组织的组织能力，但印度将进一步抓住机遇，提升其在21世纪的大国地位。

印度与上海合作组织 [*]

原文标题： India and the SCO

文章框架： 构成区域主义的三个要素；上海合作组织的成立是为了符合
在边境建立信任措施的要求，以及解决边界争端；通过超越
传统的合作伙伴，上海合作组织强调愿意回应正在出现的互
补性和新的合作渠道，这是一个重大的发展；对中国和印度
在基础设施发展方面的投资需要似乎是接纳中亚国家从而扩
大成员规模的激励因素；上海合作组织成员国在某些问题上
存在分歧；印度需要证明，它的加入可以为上海合作组织成
员国的团结和上海合作组织的国际影响发挥建设性作用；为
了使其成为有用的成员国，印度还必须采取建设性的方式解
决一些问题；中国国家主席习近平向上海合作组织成员国提
供了价值50亿美元的合作项目，以致力于打击该地区的极
端主义；亚投行支持中国的"一带一路"倡议，旨在使南
亚经济体更接近中国、中亚和西亚；在许多重要的方面，上
海合作组织是一个新形成的组织。

观点摘要：

1. 分析人士的辩论集中在区域和区域主义以及对区域合作和后冷
战时代制度建设的认识上。分析人士认为，三个要素构成了区域主义的
核心要素。第一个要素是一种共同的历史经验和对一些地理上不同国家
或社会群体之间共同问题的认知。第二个要素是这些国家和社会之间的
联系，即对该区域边界的认识，在这一区域内，相互作用将比外部世界
的作用更强烈。第三个要素是一个组织的出现在法律和制度上给该地区

　　* 来源：观察家研究基金会（印度智库），2016年6月22日。

带来的影响，并为该区域提供了游戏规则。因此，在处理有关区域主义的问题时，这三个要素是同样重要的。第一个要素有关区域主义的空间维度。第二个要素涉及区域主义的规模，换句话说就是该区域或区域组织所涉及的任务或相互作用的领域。第三个要素涉及组织的级别和范围。这三个要素非常重要，因为它们表明了区域主义的多样性和不均衡性。

2. 这三个要素对于理解上海合作组织（SCO）的本质、宗旨和目标至关重要。上海合作组织是一个什么样的组织？一个区域安全组织还是一个贸易集团？更重要的是它是如何发展起来的？在任何情况下，都需要分析上海合作组织是否可以被想象成一个"区域"组织。在20世纪90年代，对于成员国身份，上海合作组织有一个明确的标准，即与中国接壤的国家。上海合作组织的成立是为了符合在边境建立信任措施的要求，以及解决边界争端。作为一个"区域"集团，它将自己的范围定义为中国以及与其毗邻的地区。如果人们承认这是上海合作组织的区域范围，那么该组织最理想的常任理事国可能包括土库曼斯坦。

3. 上海合作组织包括成员国、观察员国和对话伙伴国三个类别。蒙古国和伊朗是观察员国。鉴于阿富汗对地区安全平衡的重要性，它已被接纳为观察员国。随着对话伙伴国的引入，上海合作组织引入了一种更为宽松的友好关系。选择亚美尼亚和斯里兰卡作为对话伙伴国表明，这是一个新的、有较少限制的类别，这将使该组织能够扩大其在欧洲和南亚的地理影响范围，从而重新界定其区域概念。随后，土耳其被接纳为对话伙伴国，而且上海合作组织就接受白俄罗斯作为观察员国以及阿塞拜疆、亚美尼亚、柬埔寨和尼泊尔作为对话伙伴国达成了协议。通过超越传统的合作伙伴，上海合作组织强调愿意回应正在出现的互补性和新的合作渠道，这是一个重大的发展。然而，将印度和巴基斯坦列为上海合作组织的成员国引发了很多问题，而且最重要的问题是"睦邻伙伴关系"是否仍将是该组织的主要焦点。在此背景下，上海合作组织第十六次峰会具有重要意义。2016年6月23日至24日在乌兹别克斯坦塔什干举行的上海合作组织第十六次峰会将最终确定印度加入上海合作组织，成为正式成员国。

4. 2015 年 7 月 10 日，随着在俄罗斯乌法峰会上宣布通过关于启动接收印度、巴基斯坦加入上海合作组织程序的决议，该组织正在翻开新篇章。更重要的是，成员国重申愿意成立发展银行和发展基金，并支持中国的提议，使"丝绸之路经济带"跨越上海合作组织成员国。在金砖国家领导人会晤后举行的上海合作组织峰会强调了随着国际部队撤离，阿富汗稳定的重要性。在乌法峰会后，俄罗斯、中国、印度和中亚国家的战略专家就将印度和巴基斯坦纳入上海合作组织的影响展开了一场辩论，这表明有关将这两个南亚国家纳入上海合作组织的问题还远未讨论完毕。哈萨克斯坦总统战略研究所常务副所长萨纳特·库什库姆巴耶夫（Sanat Kushkumbayev）称："印度和巴基斯坦加入上海合作组织的行动是首要议程，但这一进程尚未完全阐明。"很有可能现有的上海合作组织成员国会阻止这两个国家加入。乌兹别克斯坦总统卡里莫夫指出，印度和巴基斯坦的加入可能会改变国际组织内部的权力平衡。印度和巴基斯坦之间仍有许多未解决的问题，目前尚不清楚这些问题将如何影响上海合作组织。人们普遍认为，就中国而言，上海合作组织现在已不再那么重要。现在，一个拥有自己融资机构（亚洲基础设施投资银行）的基础设施项目"一带一路"倡议对中国非常重要。此外，对中国和印度在基础设施发展方面的投资需要似乎是接纳中亚国家从而扩员的激励因素。

5. 此外，有必要记住，上海合作组织成员国在某些问题上存在分歧，例如在阿富汗的参与程度。俄罗斯总统普京支持增加上海合作组织在阿富汗的参与，而乌兹别克斯坦总统卡里莫夫称阿富汗战争没有尽头，而且他认为，要让上海合作组织参与进来，就意味着该组织要对阿富汗承担责任，这不仅是阿富汗人的责任，也会变为整个世界的责任。他认为，上海合作组织需要注重长期利益，主要是经济问题以及增加双边贸易和投资所面临的问题。2016 年 4 月 18 日，在莫斯科举行的俄罗斯－印度－中国（这三个国家是金砖国家的核心）外交部部长级别会议上，有关是否印度会获得上海合作组织成员国身份还不明确。会后发表的联合公报指出，2015 年 7 月 10 日，中国和俄罗斯外长重申，两国承诺全面、尽早落实上海合作组织乌法峰会的各项决定，积极推动印度加入上海合作组织的进程。印度表示愿意尽早成为上海合作组织的正式成员，为上海合作组织的发展做出更大贡献。2016 年 6 月，印度在塔什干峰会上签署加入上海合作组织义务的备忘录。尽管如此，俄罗斯印度研究中心主任沙姆亚恩（Tatyana Shaumyan）在接受采访时对此次会议的价值进行了积极评价："三国外长保持三方会谈的传统非常重要。国际关系和双边关系都存在问题，因此需形成共同立场。此外，各国之间还存在一些分歧仍未解决，因此该组织的成员愿意根据自己的国家利益来讨论各自的立场。"

6. 然而，在俄罗斯－印度－中国外交部部长级别会议之后，中国《环球时报》发表评论指出，印度需要证明，它的加入可以为上海合作组织成员国的团结和上海合作组织的国际影响发挥建设性作用。这篇评论对印度加入上海合作组织的问题提出了许多警告：印度需要证明其旨在发挥"建设性作用"；印度作为上海合作组织成员国的权力可能与其他创始成员国不一样；印度的政策需要与俄罗斯和中国保持一致；以及印度和美国之间拟议的物流协议让人感到不安，因为这标志着印度外交政策的转变。人们普遍认为，印度加入上海合作组织是为了"提高其在中亚的利益"，加强与更广泛资源丰富地区的互联互通，并有机会就共同关心的问题开展工作。伊朗的成员国身份将确保印度能够发展一个贸易平台，并通过阿巴斯港和恰巴哈尔港与国际南北运输走廊连接。上海合作组织仍有可能成为土库曼斯坦－阿富汗－巴基斯坦－印度（TA-PI）天然气管道和伊朗－巴基斯坦－印度（IPI）天然气管道等项目的"担保人"。上海合作组织还将为与阿富汗及其邻近地区的互动架设一座有用的"桥梁"。然而，一些分析人士指出，印度不能成为欧亚地区的真正参与者，因为印度目前缺乏互联互通。

7. 此外，为了成为有用的成员国，印度还必须采取建设性的方式解决一些问题，而不是将反恐作为一项议程，并将其明显指向巴基斯坦。分析人士还认为，除了每年举行会议以及创立地区反恐怖机构执行委员会（RATS）外，上海合作组织没有实现任何建设性的成果。当然，上海合作组织会议可以为双边接触提供一个中立的基础，而且参与地区反恐怖机构执行委员会将意味着共享新情报和共同制定反恐战略。然而，在某些情况下，这本身可能会成为问题，因为在某些情况下，印度可能会认为它的安全受到上海合作组织其他成员国的影响。上海合作组织的核心仍然是俄罗斯和中国，而上海合作组织的两种官方语言仍然是俄语和汉语，尽管上海合作组织的成员国扩容迹象很明显。此外，仍然存在这样一个疑问，即印度所实行的有明显针对性的"东向政策"是否能够在没有相应的西方政策的情况下开展，而且正是基于这种想法，印度又启动了"连接中亚政策"。

8. 中国将经济刺激与安全合作联系起来。中国向上海合作组织成员国提供的价值 50 亿美元的合作项目致力于打击该地区的极端主义。现在人们认为，随着中国在"一带一路"沿线地区投资和贸易的持续增长，该地区很可能在经济上依赖中国。通过发展广泛的天然气和石油管道以及交通网络，中国在经济上对中亚国家来说是不可或缺的。中国政府还提供了慷慨的贸易和贷款条件，从而创造了一个环境，在这一环境中其他竞争对手将被淘汰，因为很少有国家能够与中国提供的利益相匹敌。此外，将一些国家诸如印度包括在内意味着要在上海合作组织的反恐和情报行动中支持更高的监督及人权标准。有人担心，所有这一切将使该组织沦为一个"空谈俱乐部"。

9. 事实上，像亚洲基础设施投资银行（AIIB，以下简称亚投行）这样的机构可能会成为一个新的"区域"，其中包括中国和印度在内的 17 个非相邻的亚洲和欧洲国家。此外，一些机构是为了支持互联互通愿景而设立的，而且亚投行本身就是这样一个例子。亚投行支持中国的"一带一路"倡议，其旨在使南亚经济体更接近中国、中亚和西亚。与战后的"马歇尔计划"相比，"一带一路"倡议作为一种工具，可以创造出一个持续的陆地和海洋"区域"，在那里各国将寻求融合的经济政策，其由有形基础设施支撑，并得到贸易和流动资金的支持。此外，软实力将在创造适宜的政治环境中发挥重要作用。"一带一路"倡议政策文件进一步指出，该倡议旨在维护"开放的世界经济和开放的地区主义精神"，这显然与在跨太平洋伙伴关系协定（TPP）和跨大西洋贸易与投资伙伴协定（TTIP）中由美国主导的大型经济区域形成鲜明对比。亚洲内部更深层次的经济一体化，可以通过中国在中亚和巴基斯坦修建铁路、公路和港口基础设施实现，从而大幅缩短亚洲与欧洲、中东和非洲之间的货运时间。此外，中国这样做的另外一个动机是促进中国南方和西部相对欠发达省份的发展。"一带一路"倡议包括横贯大陆的"丝绸之路经济带"以及"21世纪海上丝绸之路"。大部分横贯大陆的路线途经传统的俄罗斯影响区域，俄罗斯正试图以欧亚经济联盟（EEU）的形式重建一个共同的经济区。

10. 最后，在许多重要方面，上海合作组织是一个新形成的组织。它是基于一种"文明"的方式建立的，这种"文明"被普遍认为是"上海精神"。强调以和谐、尊重文化多样性、睦邻友好和相互信任作为全球安全新架构的重要组成部分就是例证。上海合作组织提出了一种整体稳定的观点，以增强在文化和教育等"软领域"的相互作用。另外，该组织的本质是一个松散的网状结构组织，它包含并鼓励各国发展不同的联系。然而，扩员所面临的问题仍然很难解决。这里存在对引入外部成员而导致分裂的担忧。在这个背景下，新成员加入该组织是值得深思熟虑的。

印度与中亚的关系：扩大合作前景

Ashok Sajjanhar [*]

原文标题：India – Central Asia Relations：Expanding Vistas of Partnership

文章框架：印度与中亚任何一个国家都不接壤，这是推动和扩大两地经济、商业、能源、旅游等方面交流的巨大瓶颈；中国通过双边手段和上海合作组织发展对外关系；上海合作组织一年一度的峰会将为印度和这些国家的领导人提供一个论坛以讨论双边和地区利益问题。

观点摘要：

1. 印度没有对其与中亚地区的文明和历史联系足够重视，这导致印度无法从这种联系中获益。印度与中亚地区国家关系不景气的另一个重要原因是印度与中亚任何一个国家都不接壤，这是推动和扩大两地经济、商业、能源、旅游等方面交流的巨大瓶颈。由于巴基斯坦不允许印度货物、车辆或人员通过其领土进入阿富汗，所以从印度到中亚国家并没有直接路线。因此，印度与中亚国家的贸易是经中国进行的，这既耗时又成本高昂。或者，印度货物必须通过海运到达北欧，再通过铁路和公路经俄罗斯和其他邻国到达中亚。印度在推动恰巴哈尔港建设项目、发展国际南北运输走廊（INSTC）和成为国际交通运输过境走廊协议（阿什哈巴德协议）成员方面取得了重大进展。印度加入上海合作组织（SCO）和欧亚经济联盟（EEU）也应该可以在减少地理限制方面取得相当大的进展。

2. 深化与中国的交往是中亚国家外交的一个较新的特点。中国通

---

*　Ashok Sajjanhar，印度国防研究和分析中心全球研究所所长。来源：观察家研究基金会（印度智库），2016 年 6 月 22 日。

过双边手段和上海合作组织发展对外关系。中国发展与中亚国家关系的主要驱动因素是利用中亚庞大的矿产资源以促进本国经济发展，同时向中亚供应急需的消费品，并保护自己免受"分裂主义、极端主义和恐怖主义"的威胁。中国一直试图通过铁路、公路、石油和天然气管道建设加强与中亚国家的联系。

3. 在过去几年中发生了一些重大的事情。其中最重要的事情莫过于印度总理纳伦德拉·莫迪于2015年7月参加俄罗斯乌法金砖国家峰会和上海合作组织峰会时访问了五个中亚国家，此举是大胆的并具有决定意义。莫迪总理对这些国家的访问向中亚地区和世界传达了一个响亮而明确的信息，即印度决心扩大与这些国家的关系。另外一个重大事件是2015年7月，在俄罗斯举行的上海合作组织乌法峰会正式决定启动接纳印度、巴基斯坦加入上海合作组织的程序。这将为印度总理提供一个每年都与中亚国家领导人会面和互动的机会。印度未能充分发掘与中亚地区合作潜力的一个重要原因是其领导人与这些国家领导人之间的交往不频繁。上海合作组织一年一度的峰会将为印度和这些国家的领导人提供一个论坛以讨论双边和地区利益问题。

印度在中亚的能源外交可能会挑战中国的主导地位

Manish Vaid*

原文标题：India's Energy Diplomacy in Central Asia Could Challenge China's Monopoly

文章框架：对印度来说，中亚已经成为重要的优先事项，不仅仅因为印度将其扩张目标对准中亚（该地区与印度具有古代文明联系），而且因为其巨大的经济、安全和能源优势；最近的事态发展帮助印度超越了与中亚地区连接的一些障碍；除了重振与中亚的战略和经济联系之外，随着印度加入上海合作组织，牢固的双边关系将通过使印度的能源需求多样化，来增强印度的能源安全目标；由于该地区拥有丰富的能源资源，上海合作组织于 2006 年提出成立上海合作组织能源俱乐部，以深化成员国之间的能源合作；哈萨克斯坦是中亚最大的石油和天然气生产国，它也主张建立"亚洲能源战略"，采取全面的能源安全措施，这会对能源效率和环境保护产生更大的推动作用。

观点摘要：

1. 对印度来说，中亚已经成为重要的优先事项，不仅仅因为印度将其扩张目标对准中亚（该地区与印度具有古代文明联系），而且因为

* Manish Vaid，获得贝拿勒斯印度教大学学士学位，潘迪特石油大学石油管理专业硕士学位；观察家研究基金会初级研究员，研究主要集中在能源问题、地缘政治、跨界能源和区域贸易（包括自由贸易区）、气候变化、移民、"一带一路"、城市化和水资源问题。来源：观察家研究基金会（印度智库），2016 年 9 月 22 日。

其巨大的经济、安全和能源优势。长期以来，由于中国在中亚的地缘政治地位不容置疑，印度和中亚缺乏直接联系进一步加剧了这一问题，该地区在印度外交政策重点方面仍然不被重视。印度的"连接中亚政策"是由当时的外交国务部部长艾哈迈德（E. Ahmed）在 2012 年公布的，但由于这些固有的挑战，该政策未能为印度提供任何新的动力。

2. 然而，最近的事态发展帮助印度超越了与中亚地区连接的一些障碍。在印度加入上海合作组织（SCO）之际，莫迪总理于 2015 年访问中亚，2016 年 5 月访问伊朗，这强调了印度与中亚关系模式的转变。尽管莫迪的中亚之行试图探索新的合作途径，但他与伊朗签署的建设恰巴哈尔港的备忘录通过开辟新的绕过巴基斯坦的贸易路线，复兴了印度的"连接中亚政策"。这些协议除了为印度提供通往内陆中亚共和国的途径之外，还向这些国家提供了通过恰巴哈尔港进入温暖水域的渠道，以实现其经济利益最大化。现在有机会打破中国在中亚的主导地位，特别是在能源获取方面。通过印度在这一战略领域的管道外交和能源利益可以看出这一点。印度最大的能源活动是通过所有中亚国家建设连接土库曼斯坦和中国长达 1800 公里的天然气管道。这条管道于 2009 年 12 月投入运营，就像阿塞拜疆 – 格鲁吉亚 – 土耳其管道一样，成功打破了俄罗斯的垄断局面。

3. 除了重振与中亚的战略和经济联系之外，随着印度加入上海合作组织，牢固的双边关系将通过印度的能源需求多样化，来增强其能源安全目标。在这方面，印度积极参与上海合作组织能源俱乐部、欧亚经济联盟和哈萨克斯坦提出的"亚洲能源战略"，这些参与可能使其成为一个游戏规则的改变者。值得注意的是，中亚国家（即哈萨克斯坦、吉尔吉斯斯坦、土库曼斯坦、塔吉克斯坦和乌兹别克斯坦）能源资源丰富。根据英国石油公司《2016 年世界能源统计年鉴》，土库曼斯坦是中亚地区的主要国家，其天然气储量位居世界第 4。乌兹别克斯坦和哈萨克斯坦在这一地区拥有的天然气储量分别排第 2 位和第 3 位。哈萨克斯坦也是世界第 12 大石油储藏地。塔吉克斯坦和吉尔吉斯斯坦的水力发电潜力巨大，其中只有不到 10% 被使用。

4. 由于该地区拥有丰富的能源资源，上海合作组织于 2006 年提出成立上海合作组织能源俱乐部，以深化成员国之间的能源合作。这样一个与中国进行能源合作来实现作为中亚能源市场主导者的无效机制，意味着该俱乐部未能取得成功。这是因为中国对创建和发展区域能源中心不感兴趣。其重点是通过积极获取石油和天然气以满足自身的能源需求。印度的上海合作组织成员国身份现在可以通过连接中亚和南亚，在确保能源生产者和消费者之间更紧密的能源合作中发挥更大作用，伊朗通过成为主要的能源贸易中心（借助开放的恰巴哈尔港），在中亚和南亚地区可以帮助推动上海合作组织能源俱乐部发展。该俱乐部还将使中亚和伊朗的一些关键能源和基础设施项目得以迅速实施，包括土库曼斯坦－阿富汗－巴基斯坦－印度（TAPI）天然气管道和国际南北运输走廊。此外，该俱乐部还可以寻求投资，以促进其油气和石化行业发展，印度可以在其中发挥重要作用。就此而言，在莫迪访问中亚期间，土库曼斯坦已同意与其加强能源合作，并寻求获得印度石油和天然气企业在培训、设计、建设、勘探和生产领域的相关专业知识。在整个区域的能源价值链中应该鼓励类似的投资，使上海合作组织能源俱乐部更加全面和有效。

5. 哈萨克斯坦是中亚最大的石油和天然气生产国，它也主张建立"亚洲能源战略"，采取全面的能源安全措施，这会对能源效率和环境保护产生更大的推动作用。在能源和气候目标的整合上，中亚五国可以在其成员国和整个地区的清洁能源合作中发挥重要作用。印度加入欧亚经济联盟也有助于印度融入独联体国家。俄罗斯已经致力于将中国、印度和伊朗纳入欧亚经济联盟。因此，几个外部参与者把中亚作为进行零和博弈的场所，在印度成为上海合作组织成员国之后，可能会开辟能源合作的新天地，活跃的地区参与者对此反响强烈。

上海合作组织开发银行应把印度从中国资本的战略后果中唤醒

Arun Mohan Sukumar *

原文标题： The SCO Bank Should Wake India up to the Strategic Conse-
quences of Chinese Capital

文章框架： 上海合作组织开发银行应该被列为印度主导的金砖国家新开
发银行的竞争对手，因为它可能会削弱印度在该地区的经济
实力；通过其拟议成立的上海合作组织开发银行，中国试图
将其在欧亚大陆的经济发展目标与其在该地区的战略目标联
系起来；印度与巴基斯坦将于 2017 年共同正式加入上海合
作组织，但在上海合作组织（SCO）中，印度充其量只是一
个初级合作伙伴，与其在金砖国家中享有的地位截然相反；
上海合作组织再次提醒印度，应该对中国在亚洲投资的战略
后果保持敏感；印度可能不得不接受现实，即在某些基础设
施项目的设计中，它不会成为与中国平起平坐的合作伙伴，
但除此之外也别无选择；由于不参与中国主导的地区倡议，
印度失去了一个确保其自身企业和项目未来在亚洲发展的关
键机遇，从而也决定了印度的发展轨迹。

观点摘要：

1. 上海合作组织开发银行应该被列为印度主导的金砖国家新开发

---

* Arun Mohan Sukumar，塔夫斯大学弗莱彻法律与外交学院硕士；亚太地区互联
网治理论坛副主席，最近担任联合国政府专家组（GGE）独立法律专家，印度
官方代表团非政府代表，世界经济论坛全球数字经济与社会理事会成员；曾在
《印度教徒报》编辑委员会任职，是利奥·格罗斯奖获得者。来源：观察家研
究基金会（印度智库），2017 年 6 月 5 日。

银行的竞争对手，因为它可能会削弱印度在该地区的经济实力。在吉尔吉斯斯坦首都比什凯克举行的上海合作组织（SCO）政府首脑会议上，中国正式提议成立上海合作组织开发银行，以促进发展和进行金融合作。这项被六个成员国所接受的提议具有重要意义，原因有三。首先，上海合作组织不像中国参与的其他地区性融资机构，它是一个旨在维护安全的组织。中国的提议令人关注，因为上海合作组织成员国都是亚洲基础设施投资银行（AIIB，以下简称亚投行）的创始成员，这使人们对上海合作组织开发银行成立的额外目的提出了质疑。上海合作组织开发银行的管理或贷款利率几乎与亚投行一样。但与亚投行相比，中国政府在决定上海合作组织应该资助哪些项目方面具有相当大的灵活性，这要归功于中国在该组织中的主导地位。通过其拟议成立的上海合作组织开发银行，中国试图将其在欧亚大陆的经济发展目标与其在该地区的战略目标联系起来。上海合作组织不是东盟，但其成员国拥有相当大程度的政治和军事共识，这将有助于上海合作组织的决策过程。其次，鉴于俄罗斯在其邻近区域的切身利益，上海合作组织开发银行可能很快成为金砖国家新开发银行的竞争对手。巴基斯坦没有加入金砖国家，它可能试图通过上海合作组织来推动其基础设施建设，这也使它有机会参与到上海合作组织的地区项目中。印度与巴基斯坦于 2017 年共同正式加入上海合作组织，但在上海合作组织中，印度充其量只是一个初级合作伙伴，与其在金砖国家中享有的地位截然相反。最后，中国已经明确表示，"一带一路"项目和欧亚经济联盟之间存在"协同效应"，而上海合作组织开发银行对那些迄今为止都没有加入"一带一路"倡议的中亚国家来说很可能就是一个"诱饵"。此外，俄罗斯已正式同意对接"一带一路"倡议与欧亚经济联盟（EEU）。上海合作组织开发银行可能成为俄罗斯与中国在欧盟合作项目中相连通的渠道，这将为西方国家敲响警钟。

2. 上海合作组织再次提醒印度，应该对中国在亚洲投资的战略后果保持敏感，因为双边投资而产生的政治影响只是其中的一个后果。如果说最近中国试图通过在马尔代夫、斯里兰卡和尼泊尔投资大型基础设施项目来获得影响力，那么这种做法的局限性就已经显现了。但是，像上海合作组织开发银行这样的实体，能为中国提供将融资和"一带一路"项目连接起来的空间，这就决定了该地区的经济前景。这或许是印度最关心的问题，因为印度的服务型企业在高端供应链上具有竞争力。如果像"一带一路"倡议或上海合作组织开发银行这样的项目让中国在中亚和东南亚形成主导性市场的话，那么一旦基础设施到位，中国企业就很容易着手"办事"。到那时，印度企业可能就很难影响投资指南、行业规范或标准，因为这些都与所提供的服务有关。

　　3. 印度的政策制定者应该注意到中国战略投资的潜在影响。上海合作组织开发银行也应被列为由印度主导或参与的一些项目（如金砖国家新开发银行）的竞争对手，因为它可能会削弱印度在该地区的经济影响力。这并不是说印度应该远离上海合作组织开发银行。某些现实仍然没有改变：中国有着足够的分配资金；巴基斯坦试图将中国作为其潜在的投资场所；在未来几年中，俄中轴心将变得更加强大。印度的退出无疑会使它收效甚微。为了获得法律依托和良好的市场回报，中国政府当然渴望在印度投资。这些投资是否应该与中印在更大的经济项目上的伙伴关系相结合，是由两国政府所决定的。印度可能不得不接受现实，即在某些基础设施项目的设计中，它不会成为与中国平起平坐的合作伙伴，但除此之外也别无选择。由于不参与中国主导的地区倡议，印度失去了一个确保其自身企业和项目未来在亚洲发展的关键机遇，从而也决定了印度的发展轨迹。

俄罗斯视角下的上海合作组织峰会[*]

原文标题： SCO Summit：A Russian Perspective

文章框架： 上海合作组织峰会于 2017 年 6 月第二周在阿斯塔纳举行，
上海合作组织成立以来，印度和巴基斯坦是第一批加入该组
织的新成员。俄罗斯总统普京承认，将上海合作组织中两个
冲突不断的国家整合为一个统一的整体不会是一项"容易
的任务"；随着印度、巴基斯坦两国的加入，上海合作组织
的议程将面临重大变化，成员国达成共识将变得更加复杂；
俄罗斯总统普京于 2017 年 6 月 9 日宣称，上海合作组织的扩
大将"毫无疑问地增加其在政治、经济和人道主义领域的力
量和影响力"。俄罗斯总统助理尤里·乌沙科夫向《生意人
报》透露，俄罗斯有兴趣继续推动上海合作组织的扩张——
让伊朗成为该组织的成员国；在上海合作组织峰会之前，俄
罗斯国防部部长谢尔盖·绍伊古向他的中国同事常万全提议
签署中俄 2017～2020 年军事领域合作发展"路线图"；上海
合作组织秘书长阿利莫夫称，上海合作组织"正在成为欧
亚大陆上处于中心位置的连接性机构"，并将其对新成员的
接纳称为"历史事件"。

观点摘要：

1. 上海合作组织峰会于 2017 年 6 月第二周在阿斯塔纳举行。在海
合作组织成立以来，印度和巴基斯坦是第一批加入该组织的新成员。俄
罗斯总统普京（Vladimir Putin）承认，将上海合作组织中两个冲突不断
的国家整合为一个统一的整体不会是一项"容易的任务"，但他表示，

---

* 来源：观察家研究基金会（印度智库），2017 年 6 月 22 日。

他希望具有更为广泛基础的上海合作组织能够更加有效地应对地区安全挑战。他认为阿富汗日益恶化的局势是这些威胁中最为严重的。

2. 正如《生意人报》早些时候报道的那样，随着印度、巴基斯坦两国的加入，上海合作组织的议程将面临重大变化，成员国达成共识将变得更加复杂。例如，周五签署的《阿斯塔纳宣言》表示，上海合作组织成员国一贯主张全面实施《不扩散核武器条约》（NPT）的规定，全面、均衡地推进其各项目标和原则，加强该条约的作用、效率和普遍适用性，积极推进国际核裁军和核不扩散进程。然而，印度和巴基斯坦却是没有签署这个条约的核大国。除了两个新成员国间处于冲突状态之外，印度还与上海合作组织创始成员国（中国）发生了争执。

3. 俄罗斯总统普京于2017年6月9日宣称，上海合作组织的扩大将"毫无疑问地增加其在政治、经济和人道主义领域的力量和影响力"。他说，印度和巴基斯坦已经完成了所有程序，签署了30多份有关上海合作组织的协议。普京说道："在这一点上，我们必须帮助新同事迅速而有效地参与到该组织的活动以及所有部门和结构中去。这不是一项容易的任务，我们所有人都必须仔细观察这一切将如何在实践中加以执行。"普京还暗示，俄罗斯准备为上海合作组织的扩张考虑新的候选国。就在前一天，俄罗斯总统助理尤里·乌沙科夫向《生意人报》透露，俄罗斯有兴趣继续推动上海合作组织的扩张——让伊朗成为该组织的成员国。

4. "显然不是所有的北约成员国（包括欧洲国家）都希望参与到阿富汗事务中来"，普京说道。他还提议重启"上海合作组织–阿富汗联络组"（在2009年暂停了所有活动），认为上海合作组织可以帮助促成阿富汗政府和反对派组织之间的对话。成员国在阿斯塔纳峰会期间签署了11份文件，其中包括《阿斯塔纳宣言》《上海合作组织反极端主义公约》《上海合作组织成员国元首关于共同打击国际恐怖主义的声明》《2017—2018年落实〈上合组织成员国旅游合作发展纲要〉联合行动计划》《上合组织秘书处与红十字国际委员会谅解备忘录》等。

5. 此外，《阿斯塔纳宣言》还提到，成员国欢迎中国"一带一路"倡议并高度重视5月14日至15日"一带一路"国际合作高峰论坛所取得的成果。印度不仅抵制了此次论坛，还公开把"一带一路"倡议形容为"殖民性项目"。上海合作组织秘书长阿利莫夫称，上海合作组织"正在成为欧亚大陆上处于中心位置的连接性机构"，并将其对新成员的接纳称为"历史事件"。

6. 中国现在已经接任哈萨克斯坦，成为上海合作组织轮值主席国。在阿斯塔纳的讲话中，中国国家主席习近平建议制定一项简化上海合作组织成员国间多边贸易的协议。在上海合作组织峰会之前，各成员国的军事代表举行了会谈。在其中一次会议上，俄罗斯国防部部长谢尔盖·绍伊古向他的中国同事常万全提议签署中俄 2017 ~ 2020 年军事领域合作发展"路线图"。绍伊古说道："重要的是，俄罗斯和中国准备共同维护和平和国际安全。"他还强调，俄中军事对话的强度表明两国正在就全球和地区安全问题进行建设性对话。

中国表示要转变地缘战略目标

Vidya Sagar Reddy*

原文标题： China Signals a Shift in Geostrategic Goal

文章框架： 中国在 2017 年举办了"一带一路"国际合作高峰论坛；伊朗
正面临西方对其核武器计划的制裁，其支持阿萨德政权，并
允许俄罗斯军队利用其领土进行军事行动。

观点摘要：

1. 中国在 2017 年举办了"一带一路"国际合作高峰论坛。新加坡、
韩国、美国、英国、德国等主要经济体派出了部级代表团，而印度则决
定放弃参加，因为"一带一路"倡议削弱了其核心利益。在峰会期间参
加贸易会议的欧盟成员国一致决定拒绝接受印度这一声明，原因是印度
在透明度、共同所有权和可持续性方面缺乏可信度。

2. 伊朗正面临西方对其核武器计划的制裁，其支持阿萨德政权，
并允许俄罗斯军队利用其领土进行军事行动。土耳其击落一架俄罗斯军
用飞机后，与俄罗斯的关系有所恶化，但由美国支持的针对埃尔多安的
未遂政变恢复了俄罗斯和土耳其的正常关系。土耳其有意购买中国的导
弹防御系统，尽管俄罗斯和北约也表示愿意为其提供这一系统。伊朗和
土耳其都是上海合作组织（SCO）的潜在成员。这两个国家的加入将使
上海合作组织成员国涉及整个欧亚大陆板块，对这些欧亚大陆板块的控
制是地缘政治的本质。英国战略家哈尔福德·麦金德（Halford Mack-

---

* Vidya Sagar Reddy，马尼帕尔国际大学地缘政治与国际关系专业硕士，研究兴
趣包括主要航天国家的技术能力、空间资产的民用和军事应用、人类宇航和行
星探索等，也有兴趣评估各种地缘政治和军事发展的战略影响。来源：观察家
研究基金会（印度智库），2017 年 8 月 16 日。

inder）和美国战略家阿尔弗雷德·马汉（Alfred Mahan）警告世界各地的沿海国家，一股强盛的能够控制亚欧大陆的陆上力量正在崛起。这样一个拥有大量资源的陆上大国（即俄罗斯），能够建立起一支强大的海军舰队，最终制约其他沿海国家。因此，沿海国家必须利用政治、经济、外交和军事手段，主动在欧亚大陆海岸线上进行海上控制。随着苏联的解体，俄罗斯的企图也进而失败，这导致在地理上和政治上对欧亚大陆进行了划分。冷战后的权力结构使美国利用其军事实力在欧亚周边地区维持其空军和海军基地。然而，如果将中国的资源整合成一个具有先进军事能力的单一政治组织的话，那么中国仍然有可能领导欧亚大陆。上海合作组织是由中国建立的，现在还包括4个原苏联加盟共和国。中国可以通过"一带一路"倡议，利用经济实力把欧亚国家带进自己的阵营。沿海国家及印度、德国等主要边缘大国就中国的"一带一路"倡议进行了讨论。

印俄关系中的积极信号

Aleksei Zakharov [*]

Aleksei Zakharov [*]

原文标题：Positive Signals in India - Russia Relations

文章框架：金砖国家厦门峰会的成果表明，金砖国家仍然是多边外交的重要论坛，也是调整双边关系的有效工具；俄罗斯－印度－中国三角关系最近的发展表明，俄罗斯采取的政策比人们预期的更为均衡，而且对印度方面正发出越来越多的积极信号。

观点摘要：

1. 金砖国家厦门峰会的成果表明，金砖国家仍然是多边外交的重要论坛，也是调整双边关系的有效工具。2017 年，除了金砖国家的总体议程之外，印度总理纳伦德拉·莫迪（Narendra Modi）和中国国家主席习近平之间的会晤也成为人们关注的焦点之一，因为这对中印两国在双边层面和多边层面合作的发展进程至关重要。中印关系不仅对金砖国家，而且对上海合作组织（SCO）至关重要。印度总理与俄罗斯总统弗拉基米尔·普京（Vladimir Putin）之间也举行了一次很好的会晤，不过这次会晤并没有被列入金砖国家厦门峰会的"焦点"，但会晤表明了印俄关系的积极发展趋势。

2. 在过去几年里，印度战略专家提出的一种担忧是，人们怀疑俄罗斯与中国的联系如此紧密，以至于印度无法再指望俄罗斯，应防止俄罗斯向中国靠拢。这导致印俄双边伙伴关系受限。然而，俄罗斯－印度－中国三角关系最近的发展表明，俄罗斯采取的政策比人们预期的更为均衡，而且对印度方面正发出越来越多的积极信号。

---

* Aleksei Zakharov，观察家研究基金会客座研究员。来源：观察家研究基金会（印度智库），2017 年 9 月 15 日。

乌兹别克斯坦发生了一场悄无声息的革命

Ashok Sajjanhar [*]

原文标题：A Quiet Revolution Taking Place in Uzbekistan

文章框架：沙夫卡特·米尔济约耶夫当选为乌兹别克斯坦总统；米尔济约耶夫奉行积极与邻国接触的政策，以期恢复乌兹别克斯坦作为该地区中转枢纽的天然作用；印度和乌兹别克斯坦有着亲密的历史和文明关系；米尔济约耶夫总统给乌兹别克斯坦注入了新的活力。

观点摘要：

1. 乌兹别克斯坦自 1991 年脱离苏联独立以来的统治者伊斯兰·卡里莫夫（Islam Karimov）于 2016 年 9 月 2 日逝世。六天后，自 2003 年起担任该国总理的沙夫卡特·米尔济约耶夫（Shavkat Mirziyoyev）被议会两院联席会议任命为乌兹别克斯坦代总统。2016 年 12 月 4 日，他在选举中以压倒性胜利当选总统，10 天后宣誓就职。

2. 乌兹别克斯坦在中亚占有独特的地位。它是唯一一个与该地区其他四个国家接壤的中亚共和国。在卡里莫夫的领导下，乌兹别克斯坦与邻国之间缺乏实质性的合作。他与其他中亚领导人糟糕的个人关系以及其孤立主义政策助长了互不信任，使各国互不相让。而米尔济约耶夫正在迅速寻求修复地区关系，他访问了四个邻国中的三个国家。他奉行积极与邻国接触的政策，以期恢复乌兹别克斯坦作为该地区中转枢纽的天然作用。

3. 印度和乌兹别克斯坦有着亲密的历史和文明关系。从公元前 300

※ Ashok Sajjanhar，印度国防研究和分析中心全球研究所所长。来源：观察家研究基金会（印度智库），2017 年 12 月 7 日。

年到公元 1500 年，两国此时的交流一直非常紧密。印度文化、舞蹈、音乐、电影、瑜伽等都在乌兹别克斯坦非常受欢迎。2017 年 6 月 8 日，在上海合作组织（SCO）峰会期间，印度总理纳伦德拉·莫迪在阿斯塔纳与乌兹别克斯坦总统米尔济约耶夫进行会晤。乌兹别克斯坦提议为印度的核电站提供铀矿石。双方同意在安全、政治、经济、互联互通、能源、文化等广泛领域加强合作并扩大双边关系。由于这种相互作用，乌兹别克斯坦外交部部长率领代表团于 2017 年 8 月对印度进行了访问。如果米尔济约耶夫总统能够尽早访问印度，为进一步促进两国之间的了解和经济交流提供机会，这就将对双边以及区域和平、安全与繁荣做出重大贡献。

4. 米尔济约耶夫总统给乌兹别克斯坦注入了新的活力。该国在国内政治和经济领域以及对外关系方面，特别是与邻国之间的关系上取得了迅速的发展。在米尔济约耶夫总统的领导下，乌兹别克斯坦的未来及其与邻国关系的前景似乎是光明的。

恰巴哈尔港的地缘政治挑战[*]

原文标题： The Challenging Geopolitics of the Port at Chabahar

文章框架： 印度是恰巴哈尔港项目的中心，因为它仍然热衷于开辟一条绕过巴基斯坦通往阿富汗和中亚的贸易通道；在参加上海合作组织（SCO）峰会后，印度外交部部长在从俄罗斯索契返回时在德黑兰进行了短暂停留。

观点摘要：

1. 印度是恰巴哈尔港项目的中心，因为它仍然热衷于开辟一条绕过巴基斯坦通往阿富汗和中亚的贸易通道，这是印度和伊朗在 2016 年 5 月签署的协议的一部分。印度将在恰巴哈尔港装备并运营两个泊位，且投资 8500 万美元。这一项目将在三个国家之间建立一个交通和运输通道，将恰巴哈尔港作为伊朗海上运输的区域枢纽之一。预计该港口将在 2018 年底前投入运营，印度将致力于在港口周围开发一个自由贸易区，并最终花费 16 亿美元完成通往扎黑丹（Zahedan）的铁路线。2017 年 10 月，印度首次通过恰巴哈尔港将 1.5 万吨小麦运往阿富汗，并于 11 月 11 日抵达扎兰季（Zaranj）。

2. 在参加上海合作组织（SCO）峰会后，印度外交部部长在从俄罗斯索契返回时在德黑兰进行了短暂停留（恰巴哈尔港港口第一期落成典礼前一天）。为了强调这一项目对印度的重要性，印度航运部部长 Pon Radhakrishnan 出席了恰巴哈尔港港口第一期的落成典礼。许多观察人士将其视为与巴基斯坦瓜达尔港抗衡的港口。瓜达尔港由中国投资开发，距离恰巴哈尔港约 80 公里。

---

[*] 来源：观察家研究基金会（印度智库），2017 年 12 月 13 日。

上海合作组织：印度进入欧亚大陆

P. Stobdan [*]

原文标题： The SCO：India Enters Eurasia

文章框架： 2011 年上海合作组织正式成立，该组织致力于参与欧亚政治、经济和军事事务；上海合作组织纳入其他邻近国家的议程自 2010 年以来是一个受到激烈争论的话题；中国赞成以"过程维系"为基础进行扩容，注重新成员的地理位置、成员间友好关系、遵守联合国（制裁）义务和签署《不扩散核武器条约》等情况；中国推动连通性项目以促使全球市场一体化的倡议似乎推动了上海合作组织将南亚国家纳入其中的进程；上海合作组织受俄罗斯与中国之间深层次竞争的影响，随着 2015 年俄罗斯总统普京与中国国家主席习近平同意对接欧亚经济联盟与"一带一路"倡议，中俄之间的竞争有所缓和；充满矛盾的印巴关系似乎不再是一个问题，而是一个提升上海合作组织地位和价值的机会；印度于 2014 年上海合作组织明确了新成员加入的合法程序后申请成为上海合作组织正式成员；上海合作组织未来的发展离不开当前的全球再平衡博弈；中国主张通过上海合作组织打击"三股势力"；巴基斯坦正在寻求与欧亚大陆更加紧密的联系，加入上海合作组织将进一步提升巴基斯坦的重要性；中亚各国对俄罗斯和中国的关系十分敏感，但是它们的立场经

---

* P. Stobdan，印度国防研究和分析中心高级研究员，曾任印度驻吉尔吉斯斯坦特命全权大使，曾任职于印度国家安全委员会秘书处。来源：印度国防研究和分析中心（印度智库），2016 年 6 月 14 日。

常随利益而摇摆不定。

观点摘要：

1. 最近，上海合作组织（SCO）成员国的外长们完成了于 2016 年 6 月 23 日至 24 日在塔什干举行上海合作组织峰会的议程草案。此外，他们还通过了印度和巴基斯坦加入上海合作组织的程序文件。成立于 1996 年、倡导在中国 – 中亚边境地区建立信任措施的"上海五国"会晤机制是上海合作组织的前身，2011 年上海合作组织正式成立，该组织致力于参与欧亚政治、经济和军事事务。上海合作组织最初是由中国、哈萨克斯坦、吉尔吉斯斯坦、俄罗斯、塔吉克斯坦和乌兹别克斯坦组成的组织，其他国家如蒙古国、伊朗以观察员国身份加入该组织。

2. 上海合作组织纳入其他邻近国家的议程自 2010 年以来是一个受到激烈争论的话题。虽然有些成员倾向于扩容，但没有制定标准、程序和时限，这阻碍了新成员的加入。长期以来，俄罗斯支持印度成为正式成员。哈萨克斯坦和塔吉克斯坦也坚决支持纳入印度。但是只有中国希望巴基斯坦加入上海合作组织。只有蒙古国受到了全员欢迎，但它对加入上海合作组织犹豫不决。联合国的制裁阻碍了伊朗加入上海合作组织。

3. 加入上海合作组织的法定要求似乎只是中国想"独家经营"该组织，不承认像印度这样国家的借口。然而，中国却用另一种方法对待像巴基斯坦和伊朗这样的国家。因此，中国赞成以"过程维系"为基础进行扩容，注重新成员的地理位置、成员间友好关系、遵守联合国（制裁）义务和签署《不扩散核武器条约》等情况。在第二轮上海合作组织扩容会议上，地区专家对接纳印度和巴基斯坦表示担忧，认为纳入这两国将改变该组织的性质，并使其陷入南亚冲突之中。一些人援引南亚区域合作联盟的失败案例，其他人不希望上海合作组织纳入英语国家。普遍认为印度更倾向于向西方和东方而不是欧亚大陆发展。但是，不开放上海合作组织成员资格实际上似乎是出于对"政权安全"的担忧。事实上，上海合作组织经常举行的反恐演习与遏制潜在国内暴乱和外部威胁密切相关。

4. 显而易见，尽管上海合作组织的知名度很高，但其效率和立场依然难以捉摸。上海合作组织实际实现的成就只是中国双边倡议中的一个指标。上海合作组织由中国资金维持运营。但是习近平主席上台后情况发生了变化。习近平主席为"丝绸之路经济带"穿过的欧亚大陆设想了一个新愿景，并于2013年9月在哈萨克斯坦纳扎尔巴耶夫大学首次宣布了这一愿景。习近平主席建议在"一带一路"倡议下开展更大规模的中国－中亚合作。中国推动连通性项目以促使全球市场一体化的倡议似乎推动了上海合作组织将南亚国家纳入的进程。因此，印度在习近平主席的筹谋中具有重要地位。习近平主席表示，改善中印关系将是他的"历史使命"。当然，中印关系远非正常化，但是正常化的氛围和边境局势稳定已经占了上风。习近平主席认为，将印度纳入上海合作组织有助于保持欧亚大陆和平稳定。巴基斯坦情况大不相同。2013年，上海合作组织创建了"6+2"（即6个成员国和印度、巴基斯坦）互动模式，并讨论其至2025年的长期发展战略，从那之后，扩容问题成为上海合作组织峰会的议论焦点。

5. 上海合作组织受俄罗斯与中国之间深层次竞争的影响，随着2015年俄罗斯总统普京与中国国家主席习近平同意对接欧亚经济联盟与"一带一路"倡议，中俄之间的竞争有所缓和。乌克兰危机以及随之而来的对俄罗斯的制裁和油价大幅下滑都使欧亚大陆上的国家开始寻找另一条出路。而且，对中俄两国关系不断亲密的担忧也可能促使哈萨克斯坦和乌兹别克斯坦等国寻求多元化外交而不局限于与其邻国交往。此外，自2014年美国从阿富汗撤军以来，该地区正面临严峻的安全挑战。"伊斯兰国"活动范围的扩大趋势以及中国新疆发生的恐怖事件可能引发对上海合作组织扩容的新思考。很显然，俄罗斯仍然认为上海合作组织可以在意识形态方面抗衡西方。但是，上海合作组织的主要推动者中国将这一组织视为扩大其地缘政治和地缘经济利益的工具。在上海合作组织塔什干外长会议上，中国外交部部长王毅将该组织形容为地区和国际合作的典范，经济与安全合作的典范。

6. 与印度建立联系可以为上海合作组织提供新活力，为迄今为止以中国为中心的上海合作组织争取更大的发言权和更高的国际地位。世界上最大的民主国家加入上海合作组织将赋予这个组织更大的合法性。印度广阔的地理面积、2万亿美元的国内生产总值和12亿人口将使上海合作组织成为世界上最大的组织之一。随着联合国制裁解除，伊朗也将紧随其后加入上海合作组织。但是现在看来，中国似乎更想把印度和巴基斯坦纳入上海合作组织。充满矛盾的印巴关系似乎不再是一个问题，而是一个提升上海合作组织地位和价值的机会。出于政治考虑，将白俄罗斯等其他非欧亚国家列为上海合作组织观察员国也是重要的。此外，亚美尼亚、阿塞拜疆、柬埔寨、尼泊尔、土耳其和斯里兰卡是上海合作组织对话伙伴国。所有这些都极大地改变了上海合作组织的结构。

7. 经过十年的等待，印度于 2014 年上海合作组织明确了新成员加入的合法程序后申请成为该组织正式成员。2015 年，印度总理莫迪访华期间，中国领导人正式欢迎印度加入上海合作组织。当时预计印度成为正式成员国的决定将于 2015 年 7 月举行的上海合作组织乌法峰会上通过，莫迪总理出席了那次峰会。然而，事实证明，那次峰会只是原则上决定了接纳印度和巴基斯坦加入的启动程序。目前上海合作组织正在整理纳入印度和巴基斯坦的程序文件，似乎可以肯定印度和巴基斯坦的正式成员资格将在上海合作组织阿斯塔纳峰会上得到批准。然而，现在一切都未落实。新成员可能仍然需要签署一系列公约并起草文件，其中有 28 个是属于上海合作组织框架内的。这些公约和文件的细节未公开，但其本质应该是良性的，与国际规范和协议相符合。目前尚不清楚是否能在没有附加条件的情况下签署这些文件，新成员的权力与创始成员的权力是否相同是值得怀疑的。另外，强制签署一系列文件，如印度和巴基斯坦之间的"和平条约"的合理性也值得怀疑。

8. 上海合作组织未来的发展离不开当前的全球再平衡博弈。上海合作组织肯定会面临中美紧张、美俄对峙、中俄协调、印美对峙等复杂的地缘政治暗流。但可以肯定的是，上海合作组织的主要意图是达成中俄协约，中国外交部部长王毅在塔什干外长会议上强调了这一点。印度加入上海合作组织正值其更加坚定地与美国转向亚太地区和印度洋地区的战略构想（现在已不再是对遏制中国战略的委婉说法）相一致的时候。从 2015 年上海合作组织乌法峰会以来，印美关系进一步深化。莫迪总理在访问华盛顿之后，迄今为止印美关系中存在的一切含糊不清的情况都明晰了。随着两国签署的军事技术合作协议范围扩大，两国军方在作战层面上的协调将达到前所未有的高度。美国当局迫切要求印度与北约结盟，而此举对印度加入上海合作组织可能会产生的影响仍然未知，尽管这样的地位并不一定针对他国。坦率地说，巴基斯坦的"非北约主要盟国"身份未曾对中巴军事关系造成影响。同样，印度与美国的紧密联系也不能阻止它与其他国家的合作。事实上，印度、俄罗斯和中国正在金砖国家和上海合作组织等一些多边组织中共同协作。印度加入了由中国主导的亚洲基础设施投资银行。印度和中国之间的双边经济关系正在不可阻挡地发展。同样，印度和俄罗斯也致力于加强战略伙伴关系。印度拟与俄罗斯领导的欧亚经济联盟签署自由贸易协定。但需要明确的是，美印协约可能会超越军事领域，进而推进两国共同的价值观和利益。这将使印度在上海合作组织地缘政治领域中的参与更具挑战性。除了美国的诱导之外，印度本身也对中印边界冲突以及中国实施的包围印度的举措心存芥蒂。这些都是印度提升实力并反击中国的充分理由。我们需要在这种背景下看待印度将"布拉莫斯"超音速巡航导弹出售给越南的决定。尽管如此，印度在上海合作组织中应该发挥平衡作用。一旦伊朗作为正式成员加入上海合作组织，印度就能够更好地发挥这种作用。印度的目标不在于削弱美国和中国的利益，而在于走向服务全人类与世界和平之路。也就是说，上海合作组织可能将面临从地区和全球问题到打击国际恐怖主义等各种利益冲突。当然，印度的立场可能与其他成员不一致。

9. 中国主张通过上海合作组织打击"三股势力"。中国承诺不利用上海合作组织成员国内部的冲突作为破坏他国安全的工具。中国要求上海合作组织打击那些符合其定义的恐怖主义的行为。事实上，在中国的领导下，上海合作组织的恐怖主义定义是狭隘的。因此，在上海合作组织的定义中，恐怖主义更多地涉及政权安全，而不是打击那些发动灭绝人性行动的恐怖主义分子。中国一直在利用巴基斯坦来扩大自己的地缘政治利益。印度企图"对付"中国，因为中国阻止印度争取让联合国将巴基斯坦"穆罕默德军"首领马苏德列入恐怖主义分子名单。尽管印度提出了许多方案，但中国坚决要求联合国把这个问题"技术性搁置"。印度打算向世界维吾尔代表大会执行主席多里坤·艾沙签发签证也向中国传达了一个明确的信息，即印度也可以随意解释恐怖主义的定义，并且也可以伤害到中国。

10. 根据各种迹象，巴基斯坦正在寻求与欧亚大陆更加紧密的联系，加入上海合作组织将进一步提升巴基斯坦的重要性。只要阿富汗局势稳定，俄罗斯和其他国家也就似乎热衷于把巴基斯坦纳入欧亚一体化进程。巴基斯坦支持"一带一路"倡议和中巴经济走廊（印度对此表示不满）。更大的问题是印度和巴基斯坦加入上海合作组织将对该组织和印巴关系产生何种影响。在上海合作组织内，印度和巴基斯坦的利益将如何协调是很难预测的。巴基斯坦肯定会把反印言论带到这个组织内。到目前为止，尚不清楚巴基斯坦与欧亚大陆的联系。印度需要警惕巴基斯坦与中国在上海合作组织中不断增加的作用。然而，上海合作组织成员国也认为该组织有望成为缓和印巴紧张局势的"转折点"。俄罗斯甚至哈萨克斯坦正在考虑推动多级别大规模外交与安全互动，为区域政治环境带来积极变化。事实上，上海合作组织确实为各成员国军方提供了一个参与联合军事演习（在这些演习中各成员国协调行动并分享情报）的难得机会。恰恰在50年前，在苏联的调停下，印度和巴基斯坦签订了第一个"和平条约"《塔什干宣言》。它所带来的和平并不长久，但其播下了上海合作组织希望促成印巴和平的种子。中国作为实现印巴和平的利益攸关者需要从根本上转变思想。目前，上海合作组织无法帮助印度摆脱狭隘的地缘政治局势（印度与巴基斯坦相互敌对，也不信任中国）。不过，印度应该利用这个组织加强与中国和俄罗斯的关系，并确保这一努力能够最大限度地减少中巴关系带来的影响，迄今为止中国和巴基斯坦已经成功地切断了印度直接进入欧亚大陆的途径。

11. 可以肯定的是，上海合作组织本质上仍然是一个脆弱的区域组织。中亚各国对俄罗斯和中国的关系十分敏感，但是它们的立场经常随利益而摇摆不定。它们巧妙地"挑拨离间"那些想要参与中亚事务的国家，甚至倾向于与美国建立强大的双边关系。印度需要与中亚国家建立关系以在上海合作组织中发挥作用。

印度在上海合作组织的利害关系

P. Stobdan *

原文标题： India's Stakes in SCO

文章框架： 从印度的角度来看，在经历了一个世纪的混乱之后，上海合
作组织成员国将为重新连接欧亚大陆提供新的机会；上海合
作组织致力于打击恐怖主义、分裂主义和极端主义；印度将
有机会寻求与上海合作组织成员国在区域贸易和金融机构中
人力资源能力建设、技术、教育、卫生和政策趋同等方面的
互利合作；事实上，扩大上海合作组织的决定似乎主要受到
经济因素的推动。

观点摘要：

1. 上海合作组织（SCO）的成员资格对印度有什么影响？追求实
现多极化的目标，印度是否有直接的潜在利益？就印度而言，上海合作
组织一直在增加其在中亚的政治、经济和安全风险——这也是印度国内
批评人士对加入中国领导的组织提出质疑的原因，但印度政府强烈要求
其作为政治发言权较小的初级成员正式加入该组织。从印度的角度来
看，在经历了一个世纪的混乱之后，上海合作组织成员国将为重新连接
欧亚大陆提供新的机会。正如莫迪总理在上海合作组织乌法峰会的发言
中所说，上海合作组织成员国身份将是"印度与成员国关系的自然延
伸"。上海合作组织可以为印度提供一些独特的机会，使其与欧亚地区
进行建设性合作，解决共同的安全问题，特别是打击恐怖主义，遏制

---

 * P. Stobdan，印度国防研究和分析中心高级研究员，曾任印度驻吉尔吉斯斯坦特
命全权大使，曾任职于印度国家安全委员会秘书处。来源：印度国防研究和分
析中心（印度智库），2016 年 6 月 15 日。

"伊斯兰国"和塔利班的威胁。

2. 上海合作组织致力于打击恐怖主义、分裂主义和极端主义。该组织所采取的措施可能有助于中国打击"三股势力",同时也有效地处理了对中亚国家构成的迫在眉睫的威胁。印度可以从加强合作中获益,特别是利用现有的上海合作组织进程,例如分享有关恐怖分子和贩运毒品活动关键信息和情报的地区反恐怖机构执行委员会(RATS)。同样,参加上海合作组织的反恐演习和每年进行的军事演习,能使印度的武装部队了解到其他国家军队的战术,这也会给印度带来更大的信心。

3. 更重要的是,印度在上海合作组织中的存在,能够确保在这个由大量穆斯林组成的关键地区中危害性力量不会引发反抗其的活动。直接的利益也体现在获取诸如毒品交易控制、网络安全威胁、公共信息、大众媒体、教育、环境、灾害管理以及与我们知之甚少的欧亚大陆与水资源相关问题的信息。此外,印度将有机会寻求与上海合作组织成员国在区域贸易和金融机构中人力资源能力建设、技术、教育、卫生和政策趋同等方面的互利合作。印度可以给上海合作组织带来技术经济专长、市场和财政承诺。印度在处理多元文化背景方面的经验对中亚许多地区来说是具有吸引力的。印度显然已经证明了其在促进阿富汗平民重建进程方面提供自身价值的能力,这也可能最终有助于为和平建设创造一个积极的政治环境,这对确保上海合作组织区域的持久和平与稳定至关重要。

4. 在互联互通方面,中国的"一带一路"倡议无疑使印度陷入困境。事实上,扩大上海合作组织的决定似乎主要受到经济因素的推动。为了消除一切疑虑,中国在"一带一路"倡议以及中巴经济走廊(CPEC)上的立场表明,这将有利于"整个地区"的发展和繁荣。中国已将其投资460亿美元建设的中巴经济走廊与巴基斯坦的瓜达尔港连接起来。印度对中国计划通过印巴争议的吉尔吉特－巴尔蒂斯坦建造走廊表示不满。中国认为中巴经济走廊不是针对第三国的经济"民生工程"。印度不可能在巴基斯坦占领的克什米尔地区(POK)主权问题上做出妥协。然而,除了言论之外,在中巴经济走廊下设想的一系列项目可能会将印度北部地区转变为一个新的经济中心和一个对印度有影响的联合项目区域。

5. 其他国家对于"一带一路"倡议透明度以及中国其他项目的怀疑一直是印度关注的焦点。印度当然不能无动于衷，不能继续停留在基础设施和互联互通的基础上。通过加入上海合作组织，印度应该能够更加深刻地思考如何应对"一带一路"倡议，并找到加入俄罗斯和中国所建设运输网络的途径。很明显，任何基于竞争的政策都不太可能取得成功。伊朗已经在恰巴哈尔港项目上寻求与印度的合作，但伊朗表示希望在恰巴哈尔港项目上持保留态度。伊朗高级官员已经否认恰巴哈尔港是瓜达尔港的竞争对手。相反，伊朗似乎在寻求与巴基斯坦和中国建立伙伴关系，同时也希望加入中国的"一带一路"倡议。很明显，伊朗热衷于推动自己的天然气管道沿着同一条路线进入中国西部省份。同样，阿富汗驻华大使贾楠·莫萨扎伊也表示，他的国家与印度有着"极其"密切的关系，但支持中巴经济走廊。如前所述，俄罗斯和中亚国家对中国的"一带一路"倡议表示赞赏，认为该倡议是东西方交流的桥梁。令人惊讶的是，中国也正以积极的眼光看待恰巴哈尔港。中国媒体在评论中称赞印度为"区域互联互通"做出了贡献。从这些地区的角度看，如果印度想真正利用上海合作组织所提供的机会，就不能采取与上述国家合作的立场。任何以竞争为基础的连通性政策都将使印度成为一个奇怪的国家。毫无疑问，印度应该加入上海合作组织。但与此同时，印度还应该关注支撑这些互联互通项目的地缘政治考量。

印度和上海合作组织

——未来前景

Ashok Sajjanhar*

原文标题： India and SCO – Future Prospects

文章框架： 上海合作组织自成立以来在多方面达成了广泛协议，然而这些协议的实施情况不尽如人意；印度加入上海合作组织将进一步提升该组织的重要性，特别是在全球经济下行的背景下；美国军队和北约驻阿富汗国际安全援助部队撤离之后，上海合作组织将承担起为阿富汗提供安全保障的责任；印度可以与上海合作组织成员分享处理恐怖主义和激进主义的经验以求互利；为了弥补一些地理连通上的欠缺（包括印度与中亚地区缺乏直接陆上连通性，以及巴基斯坦拒绝印度通过其领土），印度正在积极开展合作以推动伊朗恰巴哈尔港建设项目；一些评论人士担心印度和巴基斯坦的加入可能会把上海合作组织的关注重点从中亚转移到南亚，并且印巴双边争端可能会破坏上海合作组织协商一致的运作。

观点摘要：

1. 2015 年 7 月，在上海合作组织乌法峰会上，决定启动接收印度、巴基斯坦加入上海合作组织的程序。2016 年 6 月 23 日至 24 日，在乌兹别克斯坦塔什干举行的上海合作组织峰会上，印度和巴基斯坦正式签署加入上海合作组织义务的备忘录。在随后的一年中，印度将签署约 30 份文件，并于 2017 年 6 月以正式成员国身份参加在哈萨克斯坦阿斯塔

---

* Ashok Sajjanhar，印度国防研究和分析中心全球研究所所长。来源：印度国防研究和分析中心（印度智库），2016 年 6 月 30 日。

纳举行的上海合作组织峰会。上海合作组织自成立以来，在安全、贸易与投资、互联互通、能源、上海合作组织开发银行、文化等方面达成了多项广泛协议。然而，这些协议的实施情况不尽如人意。部分原因在于上海合作组织缺乏一致性。上海合作组织是在中国的提倡下、俄罗斯的支持下成立的，它仍在努力发展成为一个具有统一性的组织。但是，上海合作组织的重要性不容小觑，因为它跨越了大片领土，地缘政治、战略和经济空间。

2. 印度加入上海合作组织将进一步提升该组织的重要性，特别是在全球经济下行的背景下。印度是当今全球经济增长最快的国家，国内生产总值年增长率为 7.5%。若以购买力平价计算，印度是世界第三大经济体（国内生产总值约为 8 万亿美元），若以名义美元计算，印度是世界第七大经济体（国内生产总值约为 2.3 万亿美元）。这激发了国际社会对印度其他经济指标的信心，如外国直接投资、汇入汇款、储蓄率、经济改革步伐等。印度庞大的市场、不断增长的人口和技术实力为其他经济体带来了良好机会。印度不断增长的能源需求为中亚和俄罗斯的丰富资源（石油、天然气、铀、煤炭）提供了市场。

3. 美国军队和北约驻阿富汗国际安全援助部队（ISAF）撤离之后，上海合作组织将承担起为阿富汗提供安全保障的责任。由于塔利班袭击不断增加，阿富汗局势愈发令人不安，印度将能够在稳定阿富汗局势方面发挥应有的作用。恐怖主义和激进主义是当今地区和国际社会面临的较大难题。过去 30 年，印度一直是恐怖袭击的受害者。上海合作组织与恐怖主义做斗争可以在情报搜集、训练、挫败恐怖行动等方面为印度的安全建设提供宝贵经验。由于阿富汗境内持续发生暴力事件，这可能引发"乌兹别克斯坦伊斯兰运动"和"伊扎布特"等地区组织大胆采取行动，破坏中亚各国政局稳定，所以恐怖主义对上海合作组织所覆盖地区的威胁特别严重。

4. 随着"伊斯兰国"（IS）影响力不断扩大，以及塔利班和"基地"组织的一些成员加入"伊斯兰国"，激进主义对中亚地区的影响也越来越大。数百名中青年男女逃离他们在中亚的家园，支持正在向中亚共和国、巴基斯坦和阿富汗扩散的"伊斯兰国"。一个原因是印度可以与上海合作组织成员分享处理恐怖主义和激进主义的经验以求互利。印度还可以与设在乌兹别克斯坦塔什干的上海合作组织地区反恐怖机构执行委员会（RATS）加强交流。中亚是印度的一个远邻。由于缺乏共同的陆地边界，印度和中亚国家未能在促进安全、政治、经济、贸易、投资和能源关系方面发挥巨大潜力。另一个原因是印度对中亚国家的最高级别访问频率不高。加入上海合作组织将为印度总理经常会晤中亚国家领导人提供一个绝佳机会。如果印度参与欧亚经济联盟（EEU），那么其与中亚国家合作将更有价值。

5. 为了弥补一些地理连通上的欠缺（包括印度与中亚地区缺乏直接陆上连通性，以及巴基斯坦拒绝印度通过其领土），在日本可能提供财政和技术支持的情况下，印度正在积极开展合作以推动伊朗恰巴哈尔港建设项目。2016年印度总理纳伦德拉·莫迪访问伊朗期间与伊朗和阿富汗总统签署了价值约为5亿美元的开发恰巴哈尔港和相关铁路网的协议。印度打算吸纳更多中亚国家参与国际南北运输走廊项目。中亚是俄罗斯的"近邻"。印度和俄罗斯可以在农业、中小企业、制药、信息技术等领域进行互惠合作。莫迪总理于2015年7月对中亚五国的历史性访问表明了印度加强与中亚国家多边关系的决心。

6. 一些评论人士担心印度和巴基斯坦的加入可能会把上海合作组织的关注重点从中亚转移到南亚，并且印巴双边争端可能会破坏上海合作组织协商一致的运作。印度的唯一目标是与上海合作组织成员进行交流，促进该地区的和平、安全、互联互通、能源贸易、民间交往和经济发展。一些中国分析家认为，印度和巴基斯坦的加入将使上海合作组织扮演一个两国争端的调停者角色。这一观点的论据是，上海合作组织的前身"上海五国"会晤机制就是为了划定成员国之间的界限而建立的，并且该机制成功地实现了这一目标。但这似乎只是一个片面观点。印度清楚地表明了在印巴冲突中第三方调解没有任何作用。只有巴基斯坦停止将恐怖主义作为实施国家政策的一种工具，印巴冲突才有可能解决。印度加入上海合作组织对该组织、中亚、俄罗斯、中国及其本身来讲都是有利的。

印度对上海合作组织有何期望？

P. Stobdan *

原文标题：What Can India Expect from the Shanghai Cooperation Organisation?

文章框架：印度和巴基斯坦于 2017 年 6 月 8~9 日以上海合作组织正式成员国身份出席阿斯塔纳峰会；据相关报道，谢里夫已经提前表示，只有"印度确保停止对克什米尔地区无辜群众的敌对行动时"，会议所商讨的决定才会发挥作用；巴基斯坦也参与"一带一路"倡议，上海合作组织完全符合中国的愿景；"上海精神"或者其决策的制定方式，可能会使印度希望加入核供应国集团一事进一步复杂化；俄罗斯和印度已经摆脱了对阿富汗的传统认识，即通过与巴基斯坦更密切的合作来挑选解决方案；至于潜在利益，印度可以从上海合作组织的区域反恐框架中获益；上海合作组织的实际影响力不太显著，巴基斯坦一直在等待与欧亚经济联盟寻求多重合作机会，并不断去平衡印度的做法。

观点摘要：

1. 印度和巴基斯坦于 2017 年 6 月 8~9 日以上海合作组织（SCO）正式成员国身份出席阿斯塔纳峰会。2016 年，两国签署了加入上海合作组织所必需的 30 多份文件。中国官员已经警告两位新成员"严格遵从"《上海合作组织宪章》第一条所规定的"睦邻"精神。但是，阿斯

---

* P. Stobdan，印度国防研究和分析中心高级研究员。曾任印度驻吉尔吉斯斯坦特命全权大使，曾任职于印度国家安全委员会秘书处。来源：印度国防研究和分析中心（印度智库），2017 年 6 月 5 日。

塔纳议程的关键项目在于印度和巴基斯坦双方的妥协,毫无疑问,这将成为上海合作组织的关键成就,甚至连美国也无法实现。另外 15 亿人口的增加将使上海合作组织无比激动,因为上海合作组织现在将代表 30 亿人口(即世界一半人口)的声音。

2. 值得注意的是,当弗拉基米尔·普京(Vladimir Putin)和纳瓦兹·谢里夫(Nawaz Sharif)最近在北京举行非正式会议时,习近平主席也最终加入。普京和习近平在阿斯塔纳提出双方要在纳瓦兹·谢里夫和纳伦德拉·莫迪(Narendra Modi)之间充当调停者的角色。据相关报道,谢里夫已经提前表示,只有"印度确保停止对克什米尔地区无辜群众的敌对行动时",会议所商讨的决定才会发挥作用。

3. 实际上,印度的处境很迷茫。不要忘记,上海合作组织是推动中国"一带一路"倡议的关键动力,中国现在已经承诺为这一在欧亚大陆实施的倡议增加数十亿美元的投资,巴基斯坦也参与"一带一路"倡议,上海合作组织完全符合中国的愿景。

4. 那么,印度如何才能在这群飞翔在欧亚大陆的"野天鹅"中发现自我呢?可以肯定的是,在上海合作组织中,从区域和全球问题到打击恐怖主义存在多重利益冲突。印度的立场有时可能与其他同中国观点一致的国家的立场相矛盾。中国不会改变反对将马苏德·阿扎尔(Masood Azhar)列入联合国制裁名单的立场。事实上,"上海精神"或者其协商一致决策机制可能会使印度加入核供应国集团(NSG)一事进一步复杂化。

5. 俄罗斯和印度已经摆脱了对阿富汗的传统认识,即通过与巴基斯坦更密切的合作来挑选解决方案。中国政府也一直通过建立一个由阿富汗、巴基斯坦和塔吉克斯坦组成的分区域安全组织以规避在阿富汗的风险。印度由于主权等原因,不参与"一带一路"倡议。但中国并不孤单。1995 年吉尔吉斯斯坦和哈萨克斯坦与巴基斯坦签署的《四方过境运输协议》(QTTA),使其长期"跨越"印度的主权红线,把通过吉尔吉特-巴尔蒂斯坦的喀喇昆仑公路(KKH)作为过境走廊。尽管《四方过境运输协议》在促进交通便利方面仍差强人意,但是在"一带一路"倡议实施之前,该协议也早已使印度的反对意见变得无效。塔吉克斯坦最近加入了《四方过境运输协议》，哈萨克斯坦表示也有兴趣加入中巴经济走廊（CPEC）。发掘中巴经济走廊和《四方过境运输协议》的潜力将成为提升和保证巴基斯坦在上海合作组织地位的有效工具。

6. 如果认真看待联合国的最近报告，就可以发现中巴经济走廊将成为不稳定的驱动因素，而没有促进经济一体化。而且，如果中巴经济走廊损害印度与巴基斯坦的关系，那么《四方过境运输协议》也可能会削弱印度与其他上海合作组织成员的关系。至于潜在利益，印度可以从上海合作组织地区反恐怖机构执行委员会（RATS）中获益，即由30名专业人员负责分析在印度知之甚少的关于该地区恐怖主义运动、贩毒、网络安全威胁和公共信息新闻方面的重要情报。同样，参加上海合作组织的反恐演习和军事演习，对印度武装力量也是有利的。中国在能源安全方面获益至关重要，但是只有伊朗最终加入上海合作组织，其能源俱乐部的构想才会变得有意义。

7. 上海合作组织的实际影响力不太显著，巴基斯坦一直在等待与欧亚经济联盟寻求多重合作机会，并不断去平衡印度的做法。由于了解印巴关系的多变性，许多人担心其焦点从中亚转移，使推进区域合作变得更加困难。更令人担忧的是，考虑到巴基斯坦在南亚区域合作联盟（SAARC）和经济合作组织（ECO）中的行为，该国的参与将对上海合作组织的发展不利。与此同时，上海合作组织可能为巴基斯坦和印度的军方提供难得的机会——在上海合作组织的领导下进行军事演习等，这在很多方面可能会改变区域性氛围，影响印巴关系。目前来看，印度将尽快与欧亚经济联盟（EEU）达成自由贸易协定，进入欧亚一体化道路，以实现货物、原材料、资金和技术的畅通无阻。

印度准备进入欧亚一体化之路

P. Stobdan *

原文标题： India Gears up to Enter the Eurasian Integration Path

文章框架： 2017 年 5 月 14 日，在北京"一带一路"国际合作高峰论坛上，弗拉基米尔·普京（Vladimir Putin）总统提倡俄罗斯的"大欧亚"互联互通总体规划，以进一步延长贝加尔湖至黑龙江主干线（BAM），加强西伯利亚大铁路（TSR）和东北航道的运输能力；俄罗斯试图通过鼓励更多的中亚国家加入欧亚经济联盟来维护自己的利益；为了限制中国产品进入其市场，欧亚经济联盟实行了新的进口限制措施，近年来严重影响了中国的贸易；国际南北运输走廊于 2002 年正式启用，是一条长达 7200 公里的多式联运（包括船舶、铁路和公路）运输系统，此运输系统将印度洋和波斯湾到里海的路线连接起来，经由伊朗到达俄罗斯和北欧；在印度于 2017 年 6 月正式成为上海合作组织成员国之前，拉达克国际中心和国防分析研究所的报告提前发布；除了阿富汗之外，印度还需要与一个或者多个中亚国家（最好是乌兹别克斯坦和哈萨克斯坦）建立联系，并努力将恰巴哈尔港规划为欧亚大陆和印度洋之间的门户；鉴于巴基斯坦在南亚区域合作联盟（SAARC）和经济合作组织方面的表现，它的参与可能会对上海合作组织的发展产生不利影响；尽管印度进入了欧

---

* P. Stobdan，印度国防研究和分析中心高级研究员。曾任印度驻吉尔吉斯斯坦特命全权大使，曾任职于印度国家安全委员会秘书处。来源：印度国防研究和分析中心（印度智库），2017 年 6 月 5 日。

亚一体化道路，但它也需要考虑中亚地区的政治动态。

观点摘要：

1. 2017 年 5 月 14 日，在北京"一带一路"国际合作高峰论坛上，弗拉基米尔·普京（Vladimir Putin）总统提倡俄罗斯的"大欧亚"互联互通总体规划，以进一步延长贝加尔湖至黑龙江主干线（BAM），增强西伯利亚大铁路（TSR）和东北航道的运输能力。普京在支持中国所提倡议的同时，还提议将欧亚经济联盟（EEU）、"一带一路"倡议、上海合作组织（SCO）和东盟（ASEAN）联合起来，以建设一个更大的欧亚运输走廊。尽管在 2015 年，对接"一带一路"倡议与俄罗斯领导下的欧亚经济联盟形成了共生协同作用，但普京仍热衷于扩大欧亚经济联盟的范围，将超过 50 个欧洲、亚洲和拉丁美洲的国家纳入欧亚经济联盟。

2. 俄罗斯试图通过鼓励更多的中亚国家加入欧亚经济联盟来维护自己的利益。为了限制中国产品进入其市场，欧亚经济联盟实行了新的进口限制措施，近年来严重影响了中国的贸易。印度一直在缓慢地制定自己的欧亚议程。印度已经采取了一些重大举措，对实现其和欧亚大陆之间强大的潜在连接关系有着巨大影响。2017 年 5 月 18 日，就中国推动的"一带一路"倡议，印度外交部（MEA）举行多方利益相关者会议，强调了一些印度机构最近的调查，例如印度国际货运代理协会（FFFAI）、拉达克国际中心（LIC）和国防分析研究所（IDSA）。会议讨论了在印度经内阁批准加入《国际公路运输公约》（TIR）后，国际南北运输走廊（INSTC）是如何进入快速发展阶段的。会议还讨论了国际南北运输走廊的各种形式和其最近在克服阻碍方面取得的最新进展，其中包括利用《国际公路运输公约》的好处。

3. 国际南北运输走廊于 2002 年正式启用，是一条长达 7200 公里的多式联运（包括船舶、铁路和公路）运输系统，此运输系统将印度洋和波斯湾到里海的路线连接起来，经由伊朗到达俄罗斯和北欧。除了印度、俄罗斯和伊朗这些创始成员国之外，包括亚美尼亚、阿塞拜疆、白俄罗斯、保加利亚（观察员国）、哈萨克斯坦、吉尔吉斯斯坦、阿曼、叙利亚、塔吉克斯坦、土耳其和乌克兰在内的其他 11 个国家都是国际南北运输走廊的"成员国"。

4. 在印度于 2017 年 6 月正式成为上海合作组织成员国之前，拉达克国际中心和国防分析研究所的报告提前发布。这是除了对国际南北运输走廊已经进行的研究之外的其他研究，该研究正在进入操作阶段，旨在提高印度在上海合作组织中的地位。

5. 除了阿富汗之外，印度还需要与一个或者多个中亚国家（最好是乌兹别克斯坦和哈萨克斯坦）建立联系，并努力将恰巴哈尔港规划为欧亚大陆和印度洋之间的门户。上海合作组织框架下的合作也可以在这些国家中进行。哈萨克斯坦国家铁路公司（KTZ Express）正在蒙德拉（位于古吉拉特邦）建设一个码头，这被认为是上海合作组织框架下互联互通的重要合作成果。上海合作组织要在形式上认真考虑区域的互联互通，就必须迫使巴基斯坦开放边界，扩大贸易合作。否则，加入上海合作组织对印度是没有意义的。

6. 鉴于巴基斯坦在南亚区域合作联盟（SAARC）和经济合作组织中的表现，它的参与可能会对上海合作组织的发展产生不利影响。事实上，由于巴基斯坦所扮演的非建设性角色，跨境区域一体化机制都没有充分发挥其潜力，如《四方直达过境协定》（QTTA）、《阿富汗 - 巴基斯坦过境贸易协定》（APTTA）、中亚区域经济合作（CAREC）项目下的跨境运输协议（CBTA）、经济合作组织的过境运输框架协议（TTFA）、《南盟国家机动车辆协议》等。

7. 尽管印度进入了欧亚一体化道路，但它也需要考虑中亚地区的政治动态。在乌兹别克斯坦领导层最近发生变化后，区域前景的性质正在改变，而这有利于区域内的合作。如果这一趋势得到加强，中国就将对更多的问题感到棘手，而这些问题可能会关系到中国的"一带一路"倡议愿景。无论如何，为了应对这一战略举措，印度的政策回应该促进贸易、投资、互联互通和文化的相互作用。

中亚和阿富汗的动态变化

Gulshan Sachdeva *

原文标题： Changing Dynamics in Central Asia and Afghanistan

文章框架： 印度总是对上海合作组织的经济、能源和交通项目的潜力持积极态度；中国对中亚的参与度越来越高，印度仍然认为中国是一个战略竞争者；深化与印度的关系也符合大多数中亚国家的"多向量"外交政策，这些国家试图通过加强与其他大国的交流来减轻它们对俄罗斯和中国的依赖。

观点摘要：

1. 印度和巴基斯坦将很快加入上海合作组织。美国从阿富汗撤军造成的混乱和不确定性推动了印度加入上海合作组织（SCO）。中国领导层有可能在不久的将来利用上海合作组织来稳定阿富汗局势。在这种情况下，印度加入上海合作组织将是明智之举。无论如何，印度总是对上海合作组织的经济、能源和交通项目的潜力持积极态度。研究印度与欧亚经济联盟（EEU）达成自由贸易协定可行性的联合研究小组已经向印度政府提交了一份报告。预计印度与欧亚经济联盟的贸易协定正式谈判即将开始。印度对中亚地区的关注日益增长在很大程度上也受世界主要大国与中亚关系的影响。中国对中亚的投资和外交活动增加、俄罗斯由于经济下行对中亚国家的汇款减少、美军对阿富汗的关注度下降，这些都促使印度更加关注该地区。

2. 在这种情况下尤为重要的是中国对中亚的参与度越来越高，印

---

* Gulshan Sachdeva，印度贾瓦哈拉尔·尼赫鲁大学国际研究学院教授。2006 年至 2010 年，在阿富汗外交部负责领导亚洲开发银行和亚洲基金会项目。来源：维韦卡南达国际基金会（印度智库），2016 年 10 月 6 日。

度仍然认为中国是一个战略竞争者。2013 年，中国国家主席习近平对中亚四国进行了为期 10 天的访问，并签署了价值 480 亿美元的能源、贸易及基础设施投资和贷款协议。这些投资旨在为中国的"一带一路"倡议创造一个平台，该倡议通过六条经济走廊将亚非欧联系起来，该倡议可以从根本上重塑整个欧亚地区的地缘经济和地缘政治格局。

3. 中国和俄罗斯也都就推动欧亚经济联盟与"一带一路"倡议对接发表政治声明。在这种情况下，中亚许多国家也可能正在期待来自印度的战略和经济参与。深化与印度的关系也符合大多数中亚国家的"多向量"外交政策，这些国家试图通过加强与其他大国的交流来减轻它们对俄罗斯和中国的依赖。而且，印度被视为一种良性力量（Benign Power），不会对中亚地区的国家构成任何政治、经济或战略威胁。过去 15 年来，中亚国家与邻近地区经济大国的贸易和投资联系大幅增加。中国、俄罗斯和欧盟（EU）一直是中亚主要的出口目的地和进口、外国直接投资和汇款来源地。现在，当这些经济体的经济停滞或放缓时，印度可能成为对中亚来说另一个极具吸引力的市场。

评论
——2017 年的中亚

Rashmini Koparkar*

原文标题： Commentary – Central Asia in 2017

文章框架： 中亚是印度"延伸的邻国"，也是地缘战略上至关重要的地区；中亚各国的战略位置使它们成为亚洲和欧洲之间以及亚洲各地区之间的桥梁；印度总理莫迪出访中亚期间，与中亚各国的领导人举行了双边会晤；在这一大环境下，上海合作组织有可能会发挥更大的作用。

观点摘要：

1. 中亚是印度"延伸的邻国"，也是地缘战略上至关重要的地区。印度与这个地区的关系可以追溯到几个世纪以前，而且是基于商业、文化和文明的联系。2017 年 6 月，印度获得上海合作组织（SCO）的正式成员资格，这使印度有了与该地区接触的新机会。

中亚各国的战略位置使它们成为亚洲和欧洲之间以及亚洲各地区之间的桥梁。俄罗斯长期以来都是中亚各国安全的保障者，目前，它也继续通过欧亚经济联盟（EEU）和集体安全条约组织（CSTO）等团体来发挥其维护中亚各国安全的关键作用。近年来，中国主要通过基础设施项目、管道建设、贸易和投资等方式加强其在该地区的影响力。很显然，中亚国家也被包含在了中国所提出的"一带一路"倡议之中。

---

* Rashmini Koparkar，印度贾瓦哈拉尔·尼赫鲁大学博士。维韦卡南达国际基金会研究助理，聚焦中亚问题。研究兴趣包括五个中亚共和国的政治和外交政策，以及这些共和国内的文化认同和国家建设问题。来源：维韦卡南达国际基金会（印度智库），2018 年 1 月 24 日。

　　2017 年对中亚地区、中亚各国的内部环境和内部关系以及中亚各国与整个世界的互动来说，都是不平凡的一年。

　　2. 在 2017 年 6 月阿斯塔纳峰会上，印度与巴基斯坦一起获得了上海合作组织的正式成员国资格。莫迪总理前往哈萨克斯坦参加本次峰会。出访期间，他还与中亚各国的领导人举行了双边会晤。在上海合作组织的准则范围内，印度各部部长也访问了中亚地区。例如，外交部部长苏斯马·斯瓦拉杰（Sushma Swaraj）于 2016 年 12 月在俄罗斯索契出席了上海合作组织成员国政府首脑理事会，印度内政部部长拉杰纳特星·辛格（Rajnath Singh）于 2017 年 8 月参加了在吉尔吉斯斯坦举行的上海合作组织成员国紧急救灾部门领导人会议。

　　3. 不断上升的"伊斯兰国"威胁，越来越多的中亚武装分子，对外国武装分子回归的担忧，以及阿富汗的不稳定局势继续困扰着中亚地区。最近公布的美国国家安全战略报告强调了中亚各国在美国反恐努力中的重要性。阿富汗的和平重建以及与阿富汗的合作反恐必将在欧亚地区动态中发挥重要作用。在这一大环境下，上海合作组织有可能会发挥更大的作用。然而，这一作用的成功发挥依赖于其强大的成员国俄罗斯、中国和印度之间的关系。

中国与乌兹别克斯坦关系发展的 25 年历程：加强以政治互信为标志的经济交流

Rashmini Koparkar *

原文标题：25 Years of Uzbekistan – China Relations：Enhanced Economic
Engagements Marked by Political Understanding

文章框架：中国和乌兹别克斯坦加强了在地区和国际问题上的协调；中
国与中亚国家的多边合作主要通过上海合作组织开展。

观点摘要：

1. 中国和乌兹别克斯坦加强了在地区和国际问题上的协调。两国
承诺共同打击暴力恐怖势力、宗教极端势力和民族分裂势力"三股势
力"，并在网络安全，打击贩毒、跨境有组织犯罪等领域开展合作。所
有的中亚国家都面临安全挑战，如费尔干纳盆地局势激烈、乌兹别克斯
坦伊斯兰运动带来的恐怖威胁以及越来越多的中亚战士加入伊斯兰国。
中国也对这些挑战以及国内的新疆地区分裂主义深感担忧。此外，中国
和中亚国家担心阿富汗安全形势可能会给中亚地区造成"溢出效应"。
因此，中国与中亚国家正在这方面开展双边和多边合作。

2. 中国与中亚国家的多边合作主要通过上海合作组织（SCO）开
展。2001 年，上海合作组织谋求共同发展、不干涉他国内政的"上海
精神"将俄罗斯、中国与四个中亚国家集聚到一起。中国认为上海合
作组织是与中亚国家合作的一个重要机构。上海合作组织成员在防务合
作、情报共享和反恐活动方面建立了协调机制。上海合作组织在塔什干

---

* Rashmini Koparkar，印度贾瓦哈拉尔·尼赫鲁大学博士。维韦卡南达国际基金
会研究助理，聚焦中亚问题。研究兴趣包括五个中亚共和国的政治和外交政
策，以及这些共和国内的文化认同和国家建设问题。来源：维韦卡南达国际基
金会（印度智库），2017 年 2 月 16 日。

建立的地区反恐怖机构执行委员会（RATS）被证明是打击地区恐怖主义和暴力极端主义的有效机构。上海合作组织于 2016 年在塔什干庆祝成立 15 周年，即将迎来首次扩容。印度和巴基斯坦这两个重要国家将成为上海合作组织的成员。上海合作组织扩容议程将需要其成员国的进一步合作。然而在未来一段时间内，中国可能会继续保持其在上海合作组织中的优势地位。

哈萨克斯坦：世界舞台上出现的新兴参与者

Rashmini Koparkar *

原文标题： Kazakhstan：Emerging Player on the World Stage

文章框架： 在多边层面上，哈萨克斯坦与政治大国俄罗斯保持着良好的关系；哈萨克斯坦被称为"上海五国"会晤机制的发起国之一，该机制于 1996 年启动，主要目的是减轻中亚地区的边境紧张局势；在纳扎尔巴耶夫总统的领导下，哈萨克斯坦在和平解决各种国际冲突方面发挥了关键作用；2017 年对哈萨克斯坦的对外事务来说是至关重要的一年。

观点摘要：

1. 在多边层面上，哈萨克斯坦与政治大国俄罗斯保持着良好的关系。独立后，哈萨克斯坦成为独立国家联合体（CIS）和集体安全条约组织（CSTO）的一部分，负责处理区域安全挑战。20 世纪 90 年代，纳扎尔巴耶夫总统提出了欧亚经济一体化的思想，这促使分别于 1995 年建立关税联盟、2000 年成立欧亚经济共同体（EurAsEC）和 2014 年成立欧亚经济联盟（EEU）。欧亚经济联盟的成员国包括哈萨克斯坦、俄罗斯、亚美尼亚、白俄罗斯和吉尔吉斯斯坦。欧亚经济联盟建立了一个单一的欧亚市场，鼓励商品、资本、服务和人员的自由流动。欧亚经济联盟的成员国在贸易、过境、运输和投资方面高度合作。哈萨克斯坦在欧亚经济联盟中的成员身份提高了哈萨克斯坦的经济发展水平。

---

* Rashmini Koparkar，印度贾瓦哈拉尔·尼赫鲁大学博士。维韦卡南达国际基金会研究助理，聚焦中亚问题。研究兴趣包括五个中亚共和国的政治和外交政策，以及这些共和国内的文化认同和国家建设问题。来源：维韦卡南达国际基金会（印度智库），2017 年 5 月 17 日。

2. 哈萨克斯坦被称为"上海五国"会晤机制的发起国之一，该机制于 1996 年启动，主要目的是减轻中亚地区的边境紧张局势。2001年，"上海五国"会晤机制转变为由俄罗斯、中国和 4 个中亚共和国组成的上海合作组织（SCO）。上海合作组织成员国承诺开展合作，打击暴力恐怖势力、宗教极端势力和民族分裂势力"三股势力"。上海合作组织一直积极致力于欧亚地区的安全与经济一体化。2017 年上海合作组织成员国元首理事会在哈萨克斯坦首都阿斯塔纳举行。这次峰会标志着该组织自创立以来的第一次扩员。在印度和巴基斯坦加入后，上海合作组织可能在欧亚大陆发挥更大的作用。

3. 在纳扎尔巴耶夫总统的领导下，哈萨克斯坦在和平解决各种国际冲突方面发挥了关键作用。在克里米亚危机之后，哈萨克斯坦充当调停者，缓和了俄罗斯和乌克兰之间的紧张关系。哈萨克斯坦也积极参与解决伊朗核危机。最近，哈萨克斯坦成功地将俄罗斯和土耳其这两个疏远的合作伙伴带到谈判桌上。自 2017 年 1 月起，在哈萨克斯坦首都阿斯塔纳举行了几轮"叙利亚问题国际会议"。第一轮会谈于 1 月 22～23 日举行，这是叙利亚政府和反对派代表的一次"突破"，前来参加的还有来自俄罗斯、伊朗、土耳其和联合国的代表。哈萨克斯坦只是为这些会谈提供了一个"中立地点"，实际上并没有参加会谈。哈萨克斯坦被会议的发起者俄罗斯、土耳其和伊朗选为东道国，因为该国与这三个国家都保持着"信任"关系。会谈成功举行后，哈萨克斯坦正在推动阿斯塔纳成为解决其他国际冲突的中立平台。

4. 2017 年对哈萨克斯坦的对外事务来说是至关重要的一年。该国已经开始履行作为联合国安理会理事国的职能，并且 3 次关于叙利亚问题的阿斯塔纳会谈已经结束了。2017 年 6 月，阿斯塔纳已经主办了上海合作组织成员国元首理事会，这是该组织首次扩大规模的会议。此外，哈萨克斯坦于 2017 年 6～9 月在阿斯塔纳举办了"2017 年世界博览会"。有 100 多个国家和国际组织参加此次世博会。此次展会选择的主题是"未来能源"。哈萨克斯坦已成为首个举办此类盛会的原苏联加盟共和国，这凸显出哈萨克斯坦作为一个全球大国的崛起。

上海合作组织：印度进军欧亚大陆

Rashmini Koparkar *

原文标题： Shanghai Cooperation Organization：New Delhi's March into Eurasia

文章框架： 印度于 2017 年 6 月 9 日在阿斯塔纳峰会上成为上海合作组织的正式成员；上海合作组织于 2001 年在上海成立，由中国、俄罗斯、哈萨克斯坦、吉尔吉斯斯坦、塔吉克斯坦、乌兹别克斯坦组成；2001 年，乌兹别克斯坦以完全平等的身份加入"上海五国"，在之后举行的六国元首会议上宣布上海合作组织正式成立；中亚五国中有 4 个是上海合作组织成员国，这使中亚在该组织中占据关键地位；中国主要在经济领域与中亚五国开展合作，并通过贸易、投资、基础设施和互联互通项目在该地区取得了重大进展；上海合作组织主要是一个欧亚组织，随着印度和巴基斯坦的加入，该组织正在南亚扩张；莫迪在阿斯塔纳峰会上发表讲话，列举了印度在上海合作组织的重点领域，包括能源、教育、农业、能力建设、发展伙伴关系、贸易、投资和安全。

观点摘要：

1. 印度于 2017 年 6 月 9 日在阿斯塔纳成为上海合作组织（SCO）的正式成员。巴基斯坦同印度一样也加入了这个组织。新成员的加入扩

＊ Rashmini Koparkar，印度贾瓦哈拉尔·尼赫鲁大学博士。维韦卡南达国际基金会研究助理，聚焦中亚问题。研究兴趣包括五个中亚共和国的政治和外交政策，以及这些共和国内的文化认同和国家建设问题。来源：维韦卡南达国际基金会（印度智库），2017 年 6 月 23 日。

大了该组织的地域范围，并提高了其国际地位。上海合作组织目前拥有世界人口的42%，全球国内生产总值（GDP）的20%，全球国土面积的22%。从印度的角度来看，这个成员身份会带来一些挑战和很多机会。

2. 上海合作组织于2001年在上海成立，由中国、俄罗斯、哈萨克斯坦、吉尔吉斯斯坦、塔吉克斯坦、乌兹别克斯坦组成。上海合作组织的前身是1996年成立的"上海五国"会晤机制。研究"上海五国"会晤机制的历史是很有趣的。中国与苏联存在领土争端，这一问题在中苏分歧和1969年的边境冲突中达到顶峰。1991年苏联解体后，出现4个独立国家，分别是俄罗斯、哈萨克斯坦、吉尔吉斯斯坦和塔吉克斯坦。20世纪90年代，中国与这些国家分别签署了条约，并"划定"了边界。这个组织的核心动机是确保安全和边界军事力量的减少。通过这一举措，中国永久地"稳定"了其西部边界。

3. 2001年，乌兹别克斯坦以完全平等的身份加入"上海五国"，在之后举行的六国元首会议上宣布上海合作组织正式成立。该组织成员国于2002年在圣彼得堡峰会上通过了《上海合作组织宪章》。加强成员国之间的政治、经济、军事和人道主义合作；扩大贸易、投资和互联互通；维护地区安全、和平与稳定；打击暴力恐怖势力、宗教极端势力、民族分裂势力"三股邪恶势力"，是上海合作组织的主要目标。最后，印度、巴基斯坦、白俄罗斯、伊朗、蒙古国和阿富汗获得观察员国地位；在最近举办的峰会上，其中的印度和巴基斯坦获得了正式成员国身份。现在，上海合作组织有8名正式成员和4名观察员。上海合作组织的总部设在北京。它还在塔什干建立了上海合作组织地区反恐怖机构执行委员会（RATS），用于信息共享和共同打击恐怖主义。

4. 中亚五国（CARs）中有4个是上海合作组织成员国，这使中亚在该组织中占据关键地位。1991年，哈萨克斯坦、吉尔吉斯斯坦、塔吉克斯坦、土库曼斯坦和乌兹别克斯坦5个中亚共和国因苏联解体而独立。它们是内陆国家，被俄罗斯、中国、阿富汗和伊朗等国包围。这些都是具有地缘战略意义的国家。首先，中亚位于中部，连接亚洲和欧洲的其他地区。所有国际的、跨区域的和大陆间的陆路都经过这一区域，使其在互联互通项目中极为重要。其次，这些共和国拥有丰富的自然资源，包括石油、天然气、铀、金、银、铜和水电，这些都是现代经济增长的生命线。最后，3个中亚共和国与阿富汗接壤并有种族联系，这使得它们容易受到"溢出效应"的影响。这些国家自身也受到激进主义和暴力极端主义的影响。在独立之后，中亚五国在该地区受到了大国间的相互影响。两个多世纪以来一直享有霸权的俄罗斯试图施加影响。俄罗斯在后苏联时代的经济疲软限制了其行动。尽管如此，俄罗斯仍被认为是最有影响力的政治和军事力量，其在3个中亚共和国内建有军事基地。美国和欧盟国家试图在3个关键领域干涉地区事务，即民主化和人权保护、反恐以及贸易和能源领域。在"9·11"事件后，中亚五国与西方国家在阿富汗战争中进行合作。然而，这种影响不会持续太久，因为双方都失去了兴趣。鉴于在中亚五国中穆斯林占多数，土耳其、伊朗、沙特阿拉伯和巴基斯坦等国均对中亚施加影响。

5. 中国主要在经济领域与中亚五国开展合作，并通过贸易、投资、基础设施和互联互通项目在该地区取得了重大进展。中国与中亚五国的贸易总额超过了500亿美元，而与俄罗斯的贸易额则超过了300亿美元。中国在运输和能源领域投入了大量资金，并在中亚地区一直资助修建公路、铁路、桥梁和隧道。来自中亚五国的3条管道向中国输送大量能源。这些管道输送近四分之一的哈萨克斯坦生产的石油，以及土库曼斯坦近一半的天然气出口量。中亚五国都是中国"一带一路"倡议的重要合作伙伴。印度在这方面的表现落后于中亚五国。位于印度和中亚五国之间的阿富汗－巴基斯坦地区陷入困境，这阻碍了印度进入这些资源丰富的国家。此外，印度方面对中亚地区缺乏兴趣和政治意愿，在过去20多年间很少与之有高层间的接触。莫迪总理在2015年7月对中亚五国进行的"第一次"访问，使其成为一个"游戏规则改变者"。印度将扩大其在该地区的双边和多边合作，上海合作组织成员国在该地区将有更多优势。上海合作组织是欧亚地区最有影响力的区域组织之一。在上海合作组织年度峰会期间，印度总理将有机会访问中亚五国，并会见中亚各国领导人。

6. 上海合作组织主要是一个欧亚组织，随着印度和巴基斯坦的加入，该组织正在向南亚扩张。一方面，这意味着受影响的地区和民众会增加。另一方面，该组织也会受到印度和巴基斯坦之间持续不断的冲突的影响。这一点已经从南亚区域合作联盟（SAARC）的停滞状态中有所体现。此外，像俄罗斯和中国这样的大国的存在，可能会促使印度从另一个角度来探讨印巴局势。近年来，中国和巴基斯坦的关系更加密切，它们也在努力建设中国 - 巴基斯坦 - 俄罗斯轴心，这对印度来说可能是灾难性的。在上海合作组织中，印度是唯一没有支持"一带一路"倡议的国家。在这一背景下，印度必须自觉地采取行动，并应尽量避免在该组织中被孤立。莫迪总理与普京和习近平的私人关系可能发挥重要作用。印度与俄罗斯和中国在金砖国家（BRICS）和"俄印中"三边对话（RIC）等中进行合作。多年来，俄罗斯一直是印度最亲密的盟友和战略伙伴。这种持久的友谊对俄罗斯提名印度成为上海合作组织成员国起到了重要作用。这项提议也得到了中亚五国的支持。

7. 莫迪在阿斯塔纳峰会上发表讲话，列举了印度在上海合作组织的重点领域，包括能源、教育、农业、能力建设、发展伙伴关系、贸易、投资和安全。除此之外，他还提到了印度在该地区的互联互通项目，即国际南北运输走廊（INSTC）和恰巴哈尔港合作协议（《国际运输与转口走廊协议》），这些项目可能会促进印度与中亚五国的经济关系。在反恐、信息共享、联合安全演习等方面，印度可以与上海合作组织成员国合作。简而言之，上海合作组织为印度带来了扩大其在欧亚地区政治影响力和经济足迹的机会。但是，这种成员资格不应只在年度峰会中有所体现，这一资格要求印度与这些国家进行全面接触，以提高其国际地位，无论是在质量上还是在规模上。

印度－乌兹别克斯坦的关系：新的机遇

Amb D P Srivastava *

原文标题： India – Uzbekistan Relations：New Opportunities

文章框架： 在印度和中亚的经历中有一些共同的因素；乌兹别克斯坦参加了在中国举行的"一带一路"国际合作高峰论坛，但采取了谨慎的态度。

观点摘要：

1. 在印度和中亚的经历中有一些共同的因素。两者都是通过人、货物和思想源源不断的交流联系在一起。在当代，乌兹别克斯坦首都塔什干在印度人心目中与《塔什干宣言》相关联，并且在 1966 年 1 月，印度时任总理拉尔·巴哈杜尔·夏斯特里（Lal Bahadur Shastri）在这座城市去世。自 1991 年乌兹别克斯坦共和国诞生以来，乌印双方高层的互访加强了两国的双边关系。印度总理莫迪于 2015 年 7 月对乌兹别克斯坦进行了访问。2016 年 6 月，他再次访问该国并参加上海合作组织（SCO）峰会。在 2017 年 6 月的阿斯塔纳峰会上，印度加入上海合作组织，成为正式成员。最近，由乌兹别克斯坦外交部部长和对外经贸部部长率领的高级乌兹别克斯坦代表团访问了印度。乌兹别克斯坦为加强区域互联互通、贸易和投资提供了机会。

2. 乌兹别克斯坦参加了在中国举行的"一带一路"国际合作高峰论坛，但采取了谨慎的态度。该国感兴趣的是投资，而不是信贷。此

---

* Amb D P Srivastava，拥有政治学和管理学硕士学位。目前是维韦卡南达国际基金会杰出研究员。1978 年加入印度外交部门，2008～2011 年担任印度驻捷克共和国大使，2011～2015 年担任印度驻伊朗伊斯兰共和国大使。来源：维韦卡南达国际基金会（印度智库），2017 年 11 月 13 日。

外，乌兹别克斯坦也不希望在采矿业等开采行业进行投资。乌兹别克斯坦没有加入欧亚经济联盟（EEU），该联盟包括俄罗斯、哈萨克斯坦、吉尔吉斯斯坦、亚美尼亚和白俄罗斯。然而，乌兹别克斯坦与独联体国家（CIS）签署了自由贸易协定（FTA）。该协定的范围广泛，所有的独联体成员都参与其中。从乌兹别克斯坦的角度来看，与欧亚经济联盟相比，独联体国家的决策结构更加公平。印度参与发展恰巴哈尔港将是对乌兹别克斯坦、阿富汗和伊朗进行的铁路－公路建设项目的补充。这个港口将为阿拉伯海提供出口。随着印度加入上海合作组织，印度和乌兹别克斯坦的共识将成倍增加。乌兹别克斯坦是上海合作组织的创始成员国。莫迪总理出席了 2016 年在乌兹别克斯坦举行的上海合作组织成员国元首理事会，为印度在 2017 年阿斯塔纳峰会正式获得成员资格铺平了道路。上海合作组织强调打击恐怖主义和极端主义的必要性。上海合作组织成员国对阿富汗的稳定有着重要影响。印度也赞同这些内容。印度在上海合作组织的存在将为中亚共和国提供更多的空间来遵循多方位的外交政策。

俄罗斯的复兴：巴基斯坦的机遇与局限

Khurram Abbas *

原文标题： Russia's Revival：Opportunities and Limitations for Pakistan

文章框架： 俄罗斯与其他上海合作组织成员国正在优先考虑联合开展能
源项目；巴基斯坦可以在生物技术、航空航天、气候变化适
应、灾害管理、打击贩毒和减缓疾病等一系列高技术领域与
其他上海合作组织成员国进行合作。

观点摘要：

1. 俄罗斯是世界第六大经济体。继欧盟之后，中国是俄罗斯的
第二大贸易伙伴。欧亚经济联盟的主要目的是抗衡欧盟。俄罗斯正
在与其他新兴经济体一道建设像金砖五国（巴西、俄罗斯、印度、
中国和南非）、亚洲基础设施投资银行（AIIB）和欧亚开发银行这
样的经济组织。俄罗斯也是二十国集团和上海合作组织（SCO）的
成员。俄罗斯与其他上海合作组织成员国正在优先考虑联合开展能
源项目。俄罗斯的经济实力来源于其所拥有的重要自然资源，如石
油和天然气。俄罗斯还与中国签署了具有里程碑意义的长达30年的
天然气供应协议。中国和俄罗斯是在自然资源方面的合作伙伴、盟
友和邻国。

2. 巴基斯坦加入上海合作组织的程序已经启动。上海合作组织可

---

* Khurram Abbas，伊斯兰堡政策研究中心助理研究员。来源：伊斯兰堡政策研究
中心（巴基斯坦智库），2016年2月4日。

以在推动包括俄罗斯在内的成员国之间的双边关系发展方面发挥建设性作用。这将使巴基斯坦能够在生物技术、航空航天、气候变化适应、灾害管理、打击贩毒和减缓疾病等一系列高技术领域与其他上海合作组织成员国进行合作。

上海合作组织成员国身份与巴基斯坦

Maryam Nazir *

原文标题： SCO Membership & Pakistan

文章框架： 巴基斯坦于 2016 年 6 月在塔什干举行的上海合作组织峰会上签署了加入上海合作组织义务的备忘录，以获得该组织正式成员国资格；上海合作组织成员国身份为巴基斯坦带来了各种机会；巴基斯坦的战略和地理位置增加了其成为上海合作组织永久成员的价值；阿富汗局势是上海合作组织成员国的主要关切之一；巴基斯坦必须做好准备，通过最好的外交手段，以利用上海合作组织提供的机会。

观点摘要：

1. 巴基斯坦于 2016 年 6 月在塔什干举行的上海合作组织（SCO）峰会上签署了加入上海合作组织义务的备忘录，以获得该组织正式成员国资格。2015 年 7 月，在巴基斯坦总理纳瓦兹·谢里夫（Nawaz Sharif）访问乌克兰期间，给予巴基斯坦正式成员国身份的进程已经在乌法启动。上海合作组织自 2001 年成立以来已经成为区域力量，在亚洲安全动态中占有重要地位。其中两个成员国俄罗斯和中国是联合国安理会常任理事国。作为欧亚政治、经济和军事组织的上海合作组织有着打击民族分裂势力、宗教极端势力和暴力恐怖势力"三股势力"的愿景。

除了加强成员国之间的军事合作之外，该组织一直在研究经济问

＊ Maryam Nazir，伊斯兰堡政策研究中心助理研究员。在加入伊斯兰堡政策研究中心前，担任过巴基斯坦国际公共关系服务部门的媒体分析师。研究领域包括当代国际问题（包括中东、东亚和中国等地区的发展），南亚、巴基斯坦外交政策，恐怖主义和媒体理论。来源：伊斯兰堡政策研究中心（巴基斯坦智库），2016 年 7 月 27 日。

题，特别关注亚洲整个地区的能源安全问题。继巴基斯坦之后，阿富汗、白俄罗斯、蒙古国和伊朗等国在未来几年中都有望成为正式成员国，上海合作组织可能会超越地区范围，发展成为世界政治中更为重要的参与者。

2. 上海合作组织成员国身份为巴基斯坦带来了各种机会。上海合作组织的经济和政治利益正在向南亚地区扩展。上海合作组织的主要任务是应对非传统安全挑战、阿富汗脆弱的安全局势、地区稳定和经济发展等问题。区域大国极有希望通过利用包括巴基斯坦及其邻国在内的历史性路线将这一地区转变为贸易中心。

在外交方面，巴基斯坦在上海合作组织中的成员国身份会使其外交政策选择多样化，并会使其在区域稳定中发挥更加有效的作用。而且，上海合作组织打击民族分裂势力、宗教极端势力和暴力恐怖势力"三股势力"的愿景与巴基斯坦的"反恐叙事"非常接近。上海合作组织成员国通过制度化的平台，一直在解决恐怖主义问题，巴基斯坦可以根据其拥有的经验帮助这些国家制定一个联合区域框架。

3. 鉴于南亚的冲突局势，巴基斯坦和印度加入上海合作组织后，要为维护地区和平与稳定做出努力。南亚大国印度和巴基斯坦之间存在一些问题，阻碍了双方间合作与形成和谐的环境。上海合作组织的"伞式"存在有助于缓解紧张局势，促使各国遵守"上海精神"，从而在南亚发挥建设性作用。

巴基斯坦的战略和地理位置增加了其成为上海合作组织永久成员的价值。鉴于巴基斯坦的理想位置和其作为区域经济一体化的源泉，其被认为是上海合作组织的天然盟友。巴基斯坦作为上海合作组织成员国的重要意义基于其在中亚内陆共和国、中国和其他国家间作为一个可行贸易走廊的潜力。中国援助巴基斯坦建设中巴经济走廊（CPEC），发展瓜达尔港和把喀什作为经济特区，升级喀喇昆仑公路（KKH），通过喀喇昆仑公路将瓜达尔与喀什和中亚连接起来，这些都是上海合作组织为创建跨大陆陆路连接所做的努力。目前，仅巴基斯坦一个国家就有可能扭转整个地区的经济形势。

4. 阿富汗局势是上海合作组织成员国的主要关切之一。脆弱多变的阿富汗是上海合作组织在为区域稳定与合作制订计划时所面临的一个潜在威胁。俄罗斯和中国一直支持在阿富汗建立和平。不过，这两个国家认为巴基斯坦是阿富汗局势的主要利益相关者。巴基斯坦表示实现阿富汗和平发展是其义不容辞的责任，并称这一进程是由阿富汗领导和拥有的。另外，阿富汗希望成为上海合作组织成员国，因此它必须与当前局势做斗争，以为地区合作做出贡献。稳定与和平的阿富汗对上海合作组织来说有完全不同的意义，因为阿富汗将是一个对其区域野心做出积极贡献的国家。

5. 在评估巴基斯坦的情况时，它拥有所有必要条件：会在阿富汗发挥建设性作用；有助于成功打击暴力恐怖势力、宗教极端势力和民族分裂势力"三股势力"；会拥有南亚地区充满希望和前景的能源与贸易走廊；与中亚共和国有历史和文化联系；与中国有经济关系以及与俄罗斯的关系日益密切。这些支撑着巴基斯坦在上海合作组织中的影响力。

如果巴基斯坦能够很好地发挥作用，上海合作组织成员国的身份就将提高巴基斯坦在南亚地区外交排名中的位置。上海合作组织是一个更大的平台，该组织已经证明了其在解决冲突和防范机制方面的有效性。巴基斯坦可以把上海合作组织视为解决其与印度争端的替代论坛。上海合作组织的成员身份可以使巴基斯坦处理与其安全架构有关的地区利益问题，从而使其能够在上海合作组织2015年至2025年的愿景中占据重要位置。然而，巴基斯坦必须做好准备，通过最好的外交手段，以利用上海合作组织提供的机会。

上海合作组织和区域安全

Amna Ejaz Rafi *

原文标题： SCO and Regional Security

文章框架： 上海合作组织的目的是在区域安全和反恐方面进行合作；上海合作组织起源于苏联与中国边界争端的解决进程；在所有国家一致同意，以及乌兹别克斯坦（2001 年）加入的情况下，"上海五国"会晤机制正式发展成为上海合作组织；上海合作组织希望"加强成员国之间的互相信任与睦邻友好，发展多领域合作，维护和加强地区和平、安全与稳定"；上海合作组织在设法降低成员国之间发生冲突的可能性；上海合作组织成员国举行联合军事演习；上海合作组织成员国决心通过本组织共同打击恐怖主义，而不借助域外势力的帮助；上海合作组织通过合作打击恐怖主义的努力以及通过打击毒品贸易，来支持阿富汗的和平与稳定；在上海合作组织框架内，巴基斯坦可以扩大与俄罗斯的防务和安全关系；中国一直主张在上海合作组织框架下建立联合金融机构；上海合作组织的扩大，特别是印度和巴基斯坦的加入，可能会加强地区间的联系；上海合作组织是一个新兴的国际组织，在成员国之间有着广泛的政治、经济和安全合作。

观点摘要：

1. 2016 年 8 月 8 日，伊斯兰堡政策研究中心（IPRI）在其会议大

---

* Amna Ejaz Rafi，法蒂玛真纳女子大学国防与外交研究专业硕士。伊斯兰堡政策研究中心助理研究员。研究领域涉及亚太和东南亚地区。来源：伊斯兰堡政策研究中心（巴基斯坦智库），2016 年 10 月 3 日。

厅举办了题为"上海合作组织和区域安全"的审查会议。在全球化时代，一些区域性组织出现在世界舞台上。这些组织已经成为追求安全和经济目标的多功能组织。各国通过这些区域平台试图解决跨国威胁或挑战。上海合作组织（SCO）是由中国、俄罗斯和 4 个中亚共和国组成的新兴区域组织。该组织于 2001 年正式成立，目的是在区域安全和反恐方面进行合作。但多年来，上海合作组织扩大了合作范围。该组织的主要国家中国和俄罗斯一直在寻求经济合作。上海合作组织已通过协议或机制向外部世界开放，还通过授予观察员或对话伙伴地位与其他国家或地区进行互动。印度和巴基斯坦已被接纳为事实上的上海合作组织成员国。

2. 上海合作组织起源于苏联与中国边界争端解决进程。当中亚共和国获得独立时，争端变得更加多边化。为解决边界争端，中国、俄罗斯、哈萨克斯坦、吉尔吉斯斯坦和塔吉克斯坦五国元首在上海举行会晤。第一次"上海峰会"的主要焦点是讨论在边境地区建立信任措施。"上海五国"会晤机制成员在 1996 年 4 月 26 日签署了《关于在边境地区加强军事领域信任的协定》；1997 年在莫斯科签署了《关于在边境地区相互裁减军事力量的协定》。"上海五国"会晤机制给中亚地区带来了稳定。这五个国家同意不相互使用武力（或进行针对对方的军事演习）。

3. "上海五国"会晤机制转型成为上海合作组织。2000 年，中国建议制度化"上海五国"会晤机制有关加强多边合作的安排。在所有国家一致同意，以及乌兹别克斯坦（2001 年）加入的情况下，"上海五国"会晤机制正式成为上海合作组织。2002 年 6 月，上海合作组织签署了《上海合作组织宪章》。上海合作组织设有两个常设机构：总部设在北京的秘书处（由一个任期 3 年的秘书长负责监督），以及总部位于乌兹别克斯坦首都塔什干的地区反恐怖机构执行委员会。上海合作组织也已经设立了各成员国的首席执行官/总理、议会议长、外交部部长、国防部部长、经济部部长、教育部部长召开会议的机制。执法机构负责人和检察官也在适当的决策层面有所参与。

4. 上海合作组织目前有六个成员国：中国、俄罗斯、哈萨克斯坦、吉尔吉斯斯坦、塔吉克斯坦和乌兹别克斯坦。最近，巴基斯坦和印度签署了加入上海合作组织义务的备忘录。上海合作组织的四个观察员国分别是阿富汗、白俄罗斯、伊朗和蒙古国，六个对话伙伴国包括亚美尼亚、阿塞拜疆、柬埔寨、尼泊尔、斯里兰卡和土耳其，上海合作组织的议程涉及加强地区安全、维护和平。《上海合作组织宪章》第一条规定，上海合作组织希望"加强成员国间的相互信任和睦邻友好；发展多领域合作，维护和加强地区和平、安全与稳定"。

上海合作组织与独立国家联合体（CIS）、欧亚经济共同体（EEC）、集体安全条约组织（CSTO）、东南亚国家联盟（ASEAN）、经济合作与发展组织（OECD）、联合国亚洲及太平洋经济社会委员会（UNESCAP）签署了谅解备忘录。上海合作组织还以联合国大会观察员身份参加联合国大会相关会议。通过这些地区和国际平台，上海合作组织就国际安全与稳定、恐怖主义和跨界犯罪发表了意见。

5. 根据《上海合作组织宪章》，成员国之间不应发生军事冲突，要努力稳定边境地区，同时为维护和平与稳定建立军事互信。根据"上海五国"的信任协定，中国、俄罗斯和三个中亚国家（哈萨克斯坦、吉尔吉斯斯坦、塔吉克斯坦）的边界争端得以解决，边境地区的军队数量被削减。从避免冲突的角度出发可以推断出，上海合作组织以及其前身"上海五国"，都在设法降低成员国之间发生冲突的可能性。2007年8月，上海合作组织成员国在比什凯克峰会上签署了《上海合作组织成员国长期睦邻友好合作条约》。

6. 上海合作组织成员国举行联合军事演习。2005年，俄罗斯和中国举行了名为"和平使命2005"的联合军事演习。随后，上海合作组织成员国的"和平使命2007"和"和平使命2010"联合反恐军演分别在俄罗斯和哈萨克斯坦举行。来自中国、俄罗斯、哈萨克斯坦、吉尔吉斯斯坦和塔吉克斯坦的军事人员都参与其中。上海合作组织的军事合作引起了美国等西方官员的关注。然而，上海合作组织领导人认为，"恐怖主义、极端主义和分裂主义的威胁在增加"，使得"武装力量全面参与"成为必要。

7. "东突厥斯坦伊斯兰运动"（ETIM）活跃在中国新疆地区，恐怖组织"乌兹别克斯坦伊斯兰运动"（IMU）在中亚地区的活动加剧了该地区的安全威胁。上海合作组织成员国决心通过本组织共同打击恐怖主义，而不借助域外势力的帮助。中国是这一行动的主要推动者。上海合作组织还建立了上海合作组织地区反恐怖机构执行委员会（RATS），本机构的职能是协调本组织成员国打击暴力恐怖势力、民族分裂势力和宗教极端势力"三股势力"的努力。上海合作组织成员国还通过了《打击恐怖主义、分裂主义和极端主义上海公约》。

2006年4月，在打击恐怖主义的名义下，上海合作组织宣布了打击跨境毒品犯罪的计划，这是迈向安全合作的一步。2007年10月，上海合作组织成员国于塔吉克斯坦首都杜尚别签署了一项协议，扩大了在维护安全、打击犯罪和贩毒等问题上的合作。在上海合作组织成员国元首理事会第十五次会议上发表的《乌法宣言》（2015年7月）呼吁制订反恐计划。此次会议指出，毒品资金是恐怖组织的主要资金来源。

上海合作组织对域外势力在中亚地区的存在表示关切。"9·11"事件之后，美国/联军部队被部署在阿富汗。美国在吉尔吉斯斯坦和乌兹别克斯坦部署了空军基地。2005年，上海合作组织发表了一份联合公报（《阿斯塔纳宣言》），呼吁美国等明确撤离驻中亚军事基地的期限。这一声明给人的印象是，上海合作组织是一个反西方联盟，旨在"打击"美国在中亚的军事足迹。美国想要获得上海合作组织观察员地位的请求被拒绝，因为它是一个域外大国。

8. 上海合作组织通过合作打击恐怖主义的努力以及通过打击毒品贸易，来支持阿富汗的和平与稳定。2005年11月，上海合作组织－阿富汗联络小组在北京成立。上海合作组织主办了阿富汗问题会议，第一次关于阿富汗问题的会议于2009年举行，欧盟和北约也被邀请参加。在乌法峰会上，关于区域安全的议程项目中包括阿富汗问题。此外，上海合作组织还处理了与地区安全相关的军备竞赛问题。2012年6月，上海合作组织成员指出，"个别国家或一组国家单方无限制扩大导弹防御系统将对国际安全和战略稳定性造成损失"。

9. 《上海合作组织宪章》第二条规定，相互尊重国家主权、独立、领土完整及国家边界不可破坏，互不侵犯，不干涉内政，在国际关系中不使用武力或以武力相威胁，不谋求在毗邻地区的单方面军事优势。在上海合作组织中，巴基斯坦和印度将有机会讨论边界问题，并为全面的双边对话建立急需的信任机制。上海合作组织关注恐怖主义，正如《上海合作组织宪章》第一条所言，成员国将"共同打击一切形式的恐怖主义、分裂主义和极端主义"，这是巴基斯坦和印度可以解决共同关切问题并消除妨碍双边谈判瓶颈的又一领域。在上海合作组织框架内，巴基斯坦可以增强与俄罗斯的防务和安全关系，由于印俄战略关系以及俄罗斯对巴基斯坦在阿富汗战争中角色的认知，这种关系目前依然处于低迷状态。

10. 上海合作组织被中国学者形容为"有两个轮子的推车"，这表明安全合作与经济合作同等重要。两个主要创始成员即中国和俄罗斯的经济水平代表本组织的经济实力。中国的经济增长使其成为世界经济强国，而俄罗斯则着手重新定义其在世界政治中的地位。资源丰富的中亚成员国——哈萨克斯坦、吉尔吉斯斯坦、塔吉克斯坦和乌兹别克斯坦拥有世界上大约40%的石油和天然气资源。在上海合作组织中，包括巴基斯坦和印度在内的所有成员国的累计国内生产总值约为15.323万亿美元。

中国一直主张在上海合作组织框架下建立联合金融机构。中国认为，上海合作组织成员国必须拥有自己的金融银行，以加快基础设施项目建设。2003年，上海合作组织启动了能源、信息、通信、环境保护和自然资源综合利用等领域的合作专项规划。在贸易和投资便利化方面的合作重点是建设公路和铁路等基础设施，并协调海关和关税。

11. 在俄罗斯乌法举行的第十五次峰会特别强调了深化经济合作的承诺。第十五次峰会通过的《上海合作组织至2025年发展战略》呼吁在贸易领域开展合作，确保地区稳定，并迅速应对冲突和危机。上海合作组织框架也促进了文化合作。2002年4月，上海合作组织在北京签署了一份关于继续开展文化合作的联合声明。

上海合作组织的扩员，特别是印度和巴基斯坦的加入，可能会加强地区间联系。正如巴基斯坦前总统佩尔韦兹·穆沙拉夫（Pervez Musharraf）所说，"巴基斯坦为上海合作组织成员国把欧亚腹地与阿拉伯海和南亚联系起来提供了天然联系"。俄罗斯、中国和中亚国家可以通过南北贸易或能源走廊与瓜达尔建立联系。一旦中巴经济走廊开始运作，该走廊将连接中国、巴基斯坦、中亚和俄罗斯。通过经济一体化建立的区域再连接也将提供和平解决冲突的可能性，这正是该地区所需要的。

12. 上海合作组织是一个新兴的国际组织，在成员国之间有着广泛的政治、经济和安全合作。俄罗斯认为中亚在其影响范围内，也更关注上海合作组织的安全问题，而中国则希望该组织促进其经济发展。上海合作组织随着成员国的增加和知名度的不断扩大而成熟，这将阻碍其他区域国家在中亚地区的参与。接纳巴基斯坦和印度作为正式成员，使得该组织将其影响范围向南扩展到印度洋温暖水域。上海合作组织将包括4个拥核国家（俄罗斯、中国、巴基斯坦和印度），世界三大主要新兴经济体都被它收入囊中。上海合作组织的两个大国即中国和俄罗斯，以及南亚的主要国家即印度和巴基斯坦，通过本平台可以讨论稳定阿富汗和打击恐怖主义的紧迫问题。

印度和巴基斯坦在上海合作组织中的存在，以及对地区安全与和平问题的共同处理，意味着旧的对抗和冲突必须让位给新的融合和区域国家间的建设性合作。上海合作组织有解决边界争端的经验，而印度和巴基斯坦作为上海合作组织成员国，可以利用这一框架来解决它们间的问题。巴基斯坦可以从上海合作组织的地区反恐怖机构执行委员会的专业知识中寻求帮助。同样，巴基斯坦的安全机构可以与该机构开展对话，以协调它们间的努力，并采取联合战略消除该地区的威胁。

为期两天的"南亚区域动态与战略关注"国际会议

Muhammad Munir *

原文标题：Two – Day International Conference "Regional Dynamics and Strategic Concerns in South Asia"

文章框架：伊斯兰堡政策研究中心与汉斯－赛尔德基金会合作在巴基斯坦于 2017 年 11 月 14～15 日举办了为期两天的"南亚区域动态与战略关注"国际会议；从巴基斯坦的角度来看，在俄罗斯与印度和巴基斯坦的关系和其为实现阿富汗和平所做的努力中，俄罗斯在南亚的接触似乎更切合实际。

观点摘要：

1. 伊斯兰堡政策研究中心（IPRI）与汉斯－赛尔德基金会（HSF）合作在巴基斯坦于 2017 年 11 月 14～15 日举办了为期两天的"南亚区域动态与战略关注"国际会议。来自阿富汗、中国、德国、尼泊尔、巴基斯坦、俄罗斯、斯里兰卡和美国以及上海合作组织秘书处的代表参加了会议并发表了官方文件。这次会议的目的是分析南亚地区的动态和战略稳定问题，这些问题正在影响巴基斯坦的整体战略前景。

2. 就巴基斯坦而言，在俄罗斯与印度和巴基斯坦的关系和其为实现阿富汗和平所做的努力中，俄罗斯参与南亚事务似乎更切合实际。除了与印度保持良好的关系外，俄罗斯还向巴基斯坦伸出了援助之手。此外，俄罗斯还参与到阿富汗与达伊沙恐怖分子的作战中，以解决阿富汗问题。另外，上海合作组织已于 2017 年 6 月将巴基斯坦和印度纳入其

＊ Muhammad Munir，伊斯兰堡国际伊斯兰大学副教授。来源：伊斯兰堡政策研究中心（巴基斯坦智库），2017 年 12 月 7 日。

中。伴随着对解决冲突原则的承诺，上海合作组织可以帮助相关国家和平解决其政治问题。该组织还可以对区域一体化发挥积极作用。中国作为一个经济大国的崛起，可能是南亚从其"一带一路"倡议和中国–巴基斯坦经济走廊（CPEC）中获得经济利益的一个机会。一方面，除印度外，南亚国家将中国视为可靠的伙伴，中国在尊重国家主权的同时，切实帮助各国发展经济。另一方面，美国对印度的偏袒，以及印美战略伙伴关系似乎主要是由中国在南亚、西亚和亚太地区日益增加的经济活动所推动的。由于区域间重新结盟的不断发展，南亚的区域动态和战略稳定仍将是令人关切的问题。学术界在一定程度上认为，鉴于中国作为全球经济大国的崛起，美国正在帮助印度平衡中国在亚洲的影响力。因此，这种地缘政治结盟将使印度成为南亚的霸权大国。

选择性接触："阿拉伯之春"后中国的中东政策

Wang Jin *

原文标题：Selective Engagement：China's Middle East Policy after the Arab Spring

文章框架：自 2011 年以来，面对恐怖主义和极端主义扩张的重大威胁，新疆分裂势力是中国人最关心的问题；为了应对这场危机，中国首先提高了预算，以应对恐怖主义和极端主义的威胁；中国希望加强与其他国家特别是中东国家的国际合作，以应对激进团体和个人对中国本土和海外目标的攻击；中国通过了一项新的反恐法，这有助于反恐活动的合法化并对其予以指导。

观点摘要：

1. 自 2011 年以来，面对恐怖主义和极端主义扩张的重大威胁，新疆分裂势力是中国人最关心的问题。中国广泛的海外利益也受到恐怖主义和极端主义扩张的威胁。由于中国不干涉别国内政的原则，中国缺乏对其海外项目和个人的安全保护，海外华人已成为被绑架和伤害的目标。

2. 为了应对这场危机，中国首先提高了预算，以应对恐怖主义和极端主义的威胁。根据以往的趋势，安全预算可能高于国防预算。中国

---

* Wang Jin，获得海法大学政治科学博士学位。来源：国家安全研究院（以色列智库），2017 年 7 月 15 日。

担心，无法保障日益伊斯兰化和不稳定国家的能源供应线的安全，这将损害其持续的经济增长。

3. 中国希望加强与其他国家特别是中东国家的国际合作，以应对激进团体和个人对中国本土和海外目标的攻击。例如，上海合作组织（SCO）是中国动员国际合作应对中亚恐怖主义所做的最突出努力。上海合作组织成立于 2001 年，由中国、俄罗斯、哈萨克斯坦、吉尔吉斯斯坦、乌兹别克斯坦等国组成，其目标是打击暴力恐怖势力、宗教极端势力和民族分裂势力"三股势力"。上海合作组织在塔什干建立了一个永久性的地区反恐怖机构执行委员会（RATS），该机构的主任张新枫担心，所有成员国都有加入伊斯兰国的公民。

4. 最后，中国通过了一项新的反恐法，这有助于反恐活动的合法化并对其予以指导。虽然一些条款可能会侵犯公民的个人隐私，但对国内外威胁的日益关注使该法律得以通过，并于 2016 年 1 月施行。该法律要求公司为反恐调查提供"技术支持手段"（包括数据解密），以及要求采取行动防止支持恐怖主义或极端主义物资的扩散。这项法律为国家反恐战争提供了法律框架，允许中国武装部队参与海外反恐行动，这将有助于使中国关于本国公民和海外利益的军事行动合法化。在这项新法律的指导下，中国于 2015 年向也门派遣了一支舰队，并在那里组织了大规模的中方人员撤离。

走向西方：中国对叙利亚的重建

Gideon Elazar[*]

原文标题：Moving Westward：The Chinese Rebuilding of Syria

文章框架：中国必须在"一带一路"倡议的大背景下看待对叙利亚的
投资；中国将在中东地区的地缘战略中发挥相当大的作用。

观点摘要：

1. 从中国的角度来讲，其必须在"一带一路"倡议的大背景下看
待对叙利亚的投资。中国很可能希望把叙利亚变成其经济网络的一个重
要终端，或许以地中海港口拉塔基亚和塔尔图斯为中心。值得注意的
是，中国对"一带一路"倡议的推进受到了中东地区几个国家的极大
关注。与此同时，中国正在努力扩大可以制衡北约的上海合作组织
（SCO），以此来对该地区施加影响。值得注意的是，伊朗对加入上海合
作组织表示了明确的兴趣，这一举动得到了中国的支持。

2. 2016 年，随着第一班货运列车从浙江抵达德黑兰，伊朗与中国
之间的关系日益密切。虽然伊朗在上海合作组织的成员国身份尚未实
现，但有理由相信，该地区的其他阿拉伯国家，包括伊朗的"附庸国"
叙利亚，也会对中国的资助表现出同样的兴趣。因此，叙利亚战争的结
束可能会对中东地区的地缘战略产生相当大的影响，展望未来，中国将
在其中发挥相当大的作用。

---

[*] Gideon Elazar，巴伊兰大学讲师，本古里安大学亚洲研究专业博士后研究员。
来源：萨达特战略研究中心（以色列智库），2017 年 12 月 5 日。

中国的非洲基础设施项目：
重塑全球规范的工具

Rudolf Du Plessis *

原文标题：China's African Infrastructure Projects：A Tool in Reshaping
Global Norms

文章框架：上海合作组织（SCO）是中国最全面的区域论坛，是一个多
边区域合作组织；习近平在 2014 年的会议上说，与中非合
作论坛（FOCAC）一样，上海合作组织成员国建立了新的
国际关系模式——伙伴关系而不是同盟关系。

观点摘要：

1. 上海合作组织（SCO）是中国最全面的区域论坛，是一个多边
区域合作组织。上海合作组织于 2016 年 7 月 23～24 日在乌兹别克斯坦
举行第十六次成员国元首理事会。上海合作组织成立于 2001 年，是中
亚区域合作的主要载体，是 2001 年乌兹别克斯坦加入"上海五国"会
晤机制（1996 年成立）之后的"重组版本"。"上海五国"会晤机制最
初在中国、俄罗斯、吉尔吉斯斯坦、塔吉克斯坦和哈萨克斯坦签署
《关于在边境地区加强军事领域信任的协定》的基础上成立。然而，这
一会晤机制很快扩大到军事、经济和文化交流方面。上海合作组织框架
下的合作促使中国贸易增长。它还促成了许多合作协议，包括从安全框
架下的区域反恐怖机构执行委员会到涉及"丝绸之路经济带"和文化

---

* Rudolf Du Plessis，获得比勒陀利亚大学国际关系专业学士学位，中国南京大学
硕士学位。南非国际事务研究所研究助理。来源：南非国际事务研究所（南非
智库），2016 年 9 月 30 日。

交流的经济协议（包括对政府官员进行培训和发放奖学金）。

2. 习近平在 2014 年的会议上说，与中非合作论坛（FOCAC）一样，上海合作组织成员国建立了新的国际关系模式——伙伴关系而不是同盟关系。在这一框架内，中国确保了中国西部地区新疆的安全，并争取包括公路、铁路、能源和电力基础设施在内的一系列基础设施交易（最初由 400 亿美元的"丝路基金"提供资金）。这些项目很有可能由金砖国家新开发银行（NDB）和亚洲基础设施投资银行（AIIB）等新金融机构进行融资，以关注像俄罗斯和美国等这样的传统合作伙伴投资减少的地区，这将进一步塑造中国作为一个可靠的发展伙伴的形象。

上海合作组织领导人峰会以一种
狭隘的形式召开[*]

原文标题：The Shanghai Cooperation Organization Heads of State Council
Meeting in a Narrow Format

文章框架：哈萨克斯坦国家元首指出，上海合作组织经过 16 年的发展
已经得到了国际社会的认可，成为开展多领域合作的有效平
台；纳扎尔巴耶夫强调，目前上海合作组织的活动需要将地
缘政治的最新趋势和全球经济的基本趋势考虑在内；作为领
导人峰会的一部分，上海合作组织计划在国际恐怖主义问题
上采取联合行动，并签署《上海合作组织成员国元首关于
共同打击国际恐怖主义的声明》。

观点摘要：

1. 哈萨克斯坦国家元首指出，上海合作组织（SCO）经过 16 年的
发展已经得到了国际社会的认可，成为开展多领域合作的有效平台。上
海合作组织为加强本地区安全，深化经济合作，扩大国家之间文化交流
和人道主义合作已经做了大量工作，国际条约框架已经形成。努尔苏
丹·纳扎尔巴耶夫（Nursultan Nazarbayev）表示，强有力的制度基础已
经建立，上海合作组织的全球影响力正在增长。

2. 目前的上海合作组织领导人峰会以"六方会谈"的形式进行。
《关于完成接收巴基斯坦伊斯兰共和国加入上海合作组织程序并给予其

＊ 来源：哈萨克斯坦公共政策研究所（哈萨克斯坦智库），2017 年 6 月 9 日。

上海合作组织成员国地位的决议》也已签署。哈萨克斯坦国家元首表示，接纳新成员国将有力地促进本组织的发展，并将有助于提高其国际权威。纳扎尔巴耶夫强调，目前上海合作组织的活动需要将地缘政治的最新趋势和全球经济的基本趋势考虑在内。

3. 在逐步完成关键目标和有效执行所有共同决定方面，所有工作都在有序进行，特别是需要克服新的挑战和对稳定和安全构成的威胁。作为领导人峰会的一部分，上海合作组织计划在国际恐怖主义问题上采取联合行动，并签署《上海合作组织成员国元首关于共同打击国际恐怖主义的声明》。哈萨克斯坦总统总结说，这将是上海合作组织为打击全球邪恶力量做出的重大贡献。

后 记

本系列专题报告得以付梓，全有赖于许多老师、同事和朋友的襄助与关心。在此特鸣谢如下。

感谢景峰同志带领的工作团队，他们以顽强的事业心和责任心，完成了所有前期翻译和初步译校工作。

感谢本书系的顾问陆忠伟先生、编委会主任丁奎淞和各位编委，正因为这些前辈、领导和朋友的厚爱和期望，我们才能在困境中坚持走下去。

感谢社会科学文献出版社的祝得彬、刘学谦和王春梅诸位编辑，在他们的鼓励和支持下，该书才得以在短时间内面世，也正是他们严谨的工作作风，才保证了本书系的国家级水平，在此谨向他们高质量的专业水准和孜孜敬业的精神致敬。

王灵桂

2018 年 3 月 1 日卯时

图书在版编目（CIP）数据

上海合作组织：新型国家关系的典范／王灵桂主编
. -- 北京：社会科学文献出版社，2018.6
（国家全球战略智库系列专题报告. 国外智库论中国
与世界；一）
ISBN 978 - 7 -5201 - 2701 - 1

Ⅰ.①上…　Ⅱ.①王…　Ⅲ.①上海合作组织 - 研究
Ⅳ.①D814.1

中国版本图书馆 CIP 数据核字（2018）第 092027 号

· 国家全球战略智库系列专题报告 ·

上海合作组织：新型国家关系的典范
——国外智库论中国与世界（之一）

主　　编／王灵桂

出 版 人／谢寿光
项目统筹／祝得彬
责任编辑／刘学谦　王春梅

出　　　版／社会科学文献出版社 · 当代世界出版分社（010）59367004
　　　　　　地址：北京市北三环中路甲 29 号院华龙大厦　邮编：100029
　　　　　　网址：www. ssap. com. cn
发　　　行／市场营销中心（010）59367081　59367018
印　　　装／三河市尚艺印装有限公司

规　　　格／开 本：787mm × 1092mm　1/16
　　　　　　印 张：19.5　字 数：298 千字
版　　　次／2018 年 6 月第 1 版　2018 年 6 月第 1 次印刷
书　　　号／ISBN 978 - 7 -5201 - 2701 - 1
定　　　价／98.00 元

本书如有印装质量问题，请与读者服务中心（010 -59367028）联系